EROS E CIVILIZAÇÃO

Uma Interpretação Filosófica do Pensamento de Freud

O GEN | Grupo Editorial Nacional – maior plataforma editorial brasileira no segmento científico, técnico e profissional – publica conteúdos nas áreas de ciências humanas, exatas, jurídicas, da saúde e sociais aplicadas, além de prover serviços direcionados à educação continuada e à preparação para concursos.

As editoras que integram o GEN, das mais respeitadas no mercado editorial, construíram catálogos inigualáveis, com obras decisivas para a formação acadêmica e o aperfeiçoamento de várias gerações de profissionais e estudantes, tendo se tornado sinônimo de qualidade e seriedade.

A missão do GEN e dos núcleos de conteúdo que o compõem é prover a melhor informação científica e distribuí-la de maneira flexível e conveniente, a preços justos, gerando benefícios e servindo a autores, docentes, livreiros, funcionários, colaboradores e acionistas.

Nosso comportamento ético incondicional e nossa responsabilidade social e ambiental são reforçados pela natureza educacional de nossa atividade e dão sustentabilidade ao crescimento contínuo e à rentabilidade do grupo.

HERBERT MARCUSE

EROS E CIVILIZAÇÃO

Uma Interpretação Filosófica
do Pensamento de Freud

Tradução de
Álvaro Cabral
Oitava Edição

■ O autor deste livro e a editora empenharam seus melhores esforços para assegurar que as informações e os procedimentos apresentados no texto estejam em acordo com os padrões aceitos à época da publicação. Entretanto, tendo em conta a evolução das ciências, as atualizações legislativas, as mudanças regulamentares governamentais e o constante fluxo de novas informações sobre os temas que constam do livro, recomendamos enfaticamente que os leitores consultem sempre outras fontes fidedignas, de modo a se certificarem de que as informações contidas no texto estão corretas e de que não houve alterações nas recomendações ou na legislação regulamentadora.

■ O autor e a editora se empenharam para citar adequadamente e dar o devido crédito a todos os detentores de direitos autorais de qualquer material utilizado neste livro, dispondo-se a possíveis acertos posteriores caso, inadvertida e involuntariamente, a identificação de algum deles tenha sido omitida.

■ **Atendimento ao cliente: (11) 5080-0751 | faleconosco@grupogen.com.br**

■ Traduzido de
EROS AND CIVILIZATION: A PHILOSOPHICAL INQUIRY INTO FREUD
Copyright © 1955, 1966 by Beacon Press
All Rights Reserved.
ISBN: 9780807015551

■ Direitos exclusivos para a língua portuguesa
Copyright © 1999, 2022 (21ª impressão) by
LTC | Livros Técnicos e Científicos Editora Ltda.
Uma editora integrante do GEN | Grupo Editorial Nacional
Travessa do Ouvidor, 11
Rio de Janeiro – RJ – 20040-040
www.grupogen.com.br

■ Reservados todos os direitos. É proibida a duplicação ou reprodução deste volume, no todo ou em parte, em quaisquer formas ou por quaisquer meios (eletrônico, mecânico, gravação, fotocópia, distribuição pela Internet ou outros), sem permissão, por escrito, da LTC | Livros Técnicos e Científicos Editora Ltda.

CIP-BRASIL. CATALOGAÇÃO NA FONTE
SINDICATO NACIONAL DOS EDITORES DE LIVROS, RJ.

M277e
8.ed.

Marcuse, Herbert, 1898-1979
Eros e civilização: uma interpretação filosófica do pensamento de Freud/Herbert Marcuse; tradução de Álvaro Cabral. - 8. ed. - [21ª Reimpr.]. - Rio de Janeiro: LTC, 2022.
21 cm

Tradução de: Eros and civilization
ISBN 978-85-216-1187-5

1. Freud, Sigmund, 1856-1939. 2. Psicologia social. 3. Civilização. 4. Psicanálise. I. Título.

09-0390.   CDD: 150.1952
     CDU: 159.964.2

Sumário

Prefácio Político, 1966, xi
Prefácio da Primeira Edição, xxiii
Introdução, 1
Parte I *Sob o Domínio do Princípio de Realidade*, 7

1 *A Tendência Oculta na Psicanálise*, 9
Princípio de Prazer e Princípio de Realidade
Repressão Genética e Individual
"Retorno do Reprimido" na Civilização
Civilização e Carência: Racionalização da Renúncia
A "Recordação de Coisas Passadas" como Veículo de Libertação

2 *A Origem do Indivíduo Reprimido (Ontogênese)*, 17
O Aparelho Mental como União Dinâmica de Opostos
Estágios na Teoria dos Instintos, de Freud
Natureza Conservadora Comum dos Instintos Primários
Possível Supremacia do Princípio do Nirvana
Id, Ego, Superego
A "Corporalização" da Psique

Caráter Reacionário do Superego
Avaliação da Concepção Básica de Freud
Análise da Interpretação da História na Psicologia de Freud
Distinção entre Repressão e "Mais-Repressão"
Trabalho Alienado e o Princípio de Desempenho
Organização da Sexualidade: Tabus sobre o Prazer
Organização dos Instintos de Destruição
Dialética Fatal da Civilização

3 *A Origem da Civilização Repressiva (Filogênese),* 42
"Herança Arcaica" do Ego Individual
Psicologia Individual e Grupal
A Horda Primordial: Rebelião e Restauração do Domínio
Conteúdo Dual do Sentimento de Culpa
Retorno do Reprimido na Religião
O Malogro da Revolução
Mudanças nas Imagens do Pai e nas Imagens da Mãe

4 *A Dialética da Civilização,* 59
Necessidade de Defesa Reforçada Contra a Destruição
A Exigência de Sublimação pela Civilização (Dessexualização)
Enfraquecimento de Eros (Instintos de Vida); Liberação da Destrutividade
Progresso em Produtividade e Progresso em Dominação
Controles Intensificados na Civilização Industrial
Declínio da Luta com o Pai
Despersonalização do Superego, Contração do Ego
Conclusão da Alienação
Desintegração do Princípio de Realidade Estabelecido

5 *Interlúdio Filosófico,* 80
A Teoria da Civilização, de Freud, na Tradição da Filosofia Ocidental
O Ego como Sujeito Agressivo e Transcendente
Logos como Lógica de Dominação
O Protesto Filosófico Contra a Lógica de Dominação
Ser e Devir: Permanência *versus* Transcendência
O Eterno Retorno em Aristóteles, Hegel, Nietzsche
Eros como Essência de Ser

Parte II *Para Além do Princípio de Realidade,* 97

6 *Os Limites Históricos do Princípio de Realidade Estabelecido,* 99
Obsoletismo da Carência de Dominação
Hipótese de um Novo Princípio de Realidade
A Dinâmica Instintiva do Sentido da Civilização Não Repressiva
O Problema de Verificação da Hipótese

7 *Fantasia e Utopia,* 108
Fantasia *versus* Razão
Preservação do "Passado Arcaico"
O Valor de Verdade da Fantasia
A Imagem da Vida sem Repressão nem Ansiedade
Possibilidade de Liberdade Autêntica em uma Civilização Madura
Necessidade de uma Redefinição de Progresso

8 *As Imagens de Orfeu e Narciso,* 122
Arquétipos de Existência Humana na Civilização Não Repressiva
Orfeu e Narciso Contra Prometeu
Luta Mitológica de Eros Contra a Tirania da Razão – Contra a Morte
Reconciliação do Homem e da Natureza na Cultura Sensual

9 *A Dimensão Estética,* 133
A Estética como Ciência da Sensualidade
Reconciliação entre Prazer e Liberdade, Instinto e Moralidade
As Teorias Estéticas de Baumgarten, Kant e Schiller
Elementos de uma Cultura Não Repressiva
Transformação do Trabalho em Atividade Lúdica

10 *A Transformação da Sexualidade em Eros,* 151
A Abolição da Dominação
Efeito sobre os Instintos Sexuais
"Autossublimação" da Sexualidade em Eros
Sublimação Repressiva *versus* Livre Sublimação
Aproveitamento das Relações Sociais Não Repressivas
O Trabalho como Ação Livre das Faculdades Humanas
Possibilidades de Relações Libidinais de Trabalho

11 *Eros e Thanatos,* 170
   A Nova Ideia de Razão: Racionalidade da Gratificação
   Moralidade Libidinal
   A Luta Contra o Fluxo de Tempo
   Mudança na Relação entre Eros e o Instinto de Morte

Epílogo   *Crítica do Revisionismo Neofreudiano,* 182

ESCRITO EM MEMÓRIA DE
SOPHIE MARCUSE
1901-1951

Prefácio Político, 1966

Eros e Civilização: o título expressou um pensamento otimista, eufemístico, mesmo positivo, isto é, que as realizações da sociedade industrial avançada habilitariam o homem a inverter o rumo do progresso, a romper a união fatal de produtividade e destruição, de liberdade e repressão – por outras palavras, a aprender a *gaya sciencia* de como usar a riqueza social para moldar o mundo do homem de acordo com os seus Instintos Vitais, na luta combinada contra os provisores da Morte. Esse otimismo baseava-se no pressuposto de que deixara de prevalecer o fundamento lógico para a contínua aceitação da dominação, que a carência e a necessidade de labuta só "artificialmente" eram perpetuadas – no interesse de preservar o sistema de dominação. Negligenciei ou minimizei o fato de esse fundamento lógico "obsoleto" ter sido amplamente reforçado (se não substituído) por formas ainda mais eficientes de controle social. As próprias forças que tornaram a sociedade capaz de amenizar a luta pela existência serviram para reprimir nos indivíduos a necessidade de tal libertação. Sempre que o elevado nível de vida não basta para reconciliar as pessoas com suas vidas e seus governantes, a "engenharia social" da alma e a "ciência de relações humanas" fornecem a necessária catexe libidinal. Na sociedade afluente, as autoridades raramente se veem forçadas a justificar seu domínio. Fornecem os bens; satisfazem a energia sexual e agressiva de seus súditos. Tal como o inconsciente, cujo poder destrutivo representam com tanto êxito, estão aquém do bem e do mal, e o princípio de contradição não tem lugar na sua lógica. Como a sociedade afluente depende cada vez mais da ininterrupta produção e consumo do supérfluo, dos novos inventos, do obsoletismo planejado e dos meios de destruição, os indivíduos têm de adaptar-se a esses requisitos de um modo que excede os caminhos tradicionais. O "látego econômico", mesmo em suas formas mais refinadas, já deixou de ser adequado, ao que parece, para garantir a continuidade da luta pela existência na organização antiquada de hoje, assim como as leis e o patriotismo também já não parecem apropriados para assegurar um apoio popular ativo à cada vez mais perigosa expansão do sistema. A administração científica das necessidades instintivas converteu-se, desde há muito, em fator vital na reprodução do sistema: a mercadoria que tem de ser comprada e usada traduz-se em objetos da libido; e o Inimigo nacional, que tem de ser combatido e odiado, é destorcido e inflado a tal ponto que pode ativar e satisfazer a agressividade na dimensão profunda do inconsciente. A democracia de massa fornece os apetrechos políticos para efetuar essa introjeção do Princípio de Realidade; não só permite às pessoas (até um certo ponto) escolherem seus próprios senhores e amos, e participarem (até um certo ponto) no Governo que as governa, como também permite aos senhores e amos desaparecerem por trás do véu tecnológico do aparelho produtivo e destrutivo que eles controlam, e esconderem o preço humano (e material) dos benefícios e conforto concedidos àqueles que colaboram. O povo, eficientemente manipulado e organizado, é livre; a ignorância e a impotência, a heteronomia introjetada, é o preço de sua liberdade.

Não faz sentido falar sobre libertação a homens livres – e somos livres se não pertencemos à minoria oprimida. E não faz sentido falar sobre "repressão excessiva" quando os homens e as mulheres desfrutam mais liberdade sexual que nunca. Mas a verdade é que essa liberdade e satisfação estão transformando a Terra em inferno. Por enquanto, o inferno ainda está concentrado em certos lugares distantes: Vietname, Congo, África do Sul, assim como nos guetos da "sociedade afluente": no Mississippi e no Alabama, no Harlem. Esses lugares infernais iluminam o todo. É fácil e razoável ver neles, apenas, bolsões de pobreza e miséria numa sociedade em crescimento que é capaz de as eliminar gradualmente e sem uma catástrofe. Essa interpretação pode até ser realista e correta. A questão é: eliminadas a que preço – não em dólares e centavos, mas em vidas humanas e em liberdade humana?

Hesito em empregar a palavra "liberdade" porque é precisamente em nome da liberdade que os crimes contra a humanidade são perpetrados. Essa situação não é certamente nova na História: pobreza e exploração foram produtos da liberdade econômica; repetidamente, povos foram libertados em todo o mundo por seus amos e senhores, e a nova liberdade dessas gentes redundou em submissão, não ao império da lei, mas ao império da lei dos outros. O que principiou como submissão pela força cedo se converteu em "servidão voluntária", colaboração em reproduzir uma sociedade que tornou a servidão cada vez mais compensadora e agradável ao paladar. A reprodução, maior e melhor, dos mesmos sistemas de vida passou a significar, ainda mais nítida e conscientemente, o fechamento daqueles outros sistemas possíveis de vida que poderiam extinguir servos e senhores, assim como a produtividade de repressão.

Hoje em dia, essa união de liberdade e servidão tornou-se "natural" e um veículo do progresso. A prosperidade apresenta-se, cada vez mais, como um pré-requisito e um produto marginal de uma produtividade autoimpulsionada, em constante busca de novas saídas para o consumo e a destruição, nos espaços exterior e interior, embora seja impedida de "extravasar" nas áreas de miséria – tanto as internas como as externas. Em contraste com esse amálgama de liberdade e agressão, produção e destruição, a imagem de liberdade humana está deslocada: converte-se em projeto da *subversão dessa espécie de progresso*. A libertação das necessidades instintivas de paz e tranquilidade, do Eros "associal" autônomo, pressupõe a emancipação da afluência repressiva: uma inversão no rumo do progresso.

A tese de *Eros e Civilização*, mais completamente desenvolvida no meu livro *One-Dimensional Man*,[*] era que o homem só podia evitar a fatalidade de um Estado de Bem-Estar Social através de um Estado Beligerante mediante o estabelecimento de um novo ponto de partida, pelo qual pudesse reconstruir o sistema produtivo sem aquele "ascetismo do mundo interior" que forneceu a base mental para a

---

[*] Traduzido para o português e publicado, sob o título *A Ideologia da Sociedade Industrial*, por Zahar Editores, Rio, 1968. (N.E.)

xiv | Prefácio Político, 1966

dominação e a exploração. Essa imagem do homem era a negação determinada do super-homem de Nietzsche: um homem suficientemente inteligente e suficientemente saudável para prescindir de todos os heróis e virtudes heroicas, um homem sem impulsos para viver perigosamente, para enfrentar o desafio; um homem com a boa consciência para fazer da vida um fim em si mesmo, para viver com alegria uma vida sem medo. "Sexualidade polimórfica" foi a expressão que usei para indicar que a nova direção de progresso dependeria completamente de oportunidade de ativar necessidades *orgânicas*, biológicas, que se encontram reprimidas ou suspensas, isto é, fazer do corpo humano um instrumento de prazer e não de labuta. A velha fórmula, o desenvolvimento das necessidades e faculdades predominantes, pareceu-me inadequada; a emergência de novas necessidades e faculdades, qualitativamente diferentes, pareceu-me ser o pré-requisito e o conteúdo da libertação.

A ideia de um novo Princípio de Realidade baseou-se no pressuposto de que as precondições materiais (técnicas) para o seu desenvolvimento estavam estabelecidas ou podiam ser estabelecidas nas sociedades industriais mais avançadas do nosso tempo. Entendia-se implicitamente que a tradução das capacidades técnicas em realidade significava revolução. Mas o próprio escopo e eficácia da introjeção democrática suprimiu o sujeito histórico, o agente de revolução: as pessoas livres não necessitam de libertação e as oprimidas não são suficientemente fortes para libertarem-se. Essas condições redefinem o conceito de Utopia: a libertação é a mais realista, a mais concreta de todas as possibilidades históricas e, ao mesmo tempo, a mais racionalmente, mais eficazmente reprimida – a possibilidade mais abstrata e remota. Nenhuma filosofia, nenhuma teoria pode desfazer a introjeção democrática dos senhores em seus súditos. Quando, nas sociedades mais ou menos afluentes, a produtividade atingiu um nível em que as massas participam de seus benefícios, e em que a oposição é eficaz e democraticamente "contida", então o conflito entre senhores e escravos também é eficientemente contido. Ou, melhor, mudou a sua localização social. Existe, e explode, na revolta dos países atrasados contra a intolerável herança do colonialismo e seu prolongamento pelo neocolonialismo. O conceito marxista estipulou que somente aqueles que estavam livres dos benefícios do capitalismo seriam possivelmente capazes de transformá-lo numa sociedade livre; aqueles cuja existência era a própria negação da propriedade capitalista poderiam tornar-se os agentes históricos da libertação. Na arena internacional, o conceito marxista retoma sua plena validade. Na medida em que as sociedades exploradoras tornaram-se potências globais, na medida em que as novas nações independentes converteram-se em campo de batalha para seus interesses, as forças "externas" de rebelião deixaram de ser forças estranhas: são o inimigo no interior do sistema. Isso não faz desses rebeldes os mensageiros da humanidade. Por si mesmos, não são (como o proletariado marxista pouco era) os representantes da liberdade. Também neste caso o conceito marxista se aplica de acordo com o qual o proletariado internacional obteria sua armadura intelectual de fora: o "relâmpago do pensamento" atingiria os "*naiven Volksboden*". As ideias grandiosas sobre a união da teoria e da prática não fazem jus aos fracos começos de tal união. Entretanto, a revolta nos países atrasados encontrou uma resposta nos países adiantados, onde a juventude está protestando contra a repressão na afluência e a guerra no estrangeiro.

É revolta contra os falsos pais, falsos professores e falsos heróis – solidariedade com todos os infelizes da Terra: existirá alguma ligação "orgânica" entre as duas facetas do protesto? Parece tratar-se de uma solidariedade quase instintiva. A revolta interna contra a própria pátria parece sobretudo impulsiva, suas metas difíceis de definir: náusea causada pelo "sistema de vida", revolta como uma questão de higiene física e mental. O corpo contra "a máquina" – não contra o mecanismo construído para tornar a vida mais segura e benigna, para atenuar a crueldade da natureza, mas contra a máquina que sobrepujou o mecanismo: a máquina política, a máquina dos grandes negócios, a máquina cultural e educacional que fundiu benesses e maldições num todo racional. O todo agigantou-se demais, sua coesão tornou-se forte demais, seu funcionamento eficiente demais – o poder do negativo concentrar-se-á nas forças ainda em parte por conquistar, primitivas e elementares? O homem contra a máquina: homens, mulheres e crianças lutando, com os mais primitivos instrumentos, contra a máquina mais brutal e destruidora de todos os tempos e mantendo-a em xeque – a guerra de guerrilhas definirá a revolução do nosso tempo?

O atraso histórico poderá redundar de novo na oportunidade histórica de fazer girar a roda do progresso noutra direção. O superdesenvolvimento técnico e científico fica desmentido quando os bombardeiros equipados de radar, os produtos químicos e as "forças especiais" da sociedade afluente desencadeiam-se sobre os mais pobres da Terra, seus barracos, hospitais e campos de arroz. Os "acidentes" revelam a substância: rasgam o véu tecnológico, sob o qual se ocultavam os verdadeiros poderes. A capacidade de matar e queimar em grandes proporções, e o comportamento mental que lhe é concomitante, são subprodutos do desenvolvimento das forças produtivas, dentro de um sistema de exploração e repressão; parecem essas forças tornar-se tanto mais produtivas quanto mais confortável o sistema vai ficando para os seus privilegiados sujeitos. A sociedade afluente demonstrou agora que é uma sociedade em guerra; se os seus cidadãos não o notaram, as suas vítimas já o perceberam, por certo.

A vantagem histórica das nações mais novas, do seu atraso técnico, talvez seja a de poderem saltar o estágio de sociedade afluente. Os povos atrasados, por sua pobreza e fraqueza, poderão ser forçados a renunciar ao uso agressivo e supérfluo da ciência e da tecnologia, para manterem a engrenagem produtiva *à la mesure de l'homme*, sob o seu controle, para satisfação e desenvolvimento das necessidades vitais, tanto individuais como coletivas.

Para os países superdesenvolvidos, essa oportunidade seria equivalente à abolição das condições em que a labuta do homem perpetua, como um poder autopropulsor, a sua subordinação à engrenagem produtiva e, com ela, às formas obsoletas de luta pela existência. A abolição dessas formas é, como sempre foi, a tarefa da ação política; mas há uma diferença decisiva na situação presente. Ao passo que as revoluções anteriores acarretaram um desenvolvimento mais amplo e mais racional das forças produtivas, nas sociedades superdesenvolvidas de hoje, porém, revolução significaria a inversão dessa tendência: eliminação do superdesenvolvimento e de sua racionalidade repressiva. A rejeição da produtividade afluente, longe de constituir um compromisso com a pureza, a simplicidade e a "natureza", poderia ser um indício (e uma arma) de um estágio superior de desenvolvimento humano, baseado nas realizações da sociedade tecnológica. Sendo interrompida a produção de bens supérfluos e destrutivos (um estágio que significaria o fim do capitalismo, em todas as suas formas) – as mutilações somáticas e mentais infligidas ao homem por essa produção seriam eliminadas. Por outras palavras, a configuração do meio, a transformação da natureza, podem ser impulsionadas mais pelos Instintos Vitais liberados do que reprimidos, e a agressão estaria sujeita às suas exigências.

A oportunidade histórica dos países atrasados está na ausência de condições que propiciam a tecnologia e a industrialização exploradoras e repressivas, para fins de produtividade agressiva. O próprio fato de que o Estado beligerante afluente desencadeia o seu poderio aniquilador sobre os países atrasados elucida a grandeza da ameaça. Na revolta dos povos atrasados, as sociedades ricas defrontam-se numa forma elementar e brutal, não só com uma revolta social, na acepção tradicional, mas também com uma revolta instintiva: a aversão biológica. A propagação da guerra de guerrilhas no apogeu do século tecnológico é um acontecimento simbólico: a energia do corpo humano revolta-se contra a repressão intolerável e lança-se contra as máquinas da repressão. Talvez os rebeldes nada saibam a respeito dos métodos de organização de uma sociedade, de edificação de uma sociedade socialista; talvez estejam aterrorizados por seus próprios líderes, que sabem alguma coisa a tal respeito, mas a chocante existência dos rebeldes está em total necessidade de libertação e a sua liberdade é a contradição das sociedades superdesenvolvidas.

A civilização ocidental sempre glorificou o herói, o sacrifício da vida pela cidade, o Estado, a nação; raramente indagou se a cidade estabelecida, o Estado ou a nação eram dignos do sacrifício. O tabu sobre a indiscutível prerrogativa do todo sempre foi mantido e imposto, e tem sido mantido e imposto tanto mais brutalmente quanto mais se supõe que o todo é composto de indivíduos livres. A questão está sendo agora formulada – formulada de fora – e entendida por aqueles que se recusam a fazer o jogo dos afluentes; é a questão de saber se a abolição desse todo não será uma precondição para a emergência de uma cidade, Estado, nação, verdadeiramente humanos.

As probabilidades estão esmagadoramente do lado dos poderes vigentes. O que é romântico não é a avaliação positiva dos movimentos de libertação nos países atrasados, mas a avaliação positiva de suas perspectivas. Não há razão justificativa para que a ciência, a tecnologia e o dinheiro não repitam a tarefa de destruição e, depois, executem a tarefa de reconstrução à sua própria imagem e semelhança. O preço do progresso é terrivelmente alto, mas nós o pagaremos. Não só as vítimas ludibriadas, mas também os seus chefes de Estado assim o afirmam. Entretanto, há fotografias que mostram filas de cadáveres seminus, assim dispostos em honra dos vencedores no Vietname: assemelham-se, em todos os seus detalhes, às cenas de cadáveres mutilados e esquálidos que nos chegaram de Auschwitz e Buchenwald. Nada e ninguém pode jamais pagar por esses feitos, nem superar o sentimento de culpa e remorso que reage praticando novas agressões. Mas a agressão pode voltar-se contra o agressor. O estranho mito de que a ferida aberta só pode ser sarada pela arma que praticou a ferida ainda não foi validado na História: a violência que deflagra a cadeia de violência pode dar início a uma nova cadeia. Entretanto, nessa e contra essa sucessão contínua, a luta prosseguirá. Não é o combate de Eros contra Thanatos, porque também a sociedade estabelecida tem seu Eros: protege, perpetua e amplia a vida. E não é uma vida má para os que se submetem e reprimem. Mas, num balanço geral, o pressuposto é que a agressividade em defesa da vida é menos nociva aos Instintos de Vida do que a agressividade na agressão.

Em defesa da vida: a frase tem um significado explosivo na sociedade afluente. Envolve não só o protesto contra a guerra e a carnificina neocoloniais, a queima de cartão de recrutamento, a luta pelos direitos civis, mas também a recusa em falar a língua morta da afluência, em usar roupas limpas, desfrutar os inventos da afluência, submeter-se à educação para a afluência. A nova boêmia, os *beatniks* e *hipsters*, os andarilhos da paz – todos esses "decadentes" passaram agora a ser aquilo que a decadência, provavelmente, sempre foi: pobre refúgio da humanidade difamada.

Poderemos falar de uma junção das dimensões erótica e política?

Na organização e contra a organização terrivelmente eficiente da sociedade afluente, não só o protesto radical, mas até a tentativa de formulação, de articulação, de dar palavras ao protesto, assume uma imaturidade pueril, ridícula. Assim, é ridículo e talvez "lógico" que o Movimento pela Liberdade de Expressão, em Berkeley, terminasse em balbúrdia e brigas entre os participantes, por causa do aparecimento de um cartaz com um palavrão. Talvez seja igualmente ridículo e legítimo ver uma significação mais profunda nos distintivos usados por alguns manifestantes (entre eles, crianças) contra os morticínios do Vietname: MAKE LOVE, NOT WAR (Faça Amor, Não Guerra). Por outro lado, contra a nova mocidade que se recusa e rebela, estão os representantes da antiga ordem, que já não são capazes de proteger a existência dela sem a sacrificarem numa obra de destruição, desperdício e poluição. Neles se incluem agora os representantes da mão de obra sindicalizada – e corretamente, na medida em que o emprego, no quadro da prosperidade capitalista, depende da contínua defesa do sistema social estabelecido.

Poderá o resultado, num futuro próximo, oferecer dúvidas? O povo, a maioria das pessoas na sociedade afluente, está do lado daquilo que é – não com o que podia e devia ser. E a ordem estabelecida é suficientemente forte e eficiente para justificar essa adesão e garantir a sua continuidade. Contudo, o próprio vigor e eficiência dessa ordem podem-se tornar fatores de desintegração. A perpetuação da cada vez mais obsoleta necessidade de trabalho em tempo integral (mesmo numa forma muito reduzida) exigirá o crescente desperdício de recursos, a criação de empregos e serviços cada vez mais desnecessários e o crescimento do setor militar ou destrutivo. Guerras mantidas em sucessivas escaladas, permanente preparação para uma conflagração bélica e administração total podem muito bem bastar para manter o povo sob controle, mas à custa de alterar a moralidade de que a sociedade ainda depende. O progresso técnico, em si mesmo uma necessidade para a manutenção da sociedade estabelecida, fomenta necessidades e faculdades que são antagônicas da organização social do trabalho, sobre a qual o sistema está edificado. No processo de automação, o valor do produto social é determinado em grau cada vez mais diminuto pelo tempo de trabalho necessário para a sua produção. Consequentemente, a verdadeira necessidade social de mão de obra produtiva declina, e o vácuo tem de ser preenchido por atividades improdutivas. Um montante cada vez maior do trabalho efetivamente realizado torna-se supérfluo, dispensável, sem significado. Embora essas atividades possam ser sustentadas e até multiplicadas sob uma administração total, parece existir um teto para o seu aumento. Esse teto, ou limite superior, seria atingido quando a mais-valia criada pelo trabalho produtivo deixa de ser suficiente para compensar o trabalho não produtivo. Uma progressiva redução de mão de obra parece ser inevitável, e o sistema, para fazer face a essa eventualidade, tem de prover à criação de ocupações sem trabalho; tem de desenvolver necessidades que transcendem a economia de mercado e que podem até ser incompatíveis com ele.

A sociedade afluente está-se preparando, à sua maneira, para essa eventualidade, organizando "o desejo de beleza e os anseios da comunidade", a renovação do "contato com a natureza", o enriquecimento do espírito e as honras "à criação pela criação". O falso timbre de tais proclamações é indicativo do fato de que, dentro do sistema estabelecido, essas aspirações são transladadas para as atividades culturais administradas, patrocinadas pelo Governo e as grandes companhias – um prolongamento de seu braço executivo, penetrando na alma das massas. É quase impossível reconhecer nas aspirações assim definidas as de Eros e sua transformação autônoma de um meio e de uma existência repressivos. Se essas finalidades tiverem de ser satisfeitas sem um conflito irreconciliável com os requisitos da economia de mercado, deverão ser satisfeitas dentro do quadro estrutural do comércio e do lucro. Mas este gênero de satisfação equivaleria a uma negação, pois a energia erótica dos Instintos de Vida não pode ser liberada sob as condições desumanizantes da afluência lucrativa. Certo, o conflito entre o necessário desenvolvimento das necessidades não econômicas, que validaria a ideia da abolição do trabalho (a vida como um fim em si), por um lado, e a conveniência em manter a necessidade de ganhar a vida, por outro lado, é muito maneável, especialmente enquanto o Inimigo interno e externo puder servir como força propulsora, escorando a defesa do *status quo*. Contudo, o conflito pode tornar-se explosivo se for acompanhado e agravado por perspectivas de mudança na própria base da sociedade industrial avançada, nomeadamente o gradual desmoronamento da empresa capitalista em processo de automação.

Entrementes, há coisas a fazer. O sistema tem seu ponto mais frágil justamente onde apresenta sua força mais brutal: a escalada do seu potencial militar (que parece impor a atualização periódica, com interrupções cada vez mais curtas de paz e de prontidão). Essa tendência só parece reversível sob as mais fortes pressões, e tal reversão ativaria as zonas de perigo na estrutura social: a sua conversão num sistema capitalista "normal" é dificilmente imaginável sem uma séria crise e transformações econômicas e políticas arrasadoras. Hoje, a oposição à guerra e à intervenção militar ataca nas raízes: revolta-se contra aqueles cujo domínio econômico e político depende da contínua (e ampliada) reprodução do estabelecimento militar, seus "multiplicadores" e a política que precisa dessa reprodução. Esses interesses não são difíceis de identificar, e a guerra contra eles não requer mísseis, bombas e *napalm*. Mas exige, efetivamente, algo que é muito mais difícil de produzir: a divulgação de conhecimentos livres de censura e manipulação, consciência e, sobretudo, a recusa organizada em continuar trabalhando com os instrumentos materiais e *intelectuais* que estão sendo agora usados contra o homem para a defesa da liberdade e prosperidade daqueles que dominam o resto.

Na medida em que o trabalhismo, a mão de obra sindicalizada, atua em defesa do *status quo*, e na medida em que a quota-parte de trabalho humano no processo material de produção declina, as aptidões e capacidades *intelectuais* tornam-se fatores sociais e econômicos. Hoje, a recusa organizada dos cientistas, matemáticos, técnicos, psicólogos industriais e pesquisadores de opinião pública poderá muito bem consumar o que uma greve, mesmo uma greve em grande escala, já não pode conseguir, mas conseguia noutros tempos, isto é, o começo da reversão, a preparação do terreno para a ação política. Que a ideia pareça profundamente irrealista não reduz a responsabilidade política subentendida na posição e na função do intelectual na sociedade industrial contemporânea. A recusa do intelectual pode encontrar apoio noutro catalisador, a recusa instintiva entre os jovens em protesto. É a vida deles que está em jogo e, se não a deles, pelo menos a saúde mental e capacidade de funcionamento deles como seres humanos livres de mutilações. O protesto dos jovens continuará porque é uma necessidade biológica. "Por natureza", a juventude está na primeira linha dos que vivem e lutam por Eros contra a Morte e contra uma civilização que se esforça por encurtar o "atalho para a morte", embora controlando os meios capazes de alongar esse percurso. Mas, na sociedade administrativa, a necessidade biológica não redunda imediatamente em ação; a organização exige contraorganização. Hoje, a luta pela vida, a luta por Eros, é a luta *política*.

Prefácio da Primeira Edição

ste ensaio emprega categorias psicológicas porque elas se converteram em categorias políticas. A fronteira tradicional entre a Psicologia, de um lado, a Política e a Filosofia Social, do outro, tornou-se obsoleta em virtude da condição do homem na era presente: os processos psíquicos anteriormente autônomos e identificáveis estão sendo absorvidos pela função do indivíduo no Estado – pela sua existência pública. Portanto, os problemas psicológicos tornam-se problemas políticos: a perturbação particular reflete mais diretamente do que antes a perturbação do todo, e a cura dos distúrbios pessoais depende mais diretamente do que antes da cura de uma desordem geral. A era propende para ser totalitária, mesmo que não tenha produzido Estados totalitários. A Psicologia pôde ser elaborada e praticada como uma disciplina especial enquanto a psique logrou sustentar-se contra o poder público, enquanto a intimidade foi real, realmente desejada e obedecia a seus próprios moldes; se o indivíduo não tem a capacidade nem a possibilidade de ser por si mesmo, os termos da Psicologia convertem-se nos termos das forças da sociedade que definem a psique. Nessas circunstâncias, a aplicação da Psicologia à análise de acontecimentos sociais e políticos significa a aceitação de um critério que foi viciado por esses mesmos acontecimentos. A tarefa é, antes, a oposta; desenvolver a substância política e sociológica das noções psicológicas. Tentei reformular certas questões básicas e acompanhá-las num rumo ainda não inteiramente explorado. Tenho consciência do caráter probatório deste ensaio e espero examinar alguns dos problemas, especialmente os de uma teoria estética, mais adequadamente num futuro próximo.

As ideias desenvolvidas neste livro foram inicialmente apresentadas numa série de lições proferidas na Washington School of Psychiatry, em 1950-1951. Desejo agradecer a Joseph Borkin, de Washington, que me encorajou a escrever este livro. Estou profundamente grato aos Professores Clyde Kluckhohn e Barrington Moore, Jr., da Harvard University, e aos Drs. Henry e Yela Loewenfeld, de Nova York, que leram o manuscrito e me ofereceram valiosas sugestões e críticas. No que respeita ao conteúdo deste ensaio, assumo a responsabilidade exclusiva. Quanto à minha posição teórica, sou devedor ao meu amigo Professor Max Horkheimer e seus colaboradores do Institute of Social Research, agora em Frankfurt.

H. M.

Introdução

A proposição de Sigmund Freud, segundo a qual a civilização se baseia na permanente subjugação dos instintos humanos, foi aceita como axiomática. A sua interrogação, sobre se os benefícios da cultura teriam compensado o sofrimento assim infligido aos indivíduos, não foi levada muito a sério – ainda menos quando o próprio Freud considerou o processo inevitável e irreversível. A livre gratificação das necessidades instintivas do homem é incompatível com a sociedade civilizada: renúncia e dilação na satisfação constituem pré-requisitos do progresso. Disse Freud: "A felicidade não é um valor cultural". A felicidade deve estar subordinada à disciplina do trabalho como ocupação integral, à disciplina da reprodução monogâmica, ao sistema estabelecido de lei e ordem. O sacrifício metódico da libido, a sua sujeição rigidamente imposta às atividades e expressões socialmente úteis, é cultura.

O sacrifício compensou bastante: nas áreas tecnicamente avançadas da civilização, a conquista da natureza está praticamente concluída, e mais necessidades de um maior número de pessoas são satisfeitas numa escala nunca anteriormente vista. Nem a mecanização e padronização da vida, nem o empobrecimento mental, nem a crescente destrutividade do atual progresso, fornecem bases suficientes para pôr em dúvida o "princípio" que tem governado o progresso da civilização ocidental. O contínuo incremento da produtividade torna cada vez mais realista, de um modo constante, a promessa de uma vida ainda melhor para todos. Contudo, o progresso intensificado parece estar vinculado a uma igualmente intensificada ausência de liberdade. Por todo o mundo da civilização industrial, o domínio do homem pelo homem cresce em âmbito e eficiência. Essa tendência tampouco se apresenta como uma regressão incidental, transitória, na senda do progresso. Os campos de concentração, extermínios em massa, guerras mundiais e bombas atômicas não são "recaídas no barbarismo", mas a implementação irreprimida das conquistas da ciência moderna, da tecnologia e dominação dos nossos tempos. E a mais eficaz subjugação e destruição do homem pelo homem tem lugar no apogeu da civilização, quando as realizações materiais e intelectuais da humanidade parecem permitir a criação de um mundo verdadeiramente livre.

Esses aspectos negativos da cultura hodierna podem muito bem indicar o obsoletismo das instituições estabelecidas e a emergência de novas formas de civilização: a repressão é, talvez, mantida com tanto mais vigor quanto mais desnecessária se torna. Se, com efeito, deve pertencer à essência da civilização como tal, então a interrogação de Freud quanto ao preço da civilização não teria nenhum sentido — pois não haveria alternativa.

Mas a própria teoria de Freud fornece-nos razões para rejeitarmos a sua identificação de civilização com repressão. Com base em suas próprias realizações teóricas, o exame do problema deve ser reaberto. A relação entre liberdade e repressão, produtividade e destruição, dominação e progresso, constituirá realmente o princípio de civilização? Ou essa inter-relação resultará unicamente de uma organização histórica específica da existência humana? Em termos freudianos, o conflito entre princípio de prazer e princípio de realidade será irreconciliável num grau tal que necessite a transformação repressiva da estrutura instintiva do homem? Ou permitirá um conceito de civilização não repressiva, baseada numa experiência fundamentalmente diferente de ser, numa relação fundamentalmente diferente entre homem e natureza, e em fundamentalmente diferentes relações existenciais?

A noção de uma civilização não repressiva será examinada, não como uma especulação abstrata e utópica. Acreditamos que o exame está justificado com base em dois dados concretos e realistas: primeiro, a própria concepção teórica de Freud parece refutar a sua firme negação da possibilidade histórica de uma civilização não repressiva; e, segundo, as próprias realizações da civilização repressiva parecem criar as precondições para a gradual abolição da repressão. Para elucidarmos esses dados, tentaremos reinterpretar a concepção teórica de Freud, segundo os termos de seu próprio conteúdo sócio-histórico.

Tal procedimento implica oposição às escolas revisionistas neofreudianas. Em contraste com os revisionistas, acredito que a teoria de Freud é, em sua própria substância, "sociológica",[1] e que nenhuma nova orientação cultural ou sociológica é necessária para revelar essa substância. O "biologismo" de Freud é teoria social numa dimensão profunda, que tem sido obstinadamente nivelada pelas escolas neofreudianas. Ao transferirem a ênfase do inconsciente para o consciente, dos fatores biológicos para os culturais, suprimem as raízes da sociedade nos instintos e, em vez disso, colocam a sociedade no nível em que se defronta com o indivíduo em seu "meio" préfabricado, sem indagarem de suas origens e legitimidade. A análise neofreudiana desse meio sucumbe, pois, à mistificação de relações sociais, e sua crítica move-se apenas dentro da firmemente sancionada e bem protegida esfera das instituições estabelecidas. Por consequência, a crítica neofreudiana, numa acepção estrita, mantém-se ideológica: carece de base conceptual fora do sistema estabelecido; a maior parte de suas ideias e valores críticos é subministrada pelo sistema. A moralidade idealista e a religião celebram sua feliz ressurreição; o fato de estarem adornadas com o vocabulário da própria Psicologia que originalmente refutou suas pretensões mal esconde sua identidade com atitudes oficialmente desejadas e divulgadas.[2] Além

---
[1] Para uma análise do caráter sociológico dos conceitos psicanalíticos, ver Heinz Hartmann, "The Application of Psychoanalytic Concepts to Social Science", *Psychoanalytic Quarterly*, Vol. XIX, N.º 3 (1950); Clyde Kluckhohn, *Mirror for Man* (Nova York: McGraw-Hill, 1949); e Heinz Hartmann, Ernst Kris e Rudolph M. Lowenstein, "Some Psychoanalytic Comments on 'Culture and Personality'", em *Psychoanalysis and Culture: Essays in Honor of Géza Róheim* (Nova York: International Universities Press, 1951).
[2] Para um exame mais específico do revisionismo neofreudiano, ver o Epílogo deste livro.

disso, acreditamos que os vislumbres mais penetrantes e concretos da estrutura histórica da civilização estão contidos, precisamente, nos conceitos que os revisionistas rejeitam. Quase toda a metapsicologia freudiana, sua tardia teoria dos instintos, sua reconstituição da pré-história da humanidade, pertencem a esses conceitos. O próprio Freud tratou-os como simples hipóteses operacionais, úteis na elucidação de certas obscuridades, no estabelecimento de ligações provisórias entre concepções teoricamente distintas – acessíveis sempre à correção e a serem rejeitadas logo que deixassem de facilitar o progresso da teoria e prática psicanalíticas. No desenvolvimento pós-freudiano da Psicanálise, essa metapsicologia foi quase inteiramente eliminada. Logo que a Psicanálise se tornou social e cientificamente respeitável, livrou-se de especulações comprometedoras. Na verdade, comprometedoras eram, em mais de um sentido: não só transcenderam o domínio da observação clínica e da utilidade terapêutica, mas também se abalançaram a interpretar o homem em termos muitíssimo mais ofensivos para os tabus sociais do que o anterior "pansexualismo" de Freud – termos esses que revelaram a base explosiva da civilização. O exame subsequente tentará aplicar as concepções tabus da Psicanálise (tabus até na própria Psicanálise) a uma interpretação das tendências básicas da civilização.

A finalidade do presente ensaio é contribuir para a *filosofia* da Psicanálise – não para a Psicanálise em si. Move-se exclusivamente no terreno da teoria e mantém-se fora da disciplina técnica em que a Psicanálise se converteu. Freud desenvolveu uma teoria do homem, uma "psicologia" no sentido mais estrito do termo. Com essa teoria, Freud colocou-se na grande tradição da Filosofia e ao abrigo de critérios filosóficos. A nossa preocupação não é com uma interpretação corrigida ou aumentada dos conceitos freudianos, mas com as suas implicações filosóficas e sociológicas. Conscienciosamente, Freud distinguiu a sua Filosofia da sua Ciência: os neofreudianos negaram a maior parte da primeira. Em bases terapêuticas, tal rejeição pode estar perfeitamente justificada. Contudo, nenhum argumento terapêutico deveria impedir o desenvolvimento de uma construção teórica que almeja não à cura da enfermidade individual, mas ao diagnóstico de uma perturbação geral.

São necessárias algumas explicações preliminares de termos:

"Civilização" é usada permutavelmente com "cultura" tal como em *A Civilização e Seus Descontentes*, de Freud.

"Repressão" e "repressivo" são empregados, na acepção não técnica, para designar os processos conscientes e inconscientes, externos e internos, de restrição, coerção e supressão.

"Instinto", de acordo com a noção freudiana de *Trieb*, refere-se aos "impulsos" primários do organismo humano que estão sujeitos a modificação *histórica* e encontram representação tanto somática como mental.

Parte I

Sob o Domínio do Princípio de Realidade

1

A Tendência Oculta na Psicanálise

O conceito de homem que emerge da teoria freudiana é a mais irrefutável acusação à civilização ocidental – e, ao mesmo tempo, a mais inabalável defesa dessa civilização. Segundo Freud, a história do homem é a história da sua repressão. A cultura coage tanto a sua existência social como a biológica, não só partes do ser humano, mas também sua própria estrutura instintiva. Contudo, essa coação é a própria precondição do progresso. Se tivessem liberdade de perseguir seus objetivos naturais, os instintos básicos do homem seriam incompatíveis com toda a associação e preservação duradoura: destruiriam até aquilo a que se unem ou em que se conjugam. O Eros incontrolado é tão funesto quanto a sua réplica fatal, o instinto de morte. Sua força destrutiva deriva do fato de eles lutarem por uma gratificação que a cultura não pode consentir: a gratificação como tal e como um fim em si mesma, a qualquer momento. Portanto, os instintos têm de ser desviados de seus objetivos, inibidos em seus anseios. A civilização começa quando o objetivo primário – isto é, a satisfação integral de necessidades – é abandonado.

As vicissitudes dos instintos são as vicissitudes da engrenagem mental na civilização. Os impulsos animais convertem-se em instintos humanos sob a influência da realidade externa. Sua "localiza-

9

ção" original no organismo e sua direção básica continuam sendo as mesmas; contudo, seus objetivos e manifestações estão sujeitos à transformação. Todos os conceitos psicanalíticos (sublimação, identificação, projeção, repressão, introjeção) implicam a mutabilidade dos instintos, mas a realidade que dá forma tanto aos instintos como às suas necessidades e satisfação é um mundo sócio-histórico. O homem animal converte-se em ser humano somente através de uma transformação fundamental da sua natureza, afetando não só os anseios instintivos, mas também os "valores" instintivos – isto é, os princípios que governam a consecução dos anseios. A transformação no sistema dominante de valores pode ser assim definida, de um modo probatório:

de:
satisfação imediata
prazer
júbilo (atividade lúdica)
receptividade
ausência de repressão

para:
satisfação adiada
restrição do prazer
esforço (trabalho)
produtividade
segurança

Freud descreveu essa mudança como a transformação do *princípio de prazer* em *princípio de realidade*. A interpretação do "aparelho mental" de acordo com esses dois princípios é básica para a teoria de Freud e assim permanece, apesar de todas as modificações da concepção dualista. Corresponde em grande parte (mas não inteiramente) à distinção entre os processos inconscientes e conscientes. É como se o indivíduo existisse em duas diferentes dimensões, caracterizadas por diferentes processos e princípios mentais. A diferença entre essas duas dimensões é tanto de natureza histórico-genética como estrutural: o inconsciente, governado pelo princípio de prazer, compreende "os mais remotos processos primários, resíduos de uma fase de desenvolvimento em que eles eram a única espécie de processos mentais". Lutavam unicamente por "obter prazer; a atividade mental retrai-se, evitando qualquer operação que possa dar origem a sensações de desprazer ("dor")"[1], mas o princípio de prazer irrestrito entra em conflito com o meio natural e humano. O indi-

---
[1] "Formulations Regarding the Two Principles in Mental Functioning", em *Collected Papers* (Londres: Hogarth Press 1950), IV, 14. As citações são feitas com autorização do editor.

víduo chega à compreensão traumática de que uma plena e indolor gratificação de suas necessidades é impossível. E, após essa experiência de desapontamento, um novo princípio de funcionamento mental ganha ascendência. O princípio de realidade supera o princípio de prazer: o homem aprende a renunciar ao prazer momentâneo, incerto e destrutivo, substituindo-o pelo prazer adiado, restringido, mas "garantido".[2] Por causa desse ganho duradouro, por meio da renúncia e restrição, de acordo com Freud, o princípio de realidade "salvaguarda", mais do que "destrona", e "modifica", mais do que nega, o princípio de prazer.

Contudo, a interpretação psicanalítica revela que o princípio de realidade impõe uma mudança não só na forma e tempo fixado para o prazer, mas também na sua própria substância. A adaptação do prazer ao princípio de realidade implica a subjugação e diversão da força destrutiva da gratificação instintiva, de sua incompatibilidade com as normas e relações estabelecidas da sociedade e, por conseguinte, implica a transubstanciação do próprio prazer.

Com o estabelecimento do princípio de realidade, o ser humano, que, sob o princípio de prazer, dificilmente pouco mais seria do que um feixe de impulsos animais, converte-se num ego organizado. Esforça-se por obter "o que é útil" e o que pode ser obtido sem prejuízo para si próprio e para o seu meio vital. Sob o princípio de realidade, o ser humano desenvolve a função da *razão*: aprende a "examinar" a realidade, a distinguir entre bom e mau, verdadeiro e falso, útil e prejudicial. O homem adquire as faculdades de atenção, memória e discernimento. Torna-se um *sujeito* consciente, pensante, equipado para uma racionalidade que lhe é imposta de fora. Apenas um modo de atividade mental é "separado" da nova organização do aparelho mental e conserva-se livre do domínio do princípio de realidade: é a *fantasia*, que está "protegida das alterações culturais" e mantém-se vinculada ao princípio de prazer. Em tudo o mais, o aparelho mental está efetivamente subordinado ao princípio de realidade. A função de "descarga motora", que, durante a supremacia do princípio de prazer, "servira para aliviar o aparelho mental da acumulação excessiva de estímulos", é agora empregada na "alteração apropriada da realidade": é convertida em *ação*.[3]

---
[2] *Ibid.*, p. 18.
[3] *Ibid.*, p. 16.

O âmbito dos desejos humanos e a instrumentalidade para sua gratificação foram, assim, incomensuravelmente aumentados, e sua capacidade para alterar a realidade, conscientemente, de acordo com o "que é útil", parece prometer uma remoção gradual de barreiras estranhas à sua gratificação. Contudo, tanto os seus desejos como a sua alteração da realidade deixam de pertencer, daí em diante, ao próprio sujeito; passaram a ser "organizados" pela sua sociedade. E essa "organização" reprime e transubstancia as suas necessidades instintivas originais. Se a ausência de repressão é o arquétipo de liberdade, então a civilização é a luta contra essa liberdade.

A substituição do princípio de prazer pelo princípio de realidade é o grande acontecimento traumático no desenvolvimento do homem – no desenvolvimento do gênero (filogênese), tanto quanto do indivíduo (ontogênese). Segundo Freud, esse evento não foi único, pois repete-se ao longo da história da espécie humana e de cada um dos seus indivíduos. Filogeneticamente, ocorre primeiro na *horda primordial*, quando o *pai primordial* monopoliza o poder e o prazer, e impõe a renúncia por parte dos filhos. Ontogeneticamente, ocorre durante o período inicial da infância, e a submissão ao princípio de realidade é imposto pelos pais e outros educadores. Mas, tanto no nível genérico como no individual, a submissão é continuamente reproduzida. Ao domínio do pai primordial segue-se, após a primeira rebelião, o domínio dos filhos, e o clã fraternal desenvolve-se para dar origem a um domínio social e político institucionalizado. O princípio de realidade materializa-se num sistema de instituições. E o indivíduo, evoluindo dentro de tal sistema, aprende que os requisitos do princípio de realidade são os da lei e da ordem, e transmite-os à geração seguinte.

O fato de o princípio de realidade ter de ser continuamente restabelecido no desenvolvimento do homem indica que o seu triunfo sobre o princípio de prazer jamais é completo e seguro. Na concepção freudiana, a civilização não põe termo, de uma vez por todas, a um "estado natural". O que a civilização domina e reprime – a reclamação do princípio de prazer – continua existindo na própria civilização. O inconsciente retém os objetivos do princípio de prazer derrotado. Rechaçada pela realidade externa ou mesmo incapaz de atingi-la, a força total do princípio de prazer não só sobrevive no inconsciente, mas também afeta, de múltiplas maneiras, a própria realidade que superou o princípio de prazer. *O retorno do reprimido* compõe a história proibida e subterrânea da civilização. E a exploração dessa história revela não só o segredo do indivíduo, mas também o da civilização. A Psicologia Individual, de Freud, é em sua própria essência uma Psicologia Social. A repressão é um fenômeno histórico. A subjugação efetiva dos instintos, mediante controles repressivos, não é imposta pela natureza, mas pelo homem. O pai primordial, como arquétipo da dominação, inicia a reação em cadeia de escravização, rebelião e dominação reforçada, que caracteriza a história da civilização, mas, desde a primeira e pré-histórica restauração da dominação, após a primeira rebelião contra esta, a repressão externa foi sempre apoiada pela repressão interna: o indivíduo escravizado introjeta seus senhores e suas ordens no próprio aparelho mental. A luta contra a liberdade reproduz-se na psique do homem, como a autorrepressão do indivíduo reprimido, e a sua autorrepressão apoia, por seu turno, os senhores e suas instituições. É essa dinâmica mental que Freud desvenda como a dinâmica da civilização.

Segundo Freud, a modificação repressiva dos instintos, sob o princípio de realidade, é imposta e mantida pela "eterna luta primordial pela existência... que persiste até hoje". As carências (*Lebensnot*, Ananke) ou necessidades vitais ensinam ao homem que não pode gratificar livremente seus impulsos instintivos, que não pode viver sob o princípio de prazer. O motivo da sociedade, ao impor a modificação decisiva da estrutura instintiva, é, pois, "econômico; como não tem meios suficientes para sustentar a vida de seus membros sem trabalho por parte deles, [a sociedade] trata de restringir o número de seus membros e desviar as suas energias das atividades sexuais para o trabalho".[4]

Esta concepção é tão antiga quanto a própria civilização e forneceu sempre a mais efetiva racionalização para a repressão. Em considerável medida, a teoria de Freud compartilha dessa racionalização: Freud considera "eterna" a "luta primordial pela existência" e, portanto, acredita que o princípio de prazer e o princípio de realidade são "eternamente" antagônicos. A noção de que uma civilização não repressiva é impossível constitui um dos pilares fundamentais da teoria freudiana. Contudo, a sua teoria contém elementos que transgridem essa racionalização; desfazem a tradição predominan-

---

[4] *A General Introduction to Psychoanalysis* (Nova York: Garden City Publishing Co., 1943), p. 273.

te do pensamento ocidental e sugerem até o seu inverso. Sua obra caracteriza-se por uma obstinada insistência em expor o conteúdo repressivo dos valores e realizações supremos da cultura. Na medida em que o faz, nega a equação de razão com repressão em que a ideologia da cultura se fundamenta. A metapsicologia de Freud é uma tentativa sempre renovada para desvendar e investigar a terrível necessidade da vinculação íntima entre civilização e barbarismo, progresso e sofrimento, liberdade e infelicidade – uma vinculação que se revela, fundamentalmente, como uma relação entre Eros e Thanatos. Freud discute a cultura não de um ponto de vista romântico ou utópico, mas com base no sofrimento e miséria que sua implementação acarreta. Assim, a liberdade cultural surge-nos à luz da escravidão, e o progresso cultural à luz da coação. Por conseguinte, a cultura não é refutada: escravidão e coação representam o preço que deve ser pago.

Mas quando Freud expõe o âmbito e profundidade dos aspectos repressivos, defende as aspirações tabus da humanidade: a reivindicação de um estado em que a liberdade e a necessidade coincidam. Seja qual for a liberdade existente no domínio da consciência desenvolvida e no mundo que ela criou, não passa de uma liberdade derivativa, comprometida, ganha à custa da plena satisfação de necessidades. E na medida em que a plena satisfação de necessidades é felicidade, a liberdade na civilização é essencialmente antagônica da felicidade, pois envolve a modificação repressiva (*sublimação*) da felicidade. Inversamente, o inconsciente, a mais profunda e mais antiga camada da personalidade mental, *é* o impulso para a gratificação integral, que é ausência de necessidades ou carências vitais e de repressão. Como tal, é a identidade imediata de necessidade e liberdade. De acordo com a concepção de Freud, a equação de liberdade e felicidade, sujeita ao tabu da consciência, é sustentada pelo inconsciente. A sua verdade, embora repelida pela consciência, continua assediando a mente; preserva a memória de estágios passados do desenvolvimento individual nos quais a gratificação imediata era obtida. E o passado continua a reclamar o futuro: gera o desejo de que o paraíso seja recriado na base das realizações da civilização.

Se a memória transita para o centro da Psicanálise como um modo decisivo de *cognição*, isso significa muito mais do que um recurso terapêutico; a função terapêutica da memória deriva do *valor de verdade* da memória. O seu valor de verdade reside na função específica da memória, que é a de conservar as promessas e potencialidades que são traídas e até proscritas pelo indivíduo maduro, civilizado, mas que outrora foram satisfeitas, em seu passado remoto, e nunca inteiramente esquecidos. O princípio de realidade restringe a função cognitiva da memória – sua vinculação à passada experiência de felicidade que instiga o desejo de sua recriação consciente. A libertação psicanalítica da memória faz explodir a racionalidade do indivíduo reprimido. À medida que a cognição cede lugar à recognição, as imagens e os impulsos proibidos da infância começam a contar a verdade que a razão nega. A regressão assume uma função progressiva. O passado redescoberto produz e apresenta padrões críticos que são tabus para o presente. Além disso, a restauração da memória é acompanhada pela recuperação do conteúdo cognitivo da fantasia. A teoria psicanalítica remove essas faculdades mentais da esfera neutra da divagação e da ficção e capta de novo suas rigorosas verdades. O peso dessas descobertas deve, finalmente, despedaçar a estrutura em que foram feitas e confinadas. A libertação do passado não termina em sua reconciliação com o presente. Contra a coação autoimposta da descoberta, a orientação sobre o passado tende para uma orientação sobre o futuro. A *recherche du temps perdu* converte-se no veículo de futura libertação.[5]

O exame subsequente focalizará essa tendência oculta na Psicanálise.

A análise de Freud do desenvolvimento do aparelho mental repressivo é levada a efeito em dois planos:

a) Ontogenético: a evolução do indivíduo reprimido, desde a mais remota infância até a sua existência social consciente.

b) Filogenético: a evolução da civilização repressiva, desde a horda primordial até o estado civilizado plenamente constituído.

---

[5]Veja o Capítulo 11. O ensaio de Ernest G. Schachtel, "On Memory and Childhood Amnesia", oferece a única interpretação psicanalítica adequada da função da memória, tanto no nível individual como no social. O ensaio focaliza-se inteiramente na força explosiva da memória, no seu controle e "convencionalização" pela sociedade. Constitui, na minha opinião, uma das poucas contribuições autênticas para a filosofia da Psicanálise. O ensaio de Schachtel encontra-se publicado em *A Study of Interpersonal Relations*, de Patrick Mullahy (Nova York: Hermitage Press, 1950), p. 3-49.

Os dois planos estão continuamente inter-relacionados. Essa inter-relação está resumida na noção freudiana do retorno do reprimido na História: o indivíduo reexperimenta e reinterpreta os grandes eventos traumáticos no desenvolvimento do gênero, e a dinâmica instintiva reflete-se inteiramente por meio do conflito entre o indivíduo e o gênero (entre o particular e o universal), assim como nas várias soluções desse conflito. Acompanharemos primeiro a evolução ontogenética até o estado maduro do indivíduo civilizado. Passaremos depois às origens filogenéticas e ampliaremos a concepção freudiana ao estado maduro da espécie civilizada. A relação constante entre os dois planos significa que as repetidas previsões e referências se entrecruzarão de maneira inevitável.

2

A Origem do Indivíduo Reprimido (Ontogênese)

Freud descreve o desenvolvimento da repressão na estrutura instintiva do indivíduo. A luta pelo destino da liberdade e felicidade humanas é travada e decidida na luta dos instintos – literalmente, uma luta de vida ou morte – em que o soma e a psique, a natureza e a civilização participam. Essa dinâmica biológica e, ao mesmo tempo, sociológica constitui o centro da metapsicologia de Freud, que expôs essas hipóteses decisivas com hesitações e restrições constantes – e, depois, as deixou em suspenso. A teoria final dos instintos, em cujo contexto surgiram depois de 1920, foi precedida de, pelo menos, duas concepções diferentes da anatomia da personalidade mental. Não é necessário procedermos aqui a uma crítica da história da teoria psicanalítica dos instintos;[1] um breve resumo de algumas de suas características será suficiente como preparação para o nosso exame do problema.

---

[1] Além da investigação realizada pelo próprio Freud (especialmente, em *New Introductory Lectures*), veja Siegfried Bernfeld, "Über die Einteilung der Triebe", em *Imago*, Vol. XXI (1935); Ernest Jones, "Psychoanalysis and the Instincts", em *British Journal of Psychology*, Vol. XXVI (1936); e Edward Bibring, "The Development and Problems of the Theory of the Instincts", em *International Journal of Psychoanalysis*, Vol. XXI (1941).

Ao longo dos vários estágios da teoria de Freud, o aparelho mental aparece-nos como uma união dinâmica de opostos: do inconsciente e das estruturas conscientes; dos processos primários e secundários; das forças herdadas, "constitucionalmente determinadas", e das adquiridas; da realidade psicossomática e da externa. Essa construção dualista continua a prevalecer mesmo na posterior topologia tripartida do id, ego e superego; os elementos intermediários e "sobrepostos" tendem para os dois polos. Encontram sua mais impressionante expressão nos dois princípios básicos que governam o aparelho mental: o princípio de prazer e o princípio de realidade.

No estágio inicial do seu desenvolvimento, a teoria de Freud ergueu-se em torno do antagonismo entre os instintos do sexo (libidinais) e do ego (autopreservação); no derradeiro estágio, concentrou-se no conflito entre os *instintos de vida* (*Eros*) e o *instinto de morte*. Durante um breve período intermediário, a concepção dualista foi substituída pela hipótese de uma libido onipresente (narcisista). Em todas essas modificações da teoria de Freud, a sexualidade conservou sempre o seu lugar predominante na estrutura instintiva. O papel predominante da sexualidade tem raízes na própria natureza do aparelho mental, tal como Freud o concebeu: se os processos mentais primários são governados pelo princípio de prazer, então aquele instinto que, a atuar sob esse princípio, sustenta a própria vida, deve ser *o* instinto de vida.

Mas o primitivo conceito freudiano de sexualidade está ainda muito distante do de Eros como instinto vital. O instinto sexual é, no começo, apenas um instinto específico (ou, melhor, um grupo de instintos) a par dos instintos do ego (ou de autopreservação), e é definido por sua gênese, intento e objeto específicos. Longe de ser "pansexualista", a teoria de Freud, pelo menos até a sua introdução do narcisismo em 1914, caracteriza-se por uma restrição do âmbito da sexualidade – uma restrição que é mantida apesar da persistente dificuldade em verificar a existência independente de instintos não sexuais de autopreservação. Há ainda um longo caminho a percorrer até chegar-se à hipótese de que os últimos são, meramente, instintos componentes "cuja função é assegurar que o organismo seguirá seu próprio caminho, rumo à morte, e impedir quaisquer processos eventuais de retorno à existência inorgânica, além daqueles que são imanentes no próprio organismos"[2] ou – o que seria outro modo de

---

[2] *Beyond the Pleasure Principle* (Nova York: Liveright Publishing Corp., 1950), p. 51.

dizer a mesma coisa – que são eles próprios de natureza libidinal, uma parte de Eros. Contudo, a descoberta da sexualidade infantil e das quase ilimitadas zonas erotogênicas do corpo prenuncia o subsequente reconhecimento dos componentes libidinais dos instintos de autopreservação e prepara o caminho para a reinterpretação final da sexualidade em termos do instinto de vida (Eros).

Na formulação final da teoria dos instintos, os instintos de autopreservação – o santuário dourado do indivíduo e sua justificação na "luta pela existência" – dissolvem-se: sua atividade aparece-nos agora como a dos instintos genéricos do sexo ou, na medida em que a autopreservação é realizada através da agressão socialmente útil, como a atividade dos instintos de destruição. Eros e o instinto de morte são, agora, os dois instintos básicos, mas é da maior importância notar que, ao introduzir o novo conceito, Freud é impelido a enfatizar repetidamente a natureza comum dos instintos, antes que sua diferenciação se opere. O acontecimento dominante e terrível é a descoberta da fundamental tendência *regressiva* ou "conservadora" em toda a vida instintiva. Freud não pode evitar a suspeita de que deparou inesperadamente com um até então despercebido "atributo universal dos instintos e, talvez, da vida orgânica em geral", a saber, "uma compulsão inerente, na vida orgânica, para recuperar um anterior estado de coisas que a entidade viva fora obrigada a abandonar, sob a pressão de perturbadoras forças externas" – uma espécie de "elasticidade orgânica" ou "inércia inerente à vida orgânica".[3] Seria essa a substância ou conteúdo básico daqueles "processos primários" que Freud, desde o começo, reconheceu em operação no inconsciente. Foram primeiramente designados como a luta pelo "escoamento livre das quantidades de excitação", causada pelo impacto da realidade externa sobre o organismo";[4] o escoamento inteiramente livre seria a completa gratificação. Agora, vinte anos depois, Freud ainda partia desse pressuposto:

> O princípio de prazer, portanto, é uma tendência atuando a serviço de uma função cuja tarefa é libertar inteiramente o aparelho mental de excitação ou manter constante a quantidade de

---
[3] *Ibid.*, p. 47. Veja também *New Introductory Lectures of Psychoanalysis* (Nova York: W. W. Norton, 1933), p. 145-146.
[4] *The Interpretation of Dreams*, em *The Basic Writings of Sigmund Freud* (Nova York: Modern Library, 1938), p. 534.

excitação nele existente ou, ainda, mantê-la tão baixa quanto possível. Não podemos ainda decidir-nos, com completa certeza, em favor de qualquer dessas alternativas.[5]

Mas a lógica interior da concepção impõe-se por si mesma, cada vez mais. A constante liberdade de excitação foi finalmente abandonada no nascimento da vida; a tendência instintiva para o equilíbrio é, assim, em última instância, a regressão para lá da própria vida. Os processos primários do aparelho mental, em sua luta pela gratificação integral, parecem estar fatalmente vinculados ao "esforço superlativamente universal de toda a substância viva, ou seja, regressar à imobilidade, à quietude, do mundo inorgânico".[6] Os instintos são atraídos para a órbita da morte. "Se é verdade que a vida é governada pelo princípio de equilíbrio constante, de Fechner, então consiste numa constante descida para a morte."[7] O *princípio do Nirvana* emerge agora como a "tendência dominante da vida mental e, talvez, da vida nervosa em geral". E o princípio de prazer surge-nos à luz do princípio do Nirvana – como uma "expressão" deste último:

> ... O esforço para reduzir, manter constante ou eliminar a tensão interna devida aos estímulos (o "princípio do Nirvana"...) ... encontra expressão no princípio de prazer; e o nosso reconhecimento desse fato é uma das mais poderosas razões para acreditarmos na existência de instintos de morte.[8]

Contudo, a primazia do princípio do Nirvana, a terrível convergência de prazer e morte, dissolveu-se logo que foi estabelecida. Por muito universal que seja a inércia regressiva da vida orgânica, os instintos esforçam-se por alcançar seus objetivos de modos fundamentalmente diferentes. A diferença equivale à que existe entre sustentar e destruir a vida. Da natureza comum da vida instintiva promanam e desenvolvem-se dois instintos antagônicos. Os instintos vitais (Eros) ganham ascendência sobre os instintos de morte. Contrariam e retardam a "descida para a morte": "as novas tensões são

---

[5] *Beyond the Pleasure Principle*, p. 86.
[6] *Ibid.*
[7] *The Ego and the Id* (Londres: Hogarth Press, 1950), p. 66. As transcrições são feitas com autorização dos editores.
[8] *Beyond the Pleasure Principle*, p. 76.

A Origem do Indivíduo Reprimido (Ontogênese) | 21

introduzidas pelas reivindicações de Eros, dos instintos sexuais, tal como se expressam nas necessidades instintivas."[9] Iniciam sua função de reprodução vital com a separação das células germinativas do organismo e a fusão de dois desses corpos celulares,[10] passando ao estabelecimento e preservação de "unidades cada vez maiores" de vida.[11] Assim, contra a morte, ganham a "imortalidade potencial" da substância viva.[12] O dualismo dinâmico da vida instintiva parece assegurado. Contudo, Freud imediatamente reverte à original natureza comum dos instintos. Os instintos vitais "são conservadores no mesmo sentido dos demais instintos, na medida em que trazem de volta os estados primitivos da substância viva" – embora sejam conservadores "num grau mais elevado".[13] Portanto, a sexualidade obedece, fundamentalmente, ao mesmo princípio que o instinto de morte. Mais tarde, Freud, a fim de ilustrar o caráter regressivo da sexualidade, recorda a "fantástica hipótese" de Platão, de que "a substância viva, no momento em que se originou, foi fragmentada em pequenas partículas que, desde então, nunca mais deixaram de esforçar-se por se reunirem através dos instintos sexuais".[14] Apesar de toda a evidência, Eros atuará, em última análise, a serviço do instinto de morte, e a vida será apenas, realmente, um longo "desvio no rumo da morte"?[15] Mas as provas são suficientemente sólidas, e o desvio é suficientemente longo para justificar a suposição oposta. Eros é definido como a grande força unificadora que preserva a vida toda.[16] A relação básica entre Eros e Thanatos mantém-se obscura.

Se Eros e Thanatos emergem, assim, como os dois instintos básicos cuja presença ubíqua e contínua fusão (e de-fusão) caracterizam o processo vital, então, essa teoria de instintos é muito mais do que uma reformulação dos antecedentes conceitos freudianos. Os psicanalistas sublinharam corretamente que a última metapsicologia de Freud se baseia num conceito de instinto essencialmente novo:

---
[9] *The Ego and the Id*, p. 66.
[10] *Beyond the Pleasure Principle*, p. 52-53.
[11] *An Outline of Psychoanalysis* (Nova York: W. W. Norton, 1949), p. 20.
[12] *Beyond the Pleasure Principle*, p. 53.
[13] *Ibid.*
[14] *Ibid.*, p. 80.
[15] *Ibid.*, p. 50-51.
[16] *The Ego and the Id*, p. 88; *Civilization and Its Discontents* (Londres: Hogarth Press, 1949), p. 102. As citações seguintes são usadas com autorização dos editores.

os instintos deixam de ser definidos segundo sua origem e função orgânica, mas em termos de uma força determinante que imprime ao processo vital uma "direção" (*Richtung*) definida, de acordo com "princípios vitais". As noções de *instinto*, *princípio*, *regulação*, estão sendo assimiladas. "A rígida oposição entre um aparelho mental regulado por certos princípios, de uma parte, e os instintos que penetram no aparelho mental, vindos de fora, de outra parte, não podia continuar a ser mantida."[17] Além disso, a concepção *dualista* dos instintos, que se tornara discutível desde a introdução do narcisismo, parece estar agora ameaçada de uma direção muito diferente. Com o reconhecimento dos componentes libidinais dos instintos do ego, tornou-se praticamente impossível "apontar para quaisquer outros instintos diferentes dos libidinais",[18] a fim de encontrar impulsos instintivos que não se "revelem como derivativos de Eros".[19]

Essa impossibilidade de descobrir na estrutura instintiva primária qualquer coisa que não seja Eros, o monismo da sexualidade – impossibilidade essa que, como veremos, é o próprio testemunho da verdade – parece agora converter-se no seu oposto: num monismo da morte. Certo, a análise da compulsão de repetição e da compulsão de regressão, e, "primordialmente", dos constituintes sadísticos de Eros, restaura a abalada concepção dualista: o instinto de morte torna-se um parceiro legítimo de Eros na estrutura instintiva primária, e a perpétua luta entre os dois constitui a *dinâmica* primordial. Contudo, a descoberta da "natureza conservadora" comum dos instintos milita contra a concepção dualista e mantém a mais recente metapsicologia de Freud no estado de incerteza e profundidade que fez dela uma das maiores especulações intelectuais empreendidas no domínio da ciência do homem. A *busca da origem comum* dos dois instintos básicos não pode continuar silenciada. Fenichel sublinhou[20] que o próprio Freud deu um passo decisivo nessa direção ao pressupor uma "energia deslocável, que em si mesma é neutra, mas

---

[17] Edward Bibring, "The Development and Problems of the Theory of the Instincts", *loc. cit.* Veja também Heinz Hartmann, "Comments on the Psychoanalytic Theory of Instinctual Drives", em *Psychoanalytic Quarterly*, Vol. XVII, N.º 3 (1948).
[18] *Beyond the Pleasure Principle*, p. 73.
[19] *The Ego and the Id*, p. 66.
[20] "Zur Kritik des Todestriebes", em *Imago*, XXI (1935), 463. Este ensaio foi traduzido para o inglês como "A Critique of the Death Instinct", em *Collected Papers* (Nova York: W. W. Norton, 1953), p. 363-372.

A Origem do Indivíduo Reprimido (Ontogênese) | 23

capaz de aliar-se quer a um impulso erótico, quer a um destrutivo", com o instinto de vida ou com o de morte. Jamais a morte fora tão coerentemente admitida na essência da vida; mas também a morte jamais se aproximara tanto de Eros. Fenichel levanta a questão decisiva de saber se a antítese de Eros e do instinto de morte não será a "diferenciação de uma raiz originalmente comum". Sugere que os fenômenos agrupados como o instinto de morte podem ser considerados a expressão de um princípio "válido para todos os instintos", um princípio que, no curso do desenvolvimento, "poderia ter sido modificado... por influências externas".[21] Além disso, se a "compulsão de regressão" em toda a vida orgânica está lutando por alcançar a imobilidade integral, se o princípio do Nirvana é a base do princípio de prazer, então a necessidade de morte aparece sob uma luz inteiramente nova. O instinto de morte é destrutividade não pelo mero interesse destrutivo, mas pelo alívio de tensão. A descida para a morte é uma fuga inconsciente à dor e às carências vitais. É uma expressão da eterna luta contra o sofrimento e a repressão. E o próprio instinto de morte parece ser afetado pelas mudanças históricas que influem nessa luta. Uma explicação mais ampla do caráter histórico dos instintos requer que os coloquemos no *novo conceito da pessoa* que corresponde à última versão da teoria dos instintos de Freud.

As principais *camadas* da estrutura mental são agora designadas como *id, ego* e *superego*. A camada fundamental, mais antiga e maior, é o *id*, o domínio do inconsciente, dos instintos primários. O id está isento das formas e princípios que constituem o indivíduo consciente e social. Não é afetado pelo tempo nem perturbado por contradições; ignora "valores, bem e mal, moralidade".[22] Não visa à autopreservação:[23] esforça-se unicamente pela satisfação de suas necessidades instintivas, de acordo com o princípio de prazer.[24]

Sob a influência do mundo externo (o meio), uma parte do id, a que está equipada com os órgãos para a recepção e proteção contra os estímulos, desenvolve-se gradualmente até formar o *ego*. É o "mediador" entre o id e o mundo externo. A percepção e o conhecimento consciente são apenas a parcela menor e "mais superficial"

---

[21] *The Psychoanalytical Theory of Neurosis* (Nova York: W. W. Norton, 1945), p. 59.
[22] *New Introductory Lectures*, p. 105.
[23] *An Outline of Psychoanalysis*, p. 19.
[24] *New Introductory Lectures*, p. 104.

do ego, a parte topograficamente mais próxima do mundo externo; mas, em virtude dessas instrumentalidades (o "sistema perceptual-consciente"), o ego preserva a sua existência, observando e testando a realidade, recebendo e conservando uma "imagem verdadeira" da mesma, ajustando-se à realidade e alterando-a no seu próprio interesse. Assim, o ego tem a tarefa de "representar o mundo externo para o id e, portanto, de o proteger; pois o id, lutando cegamente pela gratificação de seus instintos, com desprezo completo pela força superior da realidade exterior, não poderia de outro modo evitar o aniquilamento".[25] Ao cumprir a sua missão, o principal papel do ego é coordenar, alterar, organizar e controlar os impulsos instintivos do id, de modo a reduzir ao mínimo os conflitos com a realidade; reprimir os impulsos que sejam incompatíveis com a realidade, "reconciliar" outros com a realidade, mudando o seu objeto, retardando ou desviando a sua gratificação, transformando o seu modo de gratificação, amalgamando-os com outros impulsos etc. Dessa maneira, o ego "destrona o princípio de prazer, que exerce indiscutível influência sobre os processos do id, e substitui-o pelo princípio de realidade, que promete maior segurança e maior êxito".

Apesar de suas funções de suma importância, que garantem a gratificação instintiva a um organismo que, de outro modo, seria quase certamente destruído ou destruir-se-ia, o ego retém, entretanto, o sinal de origem, como uma "excrescência" do id. Em relação ao id, os processos do ego mantêm-se como *processos secundários*. Nada elucida mais flagrantemente a função dependente do ego do que uma das primeiras formulações de Freud, ao afirmar que todo o pensamento "é meramente um desvio da memória da gratificação... para chegar à idêntica catexe da mesma memória, a qual será atingida, mais uma vez, pela via das experiências motoras".[26] A memória da gratificação está na origem de todo o pensamento, e o impulso para recuperar a passada gratificação é a força propulsora oculta que se encontra subentendida no processo de pensamento. Visto que o princípio de realidade faz desse processo uma série infindável de "desvios", o ego sente a realidade como algo predominantemente

---

[25] *New Introductory Lectures*, p. 106.
[26] *The Interpretation of Dreams*, p. 535. No desenvolvimento ulterior da Psicanálise, o papel do ego foi considerado mais "positivo", com ênfase para as suas funções "sintéticas" e "integradoras". Para o significado dessa alteração de ênfase, veja o Epílogo.

hostil, e a atitude do ego é, portanto, preponderantemente "defensiva". Mas, por outra parte, como a realidade, por via desses desvios, fornece a gratificação (embora se trate, apenas, de uma gratificação "modificada"), o ego tem de rejeitar aqueles impulsos que, se gratificados, destruir-lhe-iam a vida. A defesa do ego é, pois, uma luta em duas frentes.

No curso do desenvolvimento do ego, outra "entidade" mental surge: o *superego*. Tem origem na prolongada dependência da criança de tenra idade, em relação aos pais; a influência parental converte-se no núcleo permanente do superego. Subsequentemente, uma série de influências sociais e culturais são admitidas pelo superego, até se solidificar no representante poderoso da moralidade estabelecida e daquilo "a que as pessoas chamam as coisas 'superiores' na vida humana". Ora, as "restrições externas" que, primeiro, os pais e, depois, outras entidades sociais impuseram ao indivíduo são "introjetadas" no ego e convertem-se na sua "consciência"; daí em diante, o sentimento de culpabilidade – a necessidade de punição, gerada pelas transgressões ou pelo desejo de transgredir essas restrições (especialmente, na situação edípica) – impregna a vida mental. "De modo geral, o ego efetua as repressões a serviço e a mando do seu superego."[27] Contudo, as repressões cedo se tornam inconscientes, como se fossem automáticas, e uma "grande parte" do sentimento de culpa mantém-se inconsciente.

Franz Alexander fala da "transformação da condenação consciente, que depende da percepção (e julgamento), num processo inconsciente de repressão"; supõe ele uma tendência para um decréscimo de mobilidade da energia psíquica, que adquire uma "forma tônica" – a *corporalização da psique*.[28] Este desenvolvimento, pelo qual as lutas originalmente conscientes com as exigências da realidade (os pais e seus sucessores na formação do superego) se transformam em reações automáticas e inconscientes, é da máxima importância para o curso da civilização. O princípio de realidade afirma-se através de uma contração do ego consciente, numa direção significativa: o desenvolvimento autônomo dos instintos é congelado, e o seu padrão fixa-se no nível da infância. A adesão a um *status quo ante* é im-

---

[27] *The Ego and the Id*, p. 75.
[28] Franz Alexander, *The Psychoanalysis of the Total Personality* (Nova York: Nervous and Mental Disease Monograph, N.º 52, 1929), p. 14.

plantada na estrutura instintiva. O indivíduo torna-se instintivamente reacionário – tanto no sentido literal como no figurativo. Exerce contra si próprio, inconscientemente, uma severidade que, outrora, era adequada a um estágio infantil da sua evolução, mas que há muito tempo se tornou obsoleta, à luz das potencialidades racionais da maturidade (individual e social).[29] O indivíduo pune-se (e, depois, é punido) por feitos que já foram anulados ou que já não são incompatíveis com a realidade civilizada, com o homem civilizado. Assim, o superego impõe não só as exigências da realidade, mas também as de uma realidade *pretérita*. Em virtude desses mecanismos inconscientes, o desenvolvimento mental retarda-se, em relação ao desenvolvimento real, ou (visto que o primeiro é, em si mesmo, um fator no segundo) retarda o desenvolvimento real, negando as suas potencialidades em nome do passado. O passado revela a sua dupla função na modelação do indivíduo e da sua sociedade. Recordando o domínio do princípio de prazer primordial, em que a liberdade de carências era uma necessidade, o id transporta os vestígios de memória desse estado para todo o futuro presente: projeta o passado no futuro. Contudo, o superego, também inconsciente, rejeita essa reivindicação instintiva sobre o futuro, em nome de um passado que já não é de satisfação integral e apenas de amarga adaptação a um presente punitivo. Filogenética e ontogeneticamente, com o progresso da civilização e com a evolução do indivíduo, os vestígios de memória da unidade entre liberdade e necessidade ficam submersos na aceitação da necessidade de não liberdade; racional e racionalizada, a própria memória submete-se ao princípio de realidade.

O princípio de realidade ampara o organismo no mundo externo. No caso do organismo humano, é um mundo *histórico*. O mundo externo que o ego em evolução defronta é, em qualquer estágio, uma organização histórico-social específica da realidade, afetando a estrutura mental através de agências ou agentes sociais específicos. Argumentou-se que o conceito freudiano de *princípio de realidade* oblitera esse fato ao converter as contingências históricas em necessidades biológicas; sua análise da transformação repressiva dos instintos, sob o impacto do princípio de realidade, generaliza-se, de uma específica forma histórica da realidade, para a realidade pura e

---

[29] *Ibid.*, p. 23-25. Para maior diferenciação na origem e estrutura do superego, veja p. 71-72, no Capítulo 4, "A Dialética da Civilização", deste livro.

A Origem do Indivíduo Reprimido (Ontogênese) | 27

simples. Essa crítica é válida, mas esta validade não deturpa a verdade da generalização de Freud, a saber: uma organização repressiva dos instintos é subjacente a *todas* as formas históricas do princípio de realidade na civilização. Se Freud justifica a organização repressiva dos instintos pelo caráter irreconciliável do conflito entre o princípio de prazer e o princípio de realidade, expressa também o fato histórico de que a civilização progrediu como *dominação* organizada. Essa noção guia toda a sua construção filogenética, que deriva a civilização da substituição do despotismo patriarcal da horda primordial pelo despotismo internalizado do clã fraterno. Precisamente porque toda a civilização tem sido uma dominação organizada é que o desenvolvimento histórico adquire a dignidade e a necessidade de um desenvolvimento biológico universal. O caráter "não histórico" dos conceitos freudianos contém, pois, o seu oposto: sua substância histórica deve ser retomada, não somando-se-lhe alguns fatores sociológicos (como fazem as escolas "culturais" neofreudianas), mas revelando o seu próprio conteúdo. Neste sentido, o nosso exame subsequente constitui uma "extrapolação" que deriva das noções e proposições da teoria de Freud, nesta implícitas tão só numa forma coisificada, em que os processos históricos se apresentam como processos naturais (biológicos).

Terminologicamente, essa extrapolação requer uma duplicação de conceitos: os termos freudianos, que não diferenciam adequadamente entre as vicissitudes biológicas *e* as histórico-sociais dos instintos, devem ser emparelhados com os termos correspondentes que assinalam o componente histórico-social específico. Apresentaremos agora dois desses termos:

a) *Mais-Repressão*: as restrições requeridas pela dominação social. Distingue-se da *repressão* (básica): as "modificações" dos instintos necessários à perpetuação da raça humana em civilização.

b) *Princípio de Desempenho*: a forma histórica predominante do *princípio de realidade*.

No princípio de realidade está subentendido o fato fundamental de *Ananke* ou carência (*Lebensnot*), o que significa que a luta pela existência tem lugar num mundo demasiado pobre para a satisfação das necessidades humanas sem restrição, renúncia e dilação constantes. Por outras palavras, qualquer satisfação que seja possível necessita de *trabalho*, arranjos e iniciativas mais ou menos penosos para a obtenção dos meios de satisfação das necessidades. Enquanto o trabalho dura, o que, praticamente, ocupa toda a existência do indivíduo amadurecido, o prazer é suspenso e o sofrimento físico prevalece. E como os instintos básicos lutam pelo predomínio do prazer e a ausência de dor, o princípio de prazer é incompatível com a realidade, e os instintos têm de sofrer uma arregimentação repressiva.

Contudo, esse argumento, que se destaca na metapsicologia de Freud, é falacioso na medida em que se aplica ao *fato* concreto da carência, que na realidade é a consequência de uma *organização* específica de carência e de uma igualmente específica atitude existencial, imposta por essa organização. A carência, ou escassez, predominante tem sido organizada de modo tal, através da civilização (embora de modos muito diferentes), que não tem sido distribuída coletivamente de acordo com as necessidades individuais, nem a obtenção de bens para a satisfação de necessidades tem sido organizada com o objetivo de melhor satisfazer às crescentes necessidades dos indivíduos. Pelo contrário, a *distribuição* da escassez, assim como o esforço para superá-la, o modo de trabalho, foram *impostos* aos indivíduos – primeiro por mera violência, subsequentemente por uma utilização mais racional do poder. Contudo, não importa averiguar até que ponto foi útil essa racionalidade para o progresso do todo, o fato é que se manteve como racionalidade da *dominação*, e a gradual conquista da escassez ficou inextricavelmente vinculada e modelada pelo interesse de dominação. A dominação difere do exercício racional de autoridade. Este último, que é inerente a qualquer divisão de trabalho numa sociedade, deriva do conhecimento e limita-se à administração de funções e arranjos necessários ao progresso do todo. Em contraste, a dominação é exercida por um determinado grupo ou indivíduo, a fim de se manter e consolidar numa posição privilegiada. Tal dominação não exclui o progresso técnico, material e intelectual, mas apenas como um produto marginal, enquanto se preservam a carência, a escassez e a coação irracionais.

Os vários modos de dominação (do homem e da natureza) resultam em várias formas históricas do princípio de realidade. Por exemplo, uma sociedade em que todos os membros trabalham normalmente pela vida requer modos de repressão diferentes dos de uma sociedade em que o trabalho é o terreno exclusivo de um determinado grupo. Do mesmo modo, a repressão será diferente em escopo e grau, segundo a produção social seja orientada no sentido do consumo individual ou no do lucro; segundo prevaleça uma economia de mercado ou uma economia planejada; segundo vigore a propriedade privada ou a coletiva. Essas diferenças afetam o próprio conteúdo do princípio de realidade, pois toda e qualquer forma do princípio de realidade deve estar consubstanciada num sistema de instituições e relações sociais, de leis e valores que transmitem e impõem a requerida "modificação" dos instintos. Esse "corpo" do princípio de realidade é diferente em diversos estágios da civilização.

Além disso, embora qualquer forma do princípio de realidade exija um considerável grau e âmbito de controle repressivo sobre os instintos, as instituições históricas específicas do princípio de realidade e os interesses específicos de dominação introduzem controles *adicionais* acima e além dos indispensáveis à associação civilizada humana. Esses controles adicionais, gerados pelas instituições específicas de dominação, receberam de nós o nome de *mais-repressão*.

As modificações e deflexões de energia instintiva necessárias à perpetuação da família patriarcal-monogâmica, ou a uma divisão hierárquica do trabalho, ou ao controle público da existência privada do indivíduo, são exemplos de mais-repressão concernente às instituições de um *determinado* princípio de realidade. É somada às restrições básicas (filogenéticas) dos instintos que marcam a evolução do homem do animal humano para o *animal sapiens*. O poder de restringir e orientar os impulsos instintivos, de transformar as necessidades biológicas em necessidades e desejos individuais, em vez de reduzir, aumenta a gratificação: a "mediatização" da natureza, a ruptura de sua compulsão, é a forma humana do princípio de prazer. Tais restrições dos instintos podem ter sido primeiro impostas pela carência e pela prolongada dependência do animal humano, mas tornaram-se depois um privilégio e distinção do homem, que o habilitaram a transformar a necessidade cega de satisfação de uma carência numa gratificação desejada.[30]

A "fixação" dos impulsos sexuais parciais, o progresso para a genitalidade, pertencem a essa camada básica da repressão que torna possível o prazer intensificado; a maturidade do organismo envolve a maturidade normal e natural do prazer. Contudo, o domínio dos impulsos instintivos também pode ser usado *contra* a gratificação; na

---

[30] Veja o Capítulo 11.

história da civilização, a repressão básica e a mais-repressão encontram-se inextricavelmente interligadas, e o progresso normal para a genitalidade organizou-se de modo tal que os impulsos parciais e suas "zonas" quase foram dessexualizadas, a fim de se ajustarem aos requisitos de uma organização social específica da existência humana. As vicissitudes dos "sentidos de contiguidade" (olfato e paladar) fornecem um bom exemplo da inter-relação da repressão básica e da mais-repressão. Freud admitiu que os "elementos coprofílicos no instinto provaram sua incompatibilidade com as nossas ideias estéticas, provavelmente desde o tempo em que o homem desenvolveu sua postura vertical e assim afastou seu órgão olfativo do chão".[31] Existe, contudo, outro aspecto da submissão dos sentidos de contiguidade na civilização: eles sucumbem aos tabus rigidamente impostos em relação ao prazer físico ou corporal excessivamente intenso. O prazer de cheirar e saborear é "de uma natureza muito mais corporal, mais física, logo também muito mais aparentado ao prazer sexual do que o prazer mais sublime suscitado por um som ou ao menos corporal de todos os prazeres, a visão de algo belo".[32] É como se o olfato e o paladar dessem um prazer não sublimado *per se* (e uma repulsa irreprimida). Relacionam (e separam) os indivíduos imediatamente, sem as formas generalizadas e convencionalizadas de consciência, moralidade, estética. Tal imediatismo é incompatível com a efetividade da *dominação* organizada, com uma sociedade que "tende para isolar pessoas, para distanciá-las e impedir as relações espontâneas e as expressões 'naturais', à semelhança dos animais, dessas relações".[33] O prazer dos sentidos de contiguidade prevalece-se das zonas erotogênicas do corpo – e fá-lo unicamente pelo prazer em si. O seu desenvolvimento irreprimido erotizaria o organismo em tal medida que neutralizaria a dessexualização do organismo exigida para a sua utilização social como instrumento de trabalho.

Ao longo de toda a história documentada da civilização, a coação instintiva imposta pela escassez foi intensificada por coações impostas pela distribuição hierárquica da escassez e do trabalho; o interesse de dominação adicionou mais-repressão à organização dos

---

[31] "The Most Prevalent Form of Degradation in Erotic Life", em *Collected Papers* (Londres: Hogarth Press, 1950), IV, 215.
[32] Ernest Schachtel, "On Memory and Childhood Amnesia", em *A Study of Interpersonal Relations*, de Patrick Mullahy (Nova York: Hermitage Press, 1950), p. 24.
[33] *Ibid.*, p. 26.

A Origem do Indivíduo Reprimido (Ontogênese) | 31

instintos, sob o princípio de realidade. O princípio de prazer foi destronado não só porque militava contra o progresso na civilização, mas também porque militava contra a civilização cujo progresso perpetua a dominação e o trabalho esforçado e penoso. Freud parece reconhecer esse fato, quando compara a atitude da civilização em face da sexualidade com a de uma tribo ou um setor da população "que tenha alcançado a hegemonia e esteja explorando o resto para sua própria vantagem. O medo de uma revolta entre os oprimidos converte-se, então, num motivo para uma regulamentação ainda mais rigorosa".[34]

A modificação dos instintos, sob o princípio de realidade, afeta o instinto de vida, tanto quanto o instinto de morte; mas o desenvolvimento deste último só se torna inteiramente compreensível à luz do desenvolvimento do instinto de vida, isto é, da *organização repressiva da sexualidade*. Os instintos sexuais suportam o embate do princípio de realidade. Sua organização culmina na submissão dos instintos parciais do sexo à primazia da genitalidade, e à sua sujeição à função procriadora. O processo envolve o desvio da libido do nosso próprio corpo para um objeto estranho do sexo oposto (a subjugação do narcisismo primário e secundário). A gratificação dos instintos parciais e a genitalidade não procriadora são, de acordo com o grau de sua independência, consideradas tabus como perversões, sublimadas ou transformadas em subsidiárias da sexualidade procriadora. Além disso, a sexualidade procriadora é canalizada, na maioria das civilizações, para o âmbito das instituições monogâmicas. Este tipo de organização resulta numa restrição quantitativa e qualitativa da sexualidade; a unificação dos instintos parciais e sua sujeição à função procriadora alteram a própria natureza da sexualidade: de um "princípio" autônomo governando todo o organismo, converte-se numa função especializada e temporária, num meio para se atingir um fim. Nos termos do princípio de prazer que governa os instintos "não organizados" do sexo, a reprodução é, meramente, um "subproduto". O conteúdo primário da sexualidade é a "função de obter prazer a partir de zonas do corpo"; esta função só "subsequentemente foi colocada a serviço da reprodução".[35] Freud sublinha repetidamente que sem a sua organização para esse "serviço" a sexualidade

---
[34] *Civilization and Its Discontents*, p. 74.
[35] *An Outline of Psychoanalysis*, p. 26.

impossibilitaria todas as relações não sexuais e, portanto, todas as relações sociais civilizadas – mesmo no estágio de genitalidade heterossexual adulta:

... O conflito entre civilização e sexualidade é causado pela circunstância de o amor sexual ser uma relação entre duas pessoas, em que uma terceira só pode ser supérflua ou perturbadora, ao passo que a civilização se baseia em relações entre maiores grupos de pessoas. Quando uma relação de amor se encontra no seu apogeu, não há margem para nenhum interesse no mundo circundante; o par de amantes é suficiente em si e para si mesmo, não necessita sequer do filho que têm em comum para fazê-los felizes.[36]

E, anteriormente, ao expor a distinção entre os instintos sexuais e de autopreservação, assinala as implicações fatais da sexualidade:

É inegável que o exercício dessa função nem sempre acarreta vantagens para o indivíduo, como sucede com as suas outras atividades; e que, no interesse de um grau excepcionalmente elevado de prazer, ele é envolvido por essa função em perigos que comprometem sua vida e, com muita frequência, lha roubam.[37]

Mas de que modo esta interpretação da sexualidade como uma força essencialmente explosiva, em "conflito" com a civilização, justifica a definição de Eros como o esforço "para combinar substâncias orgânicas em unidades cada vez maiores",[38] para "estabelecer unidades cada vez maiores e assim as preservar – em suma, para uni-las"?[39] Como pode a sexualidade tornar-se o "substituto" provável para o "instinto no sentido da perfeição",[40] o poder que "tudo consolida e mantém unido no mundo"?[41] De que maneira a noção do caráter associal da sexualidade se harmoniza com a "suposição de que as

---

[36] *Civilization and Its Discontents*, p. 79-80.
[37] *A General Introduction to Psychoanalysis* (Nova York: Garden City Publishing Co., 1943), p. 358.
[38] *Beyond the Pleasure Principle*, p. 57
[39] *An Outline to Psychoanalysis*, p. 20.
[40] *Beyond the Pleasure Principle*, p. 57.
[41] *Group Psychology and the Analysis of the Ego* (Nova York: Liveright Publishing Corp., 1949), p. 40.

A Origem do Indivíduo Reprimido (Ontogênese) | 33

relações de amor (ou, para usar uma expressão mais neutra, os laços emocionais) também constituem a essência da mente grupal"?[42] A aparente contradição não se resolve atribuindo as implicações explosivas ao anterior conceito de sexualidade e as construtivas a Eros – pois este inclui umas e outras. Em *Civilization and Its Discontents*, imediatamente após o trecho anterior transcrito, Freud reúne os dois aspectos: "Em nenhum outro caso Eros denuncia tão francamente o âmago de seu ser, seu objetivo de criar um a partir de muitos; mas quando o conseguiu, da maneira proverbial, através do amor de dois seres humanos, não se mostra disposto a ir mais além." A contradição tampouco pode ser eliminada mediante a localização da força cultural construtiva de Eros apenas nos modos sublimados de sexualidade; segundo Freud, o impulso para unidades cada vez maiores pertence à natureza orgânico-biológica do próprio Eros.

Neste estágio da nossa interpretação, em vez de tentarmos reconciliar os dois aspectos contraditórios da sexualidade, sugerimos que eles refletem a íntima tensão irreconciliada na teoria de Freud: contra a sua noção do inevitável conflito "biológico" entre o princípio de prazer e o princípio de realidade, entre sexualidade e civilização, milita a ideia do poder unificador e gratificador de Eros, acorrentado e corroído numa civilização doente. Essa ideia implicaria que o Eros *livre* não impede duradouras relações sociais civilizadas que repele, apenas, a organização suprarrepressiva das relações sociais, sob um princípio que é a negação do princípio de prazer. O próprio Freud aceita a imagem de uma civilização que consista em pares de indivíduos "libidinalmente satisfeitos um com o outro e ligados a todos os demais pelo trabalho e interesses comuns".[43] Mas acrescenta que um tal e tão "desejável" estado não existe e jamais existiu, que a cultura "impõe um pesado ônus de libido privada de finalidade, e pesadas restrições à vida sexual são inevitáveis". Encontra a razão para o "antagonismo entre a cultura e a sexualidade" nos instintos agressivos profundamente unidos à sexualidade: ameaçam repetidamente destruir a civilização e forçar a cultura a "mobilizar todos os reforços possíveis" contra eles. "Daí o seu sistema de métodos, pelos quais a humanidade tem de ser impelida para identifica-

---
[42] *Ibid.*
[43] *Civilization and Its Discontents*, p. 80. Veja também *The Future of an Illusion* (Nova York; Liveright Publishing Corp., 1949), p. 10-11.

ções e relações de amor privadas de finalidade; daí as restrições à vida sexual."[44] Mas Freud mostra-nos ainda que esse sistema repressivo não resolve, realmente, o conflito. A civilização mergulha numa dialética destrutiva: as restrições perpétuas sobre Eros enfraquecem, em última instância, os instintos vitais e, assim, fortalecem e liberam as próprias forças contra as quais eles foram "mobilizados" — as de destruição. Essa dialética, que constitui o ainda inexplorado e mesmo vedado âmago da metapsicologia de Freud, será investigada mais adiante; por enquanto, usaremos a concepção antagônica de Eros, de Freud, para elucidar o modo histórico específico de repressão imposto pelo princípio de realidade estabelecido.

Ao introduzirmos o termo *mais-repressão*, focalizamos o nosso exame nas instituições e relações que constituem o "corpo" social do princípio de realidade. Elas não representam apenas as várias manifestações externas — de um só princípio de realidade, mas, realmente, mudam o próprio princípio de realidade. Por consequência, ao tentarmos elucidar a extensão e os limites do teor de repressão prevalecente na civilização contemporânea, teremos de descrevê-la de acordo com o princípio de realidade específico que governou as origens e a evolução dessa civilização. Designamo-lo por *princípio de desempenho* a fim de darmos destaque ao fato de que, sob o seu domínio, a sociedade é estratificada de acordo com os desempenhos econômicos concorrentes dos seus membros. Não é, evidentemente, o único princípio histórico de realidade: outros modos de organização social não predominaram apenas nas culturas primitivas, mas sobreviveram também no período moderno.

O princípio de desempenho, que é o de uma sociedade aquisitiva e antagônica no processo de constante expansão, pressupõe um longo desenvolvimento durante o qual a dominação foi crescentemente racionalizada: o controle sobre o trabalho social reproduz agora a sociedade numa escala ampliada e sob condições progressivas. Durante uma considerável parte dessa evolução, os interesses de dominação e os interesses — do todo coincidem: a utilização lucrativa do sistema produtivo satisfaz às necessidades e faculdades dos indivíduos. Para a esmagadora maioria da população, a extensão e o modo de satisfação são determinados pelo seu próprio trabalho; mas é um trabalho para uma engrenagem que ela não controla, que funciona como

---

[44] *Civilization and Its Discontents*, p. 86-87.

um poder independente a que os indivíduos têm de submeter-se se querem viver. E torna-se tanto mais estranho quanto mais especializada se torna a divisão do trabalho. Os homens não vivem sua própria vida, mas desempenham tão só funções preestabelecidas. Enquanto trabalham, não satisfazem suas próprias necessidades e faculdades, mas trabalham em *alienação*. O trabalho tornou-se agora *geral*, assim como as restrições impostas à libido: o tempo de trabalho, que ocupa a maior parte do tempo de vida de um indivíduo, é um tempo penoso, visto que o trabalho alienado significa ausência de gratificação, negação do princípio de prazer. A libido é desviada para desempenhos socialmente úteis, em que o indivíduo trabalha para si mesmo somente na medida em que trabalha para o sistema, empenhado em atividades que, na grande maioria dos casos, não coincidem com suas próprias faculdades e desejos.

Contudo – e este ponto é decisivo – a energia instintiva assim retraída não se acumula (insublimada) nos instintos agressivos, porque a sua utilização social (no trabalho) sustenta e até enriquece a vida do indivíduo. As restrições impostas à libido parecem tanto mais racionais quanto mais universais se tornam, quanto mais impregnam a sociedade como um todo. Atuam sobre o indivíduo como leis objetivas externas e como uma força internalizada: a autoridade social é absorvida na "consciência" e no inconsciente do indivíduo, operando como seu próprio desejo, sua moralidade e satisfação. No desenvolvimento "normal", o indivíduo vive a sua repressão "livremente" como sua própria vida: deseja o que se supõe que ele deve desejar; suas gratificações são lucrativas para ele e para os outros; é razoavelmente e, muitas vezes, exuberantemente feliz. Essa felicidade, que ocorre fracionadamente, durante as poucas horas de lazer entre os dias ou noites de trabalho, mas algumas vezes também durante o próprio trabalho, habilita-o a prosseguir em seu desempenho, que por sua vez perpetua o seu trabalho e o dos outros. Seu desempenho erótico é posto em alinhamento com o seu desempenho social. A repressão desaparece na esplêndida ordem objetiva de coisas, que recompensa mais ou menos adequadamente os indivíduos cumpridores e obedientes, e que, ao fazê-lo, reproduz de modo mais ou menos adequado à sociedade como um todo.

O conflito entre sexualidade e civilização desenrola-se com esse desenvolvimento da dominação. Sob o domínio do princípio de desempenho, o corpo e a mente passam a ser instrumentos de trabalho alienado; só podem funcionar como tais instrumentos se renunciam à liberdade do sujeito-objeto libidinal que o organismo humano primariamente é e deseja. A distribuição de *tempo* desempenha um papel fundamental nessa transformação. O homem existe só uma *parcela* de tempo, durante os dias de trabalho, como um instrumento de desempenho alienado; o resto do tempo está livre para si próprio. (Se o dia médio de trabalho, incluindo os preparativos e a viagem de ida e volta do local de trabalho, somar dez horas, e se as necessidades biológicas de sono e alimentação exigirem outras dez horas, o tempo livre será de quatro horas em cada vinte e quatro, durante a maior parte da vida do indivíduo.) Esse tempo livre estaria potencialmente disponível para o prazer. Mas o princípio de prazer que governa o id é "intemporal" também no sentido em que milita contra o desmembramento temporal do prazer, contra a distribuição em pequenas doses separadas. Uma sociedade governada pelo princípio de desempenho deve necessariamente impor tal distribuição, visto que o organismo tem de ser treinado para a sua alienação em suas próprias raízes: o *ego de prazer*.[45] Deve aprender a esquecer a reivindicação de gratificação intemporal e inútil, de "eternidade de prazer". Além disso, a partir do dia de trabalho, a alienação e a arregimentação se alastram para o tempo livre. Tal coordenação não tem por que ser, e normalmente não é, imposta desde fora, pelas agências da sociedade. O controle básico do tempo de ócio é realizado pela própria duração do tempo de trabalho, pela rotina fatigante e mecânica do trabalho alienado, o que requer que o lazer seja um relaxamento passivo e uma recuperação de energias para o trabalho. Só quando se atingiu o mais recente estágio da civilização industrial, quando o crescimento de produtividade ameaça superar os limites fixados pela dominação repressiva, a técnica de manipulação das massas criou então uma indústria de entretenimentos, a qual controla diretamente o tempo de lazer, ou o Estado chamou a si direta-

---

[45] Certo, toda e qualquer forma de sociedade, de civilização, tem de impor um tempo de trabalho para a satisfação das necessidades e superfluidades da vida. Mas nem todas as espécies e modos de trabalho são essencialmente irreconciliáveis com o princípio de prazer. As relações humanas associadas ao trabalho podem "propiciar uma descarga muito considerável de componentes dos impulsos libidinais, como os narcisistas, os agressivos e até eróticos". (*Civilization and Its Discontents*, p. 34, nota.) O conflito irreconciliável não é entre o trabalho (princípio de realidade) e Eros (princípio de prazer), mas entre o trabalho *alienado* (princípio de desempenho) e Eros. A noção de trabalho libidinal, não alienado, será examinada mais adiante.

mente a execução de tal controle.[46] Não se pode deixar o indivíduo sozinho, entregue a si próprio. Pois, se tal acontecesse, com o apoio de uma inteligência livre e consciente das potencialidades de libertação da realidade da repressão, a energia libidinal do indivíduo, gerada pelo id, lançar-se-ia contra as suas cada vez mais extrínsecas limitações e esforçar-se-ia por abranger uma cada vez mais vasta área de relações existenciais, assim arrasando o ego da realidade e seus desempenhos repressivos.

A organização da sexualidade reflete as características básicas do princípio de desempenho e sua organização social. Freud destaca o aspecto de centralização. É especialmente eficaz na "unificação" dos vários objetos dos instintos parciais num único objeto libidinal do sexo oposto e no estabelecimento da supremacia genital. Em ambos os casos, o processo unificador é repressivo – quer dizer, os instintos parciais não evoluem livremente para um estágio "superior" de gratificação que preserve seus objetivos, mas são isolados e reduzidos a funções subalternas. Esse processo realiza a dessexualização socialmente necessária do corpo: a libido passa a concentrar-se numa parte do corpo, deixando o resto livre para ser usado como instrumento de trabalho. A redução temporal da libido é suplementada, pois, pela sua redução espacial.

Originalmente, o instinto do sexo não tem limitações extrínsecas, temporais e espaciais, ao seu sujeito e objeto; a sexualidade é, por natureza, "polimorficamente perversa". A organização social do instinto sexual *interdita* como *perversões* praticamente todas as manifestações que não servem ou preparam a função procriadora. Sem as mais severas restrições, neutralizariam a sublimação de que depende o desenvolvimento da cultura. Segundo Fenichel, "os esforços prégenitais são objeto de sublimação" e a primazia genital é seu pré-requisito.[47] A Freud deu que pensar por que o tabu sobre as perversões é sustentado com uma tão extraordinária rigidez. E concluiu que ninguém pode esquecer que as perversões são não só e meramente detestáveis, mas também algo monstruoso e terrível – "como se exercessem uma influência sedutora; como se, no fundo, uma secreta inveja dos que as desfrutam tivesse de ser estrangulada".[48] As perversões

---
[46] Veja o Capítulo 4, adiante.
[47] *The Psychoanalytic Theory of Neurosis*, p. 142.
[48] *A General Introduction to Psychoanalysis*, p. 282.

parecem fazer uma *promesse de bonheur* maior do que a da sexualidade "normal". Qual é a origem dessa promessa? Freud salientou o caráter "exclusivo" dos desvios da normalidade, sua rejeição do ato sexual de procriação. Assim, as perversões expressam a rebelião contra a subjugação da sexualidade à ordem de procriação e contra as instituições que garantem essa ordem. A teoria psicanalítica vê nas práticas que excluem ou impedem a procriação uma oposição à continuidade da cadeia de reprodução e, por conseguinte, da dominação paterna – uma tentativa para impedir o "reaparecimento do pai".[49] As perversões parecem rejeitar a escravização total do ego do prazer pelo ego da realidade. Proclamando a liberdade instintiva num mundo de repressão, caracterizam-se frequentemente por uma forte rejeição do sentimento de culpa que acompanha a repressão sexual.[50]

Em virtude de sua revolta contra o princípio de desempenho, em nome do princípio de prazer, as perversões revelam uma profunda afinidade com a fantasia como sendo aquela atividade mental que "foi conservada imune ao teste da realidade e permaneceu exclusivamente subordinada ao princípio de prazer".[51] A fantasia não só desempenha um papel constitutivo nas manifestações perversas da sexualidade;[52] como imaginação artística, também vincula as perversões às imagens de liberdade e gratificação integrais. Numa ordem repressiva, que impõe a equação entre o normal, o socialmente útil e o bom, as manifestações de prazer pelo prazer devem parecer-se às *fleurs du mal*. Contra uma sociedade que emprega a sexualidade como um meio para um fim útil, as perversões defendem a sexualidade como um fim em si mesmo; colocam-se, pois, fora do domínio do princípio de desempenho e desafiam os seus próprios alicerces. Estabelecem relações libidinais que a sociedade tem de votar ao ostracismo porque ameaçavam inverter o processo de civilização que fez do organismo um instrumento de trabalho. São um símbolo do que teve de ser suprimido para que a supressão pudesse prevalecer

---

[49] G. Barag, "Zur Psychoanalyse der Prostitution", em *Imago*, VoI. XXIII, N.º 3 (1937), p. 345.
[50] Otto Rank, *Sexualitât und Schuldgefügghl* (Leipzig, Vienna, Zurique: Internationaler Psychoalytischer Verlag, 1926), p. 103.
[51] Freud, "Two Principles in Mental Functioning", *Collected Papers*, IV, 16-17.
[52] Rank, *op. cit.*, p. 14-15.

e organizar o cada vez mais eficiente domínio sobre o homem e a natureza – um símbolo da identidade destrutiva entre liberdade e felicidade. Além disso, a licença na prática de perversões poria em risco a reprodução ordeira não só da capacidade de trabalho como, talvez, da própria humanidade. A fusão de Eros e instinto de morte, precária mesmo na existência humana normal, parece, neste caso, ter sido afrouxada para além do ponto de perigo. E o afrouxamento dessa fusão torna manifesto o componente erótico no instinto de morte, bem como o componente fatal no instinto de sexo. As perversões sugerem a identidade básica de Eros e instinto de morte, ou a submissão de Eros ao instinto de morte. A tarefa cultural (a tarefa vital?) da libido – ou seja, tornar "inofensivo o instinto destrutivo"[53] fica reduzida a zero: o impulso instintivo em busca de satisfação total e fundamental regride do princípio de prazer para o princípio do Nirvana. A civilização reconheceu e sancionou esse perigo supremo: admira a convergência do instinto de morte e Eros nas superlativamente sublimadas e (monogâmicas) criações da *Liebestod*, enquanto proscreve as menos completas, porém mais realistas expressões de Eros como um fim em si.

Não existe organização social do instinto de morte que sofra paralelo com a de Eros: a própria profundidade em que o instinto opera protege-o de tal organização sistemática e metódica; apenas algumas de suas manifestações derivativas são suscetíveis de controle. Como componente da gratificação sadomasoquista, é abrangido pelo rigoroso tabu sobre as perversões. Entretanto, todo o progresso da civilização só se torna possível mediante a transformação e a utilização do instinto de morte e seus derivativos. O desvio da destrutividade primária do ego para o mundo externo alimenta o progresso tecnológico; e o uso do instinto de morte para a formação do superego realiza a submissão punitiva do ego de prazer ao princípio de realidade, assim como assegura a moralidade civilizada. Nessa transformação, o instinto de morte é posto a serviço de Eros; os impulsos agressivos fornecem a energia para a alteração contínua, o domínio e a exploração incessantes da natureza, para benefício da humanidade. Ao atacar, dividir, mudar, pulverizar coisas e animais (e, periodicamente, homens também), o homem dilata o seu domínio sobre o mundo e progride para fases cada vez mais ricas da civilização. Mas

---

[53] Freud, "The Economic Problem in Masochism", *Collected Papers*, II, 260.

a civilização conserva sempre a marca distintiva do seu componente mortal:

... ao que parece, somos quase forçados a aceitar a terrível hipótese de que na própria estrutura e substância de todos os esforços humanos de construção social está incorporado um princípio de morte; de que não há impulso progressivo que não deva tornar-se fatigado; de que o intelecto não pode fornecer uma defesa permanente contra um vigoroso barbarismo.[54]

A destrutividade socialmente canalizada revela assiduamente a sua origem num impulso que desafia toda a utilidade. Por baixo dos múltiplos motivos racionais e racionalizados para a guerra contra os inimigos nacionais e grupais, para a conquista do tempo, do espaço e do homem, o parceiro mortal de Eros torna-se manifesto na persistente aprovação e participação das próprias vítimas.[55]

"Na construção da personalidade, o instinto de destruição manifesta-se com a maior nitidez na formação do superego."[56] Certo, por seu papel defensivo contra os impulsos "irrealistas" do id, por sua função na conquista duradoura do complexo de Édipo, o superego consolida e protege a unidade do ego, garante o seu desenvolvimento sob o princípio de realidade e, assim, atua a serviço de Eros. Contudo, o superego atinge esses objetivos dirigindo o ego contra o seu id, desviando parte dos instintos de destruição contra uma parte da personalidade – destruindo, "fragmentando" a unidade da personalidade como um todo; assim, atua a serviço do antagonista do instinto de vida. Além disso, essa destrutividade dirigida para dentro constitui o âmago moral da personalidade adulta. A consciência, a mais querida agência moral do indivíduo civilizado, surge-nos impregnada do instinto de morte; o imperativo categórico que o superego impõe continua sendo um imperativo de autodestruição, enquanto constrói a existência social da personalidade. A obra de repressão pertence tanto ao instinto de morte quanto ao instinto de vida. Normalmente, a fusão de ambos é salutar, mas a obstinada severidade do superego ameaça constantemente esse equilíbrio sa-

---

[54] Wilfred Trotter, *Instincts of the Herd in Peace and War* (Londres: Oxford University Press, 1953), p. 196-197.
[55] Ver Freud, "Why War?", em *Collected Papers*, V, p. 273 e segs.
[56] Franz Alexander. *The Psychoanalysis of the Total Personality*, p. 59.

lutar. "Quanto mais um homem controla suas tendências agressivas em relação a outros, mais tirânico, isto é, mais agressivo se torna em seu ego ideal... mais intensas se tornam as tendências agressivas do seu ego ideal contra o seu ego."[57] Levada ao extremo, na melancolia, "uma pura cultura do instinto de morte" pode influir no superego, convertendo este numa "espécie de local de reunião para os instintos de morte".[58] Mas esse perigo extremo tem suas raízes na situação *normal* do ego. Como a ação do ego resulta em uma

... libertação dos instintos agressivos no superego, a sua luta contra a libido expõe-no ao perigo de maus-tratos e morte. Ao sofrer os ataques do superego ou talvez ao sucumbir a eles o ego está enfrentando um destino semelhante ao dos protozoários que são destruídos pelos produtos de desintegração que eles próprios criaram.[59]

E Freud acrescenta que, "do ponto de vista econômico [mental], a moralidade que funciona no superego parece ser um produto similar de desintegração".

É nesse contexto que a metapsicologia de Freud se defronta com a dialética fatal da civilização: o próprio progresso da civilização conduz à liberação de forças cada vez mais destrutivas. A fim de elucidar a ligação entre a Psicologia Individual freudiana e a teoria da civilização, será necessário reatar a interpretação da dinâmica instintiva num nível diferente, ou seja, o filogenético.

---
[57] *The Ego and the Id*, p. 79, 80.
[58] *Ibid.*, p. 77, 79.
[59] *Ibid.*, p. 84.

3

A Origem da Civilização Repressiva (Filogênese)

A pesquisa sobre a origem da repressão leva-nos de volta à origem da repressão instintiva, que ocorre durante os primeiros tempos da infância. O superego é o herdeiro do complexo de Édipo, e a organização repressiva da sexualidade está principalmente dirigida contra as suas manifestações pré-genitais e perversas. Além disso, o "trauma do nascimento" liberta as primeiras expressões do instinto de morte – o impulso para retornar ao Nirvana do ventre materno – e requer os subsequentes controles desse impulso. É na criança que o princípio de realidade completa seu trabalho, com tal meticulosidade e severidade que o comportamento do indivíduo adulto pouco mais é do que uma repetição padronizada das experiências e reações infantis. Mas as experiências da infância que se tornam traumáticas sob o impacto da realidade são *pré*-individuais e *genéricas*: com variações individuais, a prolongada dependência do bebê humano, a situação edípica e a sexualidade pré-genital pertencem todas realmente ao gênero homem. Além disso, a severidade exagerada do superego da personalidade neurótica, o sentimento inconsciente de culpa e a necessidade inconsciente de castigo parecem ser desproporcionais em relação aos verdadeiros impulsos "pecaminosos" do indivíduo; a perpetuação e (como veremos) a intensificação do sentimento de culpa durante a maturidade, a organização excessivamente repressiva da sexualidade, não podem explicar-se adequadamente em termos de um perigo ainda agudo de impulsos individuais. Tampouco as reações individuais aos primeiros traumatismos podem ser adequadamente explicadas por "aquilo que o próprio indivíduo tenha experimentado"; desviam-se das experiências individuais "de um modo que concordaria muito melhor com o fato de serem reações a eventos genéticos" e, de modo geral, só podem ser explicadas "através de tal influência".[1] A análise da estrutura mental da personalidade é, portanto, forçada a ir além dos primeiros anos da infância, da pré-história do indivíduo para a do gênero. Na personalidade, segundo Otto Rank, atua um "sentimento biológico de culpa" que equivale simbolicamente às solicitações da espécie. Os princípios morais "que a criança absorve através das pessoas responsáveis por sua criação, durante os primeiros anos de vida", refletem "certos ecos filogenéticos do homem primitivo".[2] A civilização é ainda determinada por sua *herança arcaica*, e essa herança, afirma Freud, inclui "não só disposições, mas também conteúdos ideacionais, vestígios de memória das experiências de gerações anteriores". A Psicologia Individual, portanto, é *em si mesma* Psicologia Grupal, na medida em que o próprio indivíduo ainda se encontra em identidade arcaica com a espécie. Essa herança arcaica anula a "brecha entre Psicologia Individual e Psicologia da Massa".[3]

Essa concepção reveste-se de implicações de extraordinário alcance para o método e a substância da ciência social. Na medida em que a Psicologia rasga o véu ideológico e descreve a construção da personalidade, é levada a dissolver o indivíduo: sua personalidade autônoma surge-nos como a manifestação *congelada* da repressão geral da humanidade. A autoconsciência e a razão, que conquistaram e deram forma ao mundo histórico, fizeram-no à imagem e semelhança da repressão, interna e externa. Atuaram como agentes de dominação; as liberdades que acarretaram (e que foram consideráveis) cresceram no solo da escravização e conservaram essa marca de origem. São estas as perturbadoras implicações da teoria freudiana da personalidade. Ao "dissolver" a ideia da personalidade do ego em

---
[1] Freud, *Moses and Monotheism* (Nova York: Alfred A. Knopf, 1949), p. 157.
[2] Alexander, *The Psychoanalysis of the Total Personality* (Nova. York: Nervous and Mental Disease Monograph N.º 52, 1929), p. 7.
[3] Freud, *Moses and Monotheism*, p. 158.

seus componentes primários, a Psicologia desvenda agora os fatores subindividuais e pré-individuais que (em grande parte inconscientes para o ego) *fazem* realmente o indivíduo: revela o poder do universal sobre os indivíduos e neles próprios. Essa revelação abala os alicerces de uma das mais sólidas fortificações ideológicas da moderna cultura: a noção de um indivíduo autônomo. A teoria de Freud, neste ponto, alia-se aos grandes esforços críticos para dissolver conceitos sociológicos ossificados no respectivo conteúdo histórico. A sua Psicologia não focaliza a personalidade concreta e completa, tal como existe no seu meio privado e público, pois essa existência, mais do que revela, já que esconde a essência e a natureza da personalidade. É o resultado final de prolongados processos históricos que estão congelados na rede de entidades humanas e institucionais que compõem a sociedade, e esses processos definem a personalidade e suas relações. Por consequência, para compreendê-los pelo que realmente são, a Psicologia tem de os *descongelar*, apurando e descrevendo suas origens ocultas. Assim procedendo, a Psicologia descobre que as decisivas experiências infantis estão ligadas às experiências da espécie – que o indivíduo vive o destino universal da humanidade. O passado define o presente porque a humanidade ainda não dominou a sua própria história. Para Freud, o destino universal está nos impulsos instintivos, mas também estes estão sujeitos às "modificações" históricas. No princípio, é a experiência de dominação, simbolizada pelo pai primordial – a situação extrema de Édipo. Nunca é inteiramente superada: o ego maduro da personalidade civilizada ainda preserva a herança arcaica do homem.

Se essa dependência do ego não for levada em conta, a crescente ênfase, nos mais recentes escritos de Freud, sobre a autonomia do ego maduro poderia ser abusivamente usada como justificação para abandonarem-se as mais avançadas concepções da Psicanálise – uma retirada que as escolas culturais e interpessoais levaram a efeito. Num dos seus últimos ensaios,[4] Freud propõe que nem todas as modificações do ego são "adquiridas durante os conflitos defensivos do começo da infância"; sugere que "cada ego individual está dotado, desde o princípio, com suas próprias disposições e tendências peculiares" e que existem "variações primárias congênitas no

---

[4] "Analysis Terminable and Interminable", em *Collected Papers* (Londres: Hogarth Press, 1950), V, 343.

ego". Contudo, essa nova autonomia do ego parece redundar no seu oposto: longe de renegar a noção de dependência essencial do ego, em relação às constelações genéricas, pré-individuais, Freud revigora o papel dessas constelações no desenvolvimento do ego. Com efeito, ele interpreta as variações congênitas do ego em termos de "nossa herança arcaica" e pensa que *"mesmo antes de o ego existir,* suas subsequentes diretrizes de desenvolvimento, tendências e reações já estão determinadas".[5] Na verdade, o aparente renascimento do ego é acompanhado pela acentuação dos "depósitos do primitivo desenvolvimento humano, presentes em nossa herança arcaica". Quando Freud conclui, a partir da estrutura congênita do ego, que a "diferenciação topográfica entre ego e id perde muito do seu valor para a nossa investigação", então essa assimilação de ego e id parece alterar o equilíbrio entre as duas forças mentais, mais em favor do id que do ego, dos processos genéricos mais do que dos individuais.[6]

Nenhuma outra parte da teoria de Freud foi mais veementemente rejeitada do que a ideia da sobrevivência da herança arcaica – a sua reconstrução da pré-história da humanidade desde a horda primordial, passando pelo parricídio, até a civilização. As dificuldades de verificação científica e até no aspecto de coerência lógica são óbvias e talvez insuperáveis. Além disso, são reforçadas pelos tabus que a hipótese freudiana tão eficazmente viola; não nos reporta à imagem de um paraíso que o homem perdeu em castigo de seu pecado contra Deus, mas ao domínio do homem pelo homem, estabelecido por um pai déspota sumamente terreno e perpetuado pela rebelião malograda e incompleta contra ele. O "pecado original" foi contra o homem – e não foi pecado, porque foi cometido contra um que era, ele próprio, culpado. E essa hipótese filogenética revela que a civilização madura está ainda condicionada pela imaturidade mental arcaica. A memória de impulsos e feitos pré-históricos continua assediando a civilização: o material reprimido retorna, e o indivíduo

---

[5] *Ibid.,* p. 343-344. O grifo é meu.

[6] No seu estudo sobre "Mutual Influences in the Development of Ego and "Id", Heinz Hartmann salienta o aspecto filogenético: a "diferenciação de ego e id, desenvolvida por processos de evolução, sejam quais forem, durante centenas de milhares de anos, é na forma de uma disposição, em parte, uma característica inata do homem". Contudo, Hartmann supõe "uma autonomia primária no desenvolvimento do ego". Esse estudo de Hartmann encontra-se na obra *The Psychoanalytic Study of the Child,* Vol. VII (Nova York: International Universities Press, 1952).

ainda é castigado por impulsos que foram dominados há muito tempo e feitos que há muito se resolveram.

Se a hipótese de Freud não for corroborada por qualquer prova antropológica, terá de ser inteiramente rejeitada, excetuando o fato de que ela encaixa, numa sequência de eventos catastróficos, toda a dialética histórica de dominação e, por conseguinte, elucida aspectos da civilização até aqui explicados. Usamos a especulação antropológica de Freud apenas neste sentido: pelo seu valor *simbólico*. Os eventos arcaicos que a hipótese estipula poderão estar para sempre fora do alcance da verificação antropológica; as consequências alegadas desses eventos são fatos históricos, e a sua interpretação, à luz da hipótese de Freud, empresta-lhes um significado até hoje omitido, que aponta para o futuro histórico. Se a hipótese desafia o senso comum, proclama, no entanto, à sua revelia, uma verdade que esse mesmo senso comum tem sido treinado a esquecer.

Na construção freudiana, o primeiro grupo humano foi estabelecido e mantido pelo domínio imposto de um indivíduo sobre os outros. Num dado momento da vida do gênero homem, a vida grupal foi organizada por *dominação*. E o homem que conseguiu dominar os outros era o *pai*, quer dizer, o homem que possuía as mulheres desejadas e que, com elas, gerara e conservara vivos os filhos e filhas. O pai monopolizou para si próprio a mulher (o prazer supremo) e subjugou os outros membros da horda ao seu poder. Conseguiu estabelecer o seu domínio *porque* lograra excluir os outros membros do prazer supremo? Em todo caso, para o grupo como um todo, a monopolização do prazer significou uma distribuição desigual de sofrimento: "... a sorte dos filhos era árdua; se excitavam o ciúme do pai, eram mortos, castrados ou expulsos. Eram obrigados a viver em pequenas comunidades e munir-se de esposas roubando-as de outros."[7] O fardo de todo e qualquer trabalho a realizar na horda primordial era imposto aos filhos que, por sua exclusão do prazer reservado ao pai, tinham ficado "livres" para a canalização da energia instintiva para as atividades desagradáveis, mas necessárias. A repressão da gratificação das necessidades instintivas, imposta pelo pai, a supressão do prazer, não foi, portanto, um resultado apenas da dominação, mas criou também as precondições mentais que eram propícias ao *contínuo funcionamento* da dominação.

---

[7] *Moses and Monotheism*, p. 128.

Nessa organização da horda primordial, racionalidade e irracionalidade, fatores biológicos e sociológicos, o. interesse comum e o particular estão inextricavelmente interligados. A horda primordial é um grupo em funcionamento temporário, que se mantém numa espécie de ordem; portanto, é legítimo supor que o despotismo patriarcal, que estabeleceu essa ordem, fosse "racional" na medida em que criou e preservou o grupo – mediante a reprodução do todo e o interesse comum. Ao estabelecer o modelo para o subsequente desenvolvimento da civilização, o pai primordial preparou o terreno para o progresso através da repressão imposta ao prazer e à abstinência forçada; criou, assim, as primeiras precondições para a disciplinada "força de trabalho" do futuro. Além disso, essa divisão hierárquica do prazer foi "justificada" pela proteção, segurança e até amor; em virtude de o déspota ser o pai, a aversão com que os seus súditos o viam devia, desde o princípio, fazer-se acompanhar de uma afeição biológica – emoções ambivalentes que se expressavam no desejo de substituir e de imitar o pai, de identificarem-se com ele, com o seu prazer e o seu poder. O pai estabelece a dominação em seu próprio interesse, mas, ao fazê-lo, está justificado pela sua idade, sua função biológica e (sobretudo) pelo seu êxito: ele criou aquela "ordem" sem a qual o grupo imediatamente se dissolveria. Nesse papel, o pai primordial prenuncia as subsequentes e dominadoras imagens paternais, em cuja sombra a civilização progrediu. Em sua pessoa e função, ele consubstancia a lógica interior e a necessidade do próprio princípio de realidade. O pai tem "direitos históricos".[8]

A ordem reprodutiva da horda sobreviveu ao pai primordial:

> ... um ou outro filho conseguiria alcançar uma situação semelhante à do pai na horda original. Uma posição favorecida materializou-se de um modo natural: foi a do filho mais novo, que, protegido pelo amor de sua mãe, aproveitou-se da idade avançada do pai e o substituiu após a sua morte.[9]

O despotismo patriarcal da horda primordial passou a ser, portanto, uma ordem "efetiva". Mas a efetividade da organização sobreposta da horda deve ter sido muito precária e, consequentemente, o ódio contra a supressão patriarcal muito forte. Na construção de Freud, esse ódio culmina na rebelião dos filhos exilados, o assas-

---
[8] *Ibid.*, p. 135.
[9] *Ibid.*, p. 128.

sinato e devoração coletiva do pai, e o estabelecimento do clã dos irmãos, que, por sua vez, deifica o pai assassinado e introduz aqueles tabus e restrições que, segundo Freud, geraram a moralidade social. A hipotética história da horda primordial, descrita por Freud, trata a rebelião dos irmãos como uma revolta contra o tabu, decretado pelo pai, em relação às mulheres da horda: não está em causa nenhum protesto "social" contra a divisão desigual do prazer. Por consequência, num sentido estrito, a civilização só começa no clã dos irmãos, quando os tabus, agora autoimpostos pelos irmãos governantes, implementam a repressão no *interesse comum* de preservação do grupo como um todo. E o evento psicológico decisivo que separa o clã dos irmãos da horda primordial é o desenvolvimento do *sentimento de culpa*. O progresso, para além da horda primordial – isto é, a civilização – pressupõe o sentimento de culpa, que introjeta nos indivíduos e, portanto, sustém as principais proibições, restrições e dilações na gratificação, das quais a civilização depende.

É uma razoável conjetura que, após a morte violenta do pai, tenha decorrido um período em que os irmãos discutiram entre si a sucessão, cada um querendo obtê-la exclusivamente para si. Acabaram por compreender que essas lutas eram tão perigosas quanto fúteis. Essa compreensão, a custo conseguida, assim como a recordação do ato de libertação que tinham cometido juntos e a amizade que se estabelecera entre eles durante o tempo de exílio deram lugar, finalmente, a uma união entre todos, uma espécie de contrato social. Assim nasceu a primeira forma de organização social, acompanhada da renúncia à gratificação instintiva; do reconhecimento de obrigações mútuas de instituições declaradas sagradas e que não podiam ser violadas – em resumo, os primórdios da moralidade e da lei.[10]

A rebelião contra o pai é rebelião contra a autoridade biologicamente justificada; o seu assassinato destrói a ordem que preservava a vida do grupo. Os rebeldes cometeram um crime contra o todo e, por conseguinte, contra eles próprios. São culpados perante os outros e perante eles próprios e devem-se arrepender. O assassinato do pai é o crime supremo, porque o pai estabeleceu a ordem de sexualidade reprodutiva e, assim, *é*, na sua pessoa, o gênero que cria

---
[10] *Ibid.*, p. 129.

e preserva todos os indivíduos. O patriarca, pai e tirano em um só indivíduo, une o sexo e a ordem, o prazer e a realidade; suscita amor e ódio; garante as bases biológica e sociológica de que depende a história da humanidade. O aniquilamento da sua pessoa ameaça aniquilar uma vida duradoura para o· próprio grupo e restaurar a força destrutiva, pré-histórica e sub-histórica, do princípio de prazer. Mas os filhos querem a mesma coisa que o pai; querem a duradoura satisfação de suas necessidades. Só podem atingir esse objetivo repetindo, numa nova forma, a ordem de dominação que controlava o prazer e por isso preservava o grupo. O pai sobrevive como o deus em cuja adoração os pecadores se arrependem, para que possam continuar pecando, enquanto os novos pais consolidam aquelas supressões de prazer que são necessárias para salvaguardar sua soberania e sua organização do grupo. O progresso da dominação por um para a dominação por muitos envolve uma "propagação social" do prazer e faz que a repressão seja autoimposta no próprio grupo governante: *todos* os seus membros têm de respeitar os tabus se querem manter sua chefia. A repressão impregna agora a vida dos próprios opressores e uma parte de sua energia instintiva fica disponível para a sublimação no "trabalho".

Ao mesmo tempo, o tabu sobre as mulheres do clã leva à expansão e amálgama com outras hordas; a sexualidade organizada dá início àquela formação de unidades mais vastas que Freud considerou ser a função de Eros na civilização. O papel das mulheres ganha uma importância crescente. "Uma boa parte do poder que ficara devoluto pela morte do pai passou para as mulheres; seguiu-se o período de matriarcado."[11] Parece essencial à hipótese de Freud que, na sequência do desenvolvimento, rumo à civilização, o período matriarcal tenha sido *precedido* pelo despotismo patriarcal primordial; o baixo grau de dominação repressiva, a amplitude de liberdade erótica, que estão tradicionalmente associados ao matriarcado, deparam-se-nos, na hipótese de Freud, mais como consequências do derrubamento do despotismo patriarcal do que como condições "naturais" primárias. No desenvolvimento da civilização, a liberdade só se torna possível como *libertação*. A liberdade *segue-se* à dominação – e conduz à reafirmação da dominação. O matriarcado é substituído por uma contrarrevolução patriarcal, e esta última é estabilizada mediante a institucionalização da religião.

---
[11] *Ibid.*, p. 129-130.

Durante esse período, uma grande revolução social ocorreu. Ao matriarcado seguiu-se uma restauração da ordem patriarcal. Os novos pais, é certo, nunca conseguiram atingir a onipotência do pai primevo. Havia muitos e viviam em comunidades maiores do que fora a horda original; tinham de entender-se mutuamente, conviver e seguir as restrições impostas pelas instituições sociais.[12]

Os deuses masculinos surgem, inicialmente, como filhos por parte das grandes divindades maternas (deusas-mães); mas, gradualmente, assumem as características do pai; o politeísmo cede ao monoteísmo e, então, retorna "o único deus pai cujo poder é ilimitado".[13] Sublime e sublimada, a dominação original torna-se eterna, cósmica e boa; e nessa forma resguarda o processo de civilização. Os "direitos históricos" do pai primordial estão restaurados.[14]

O sentimento de culpa que, na hipótese de Freud, é intrínseco ao clã dos irmãos, e sua consolidação subsequente na primeira "sociedade", é primariamente um sentimento de culpa causado pela perpetração do supremo crime, o parricídio. Surge a angústia, a ansiedade sobre as consequências desse crime. Contudo, as consequências são duplas: ameaçam destruir a vida do grupo, pela eliminação da autoridade que (embora pelo terror) conservara o grupo; e, ao mesmo tempo, essa eliminação promete uma sociedade sem o pai – isto é, sem supressão nem dominação. Não se deverá supor que o sentimento de culpa reflete essa dupla estrutura e sua ambivalência? Os parricidas rebeldes agem unicamente para frustrar a *primeira* consequência, a ameaça: restabelecem a dominação, substituindo um pai por muitos e, depois, deificando e internalizando o pai único. Mas, ao fazê-lo, atraiçoam a promessa de seu próprio ato: a promessa de liberdade. O patriarca déspota conseguira implantar o seu princípio de realidade nos filhos rebeldes. A revolta destes quebrara, por um breve lapso de tempo, as algemas da dominação; depois, a nova liberdade também é suprimida – desta vez, pela própria autoridade e ação dos filhos. Não deverá o seu sentimento de culpa incluir o remorso pela traição e renegação de seu próprio ato emancipador? Não são eles culpados de reentronizarem o pai re-

---
[12] *Ibid.*, p. 131-132.
[13] *Ibid.*
[14] *Ibid.*, p. 135-136.

pressivo, culpados de uma perpetuação autoimposta da dominação? As perguntas sugerem-se por si mesmas se a hipótese filogenética de Freud for posta em confronto com a sua noção de dinâmica instintiva. Quando o princípio de realidade ganha raízes, mesmo em sua mais primitiva e mais brutalmente imposta forma, o princípio de prazer passa a ser algo assustador e terrível; os impulsos para a livre gratificação defrontam-se com a ansiedade e esta apela para que a protejam contra aqueles. Os indivíduos têm de defender-se contra o espectro de sua integral libertação da carência e da dor, contra a gratificação integral. Esta última é representada pela mulher que, como mãe, forneceu uma vez, pela primeira e última vez, tal gratificação. São esses os fatores instintivos que reproduzem o ritmo da libertação e dominação.

> Através do poder sexual, a mulher é perigosa para a comunidade, cuja estrutura social assenta no medo deslocado para o pai. O rei é massacrado pelo povo, não para que este se torne livre, mas para que possa tomar sobre si um jugo mais pesado, um jugo que o protegerá com mais segurança da mãe.[15]

O rei pai é chacinado não só porque impõe restrições intoleráveis, mas também porque essas restrições, impostas por uma pessoa individual, não são suficientemente eficazes como uma "barreira ao incesto", porque não são eficientes para enfrentar e dominar o desejo de regressar para a mãe.[16] Portanto, à libertação segue-se uma dominação ainda "melhor":

> O desenvolvimento da dominação paterna para um sistema estatal cada vez mais poderoso, administrado pelo homem, é, assim, uma continuação da repressão primordial, que tem como seu propósito a exclusão cada vez mais vasta da mulher.[17]

O derrubamento do rei pai é um crime, mas o mesmo se pode dizer da sua restauração – e ambos os atos são necessários ao progresso da civilização. O crime contra o princípio de realidade é redimido pelo crime contra o princípio de prazer: a redenção, portanto,

---
[15] Otto Rank, *The Trauma of Birth* (Nova York: Harcourt, Brace, 1929), p. 93.
[16] *Ibid.*, p. 92.
[17] *Ibid.*, p. 94.

anula-se a si mesma. O sentimento de culpa é mantido, apesar de repetida e intensificada redenção: a ansiedade persiste, porque o crime contra o princípio de prazer não foi redimido. Existe a culpa a respeito de um ato que não foi realizado: a libertação. Algumas das formulações de Freud parecem indicar isto: o sentimento de culpa foi "a consequência de uma agressão não cometida"; e

... não é, realmente, uma questão decisiva se o indivíduo matou o próprio pai ou se se absteve desse ato; ele sentir-se-á culpado, em qualquer dos casos, pois a culpa é a expressão do conflito de ambivalência, a eterna luta entre Eros e o instinto destrutivo, ou de morte.[18]

Muito antes, Freud referiu-se a um sentimento preexistente de culpa, que parece estar "latente" no indivíduo, a postos e na expectativa de "assimilar" uma acusação feita contra ele.[19] Essa noção parece corresponder à ideia de uma "ansiedade flutuante" que tem raízes subterrâneas ainda mais abaixo do inconsciente *individual*.

Freud supõe que o crime primordial e o sentimento de culpa que lhe é concomitante reproduzem-se, em formas modificadas, ao longo da história. O crime é reproduzido no conflito da velha e da nova geração, na revolta e rebelião contra a autoridade estabelecida – e no arrependimento subsequente, isto é, na restauração e glorificação da autoridade. Na explicação dessa estranha recorrência perpétua, Freud sugeriu a hipótese do *retorno do reprimido*, que ele exemplificou através da psicologia da religião. Freud pensou ter encontrado vestígios do parricídio, assim como do seu "retorno" e redenção, na história do judaísmo, que começa com o assassínio de Moisés. As implicações concretas da hipótese de Freud tornam-se mais claras na sua interpretação do antissemitismo. Acreditava que o antissemitismo tinha profundas raízes no inconsciente: ciúme pela reivindicação judaica de ser o judeu o "filho primogênito e o favorito de Deus, o Pai"; medo da circuncisão, associada à ameaça de castração; e, talvez o mais importante, "ressentimento e má vontade contra a nova religião" (cristianismo), que foi imposto a muitos povos modernos, "só em tempos relativamente recentes". Esse ressenti-

---

[18] *Civilization and Its Discontents* (Londres, Hogarth Press, 1949), p. 121, 128.
[19] "Psychoanalysis and the Ascertaining of Truth in Courts of Law", em *Collected Papers*, II, 23.

mento foi projetado na fonte de onde o cristianismo jorrou, ou seja, o judaísmo.[20] Se seguirmos essa linha de pensamento para além de Freud e a ligarmos com a dupla origem do sentimento de culpa, a vida e morte de Cristo teria o aspecto de uma luta contra o pai – e um triunfo sobre o pai.[21] A mensagem do Filho era a mensagem de libertação: a destruição da Lei (que é dominação) pelo Ágape (que é Eros). Isto ajustar-se-ia à imagem herética de Jesus como o Redentor na carne, o Messias que veio para salvar os homens na Terra. Depois, a subsequente transubstanciação do Messias, a deificação do Filho ao lado do Pai, seria a traição à sua mensagem pelos seus próprios discípulos – a negação da libertação na carne, a vingança sobre o redentor. Portanto, o cristianismo preferira o evangelho de Ágape-Eros, cedendo novamente à Lei; a soberania do pai seria restaurada e fortalecida. Em termos freudianos, o crime primordial poderia ter sido expiado, de acordo com a mensagem do Filho, numa ordem de paz e amor na Terra. Mas não foi; pelo contrário, foi suplantado por outro crime – o cometido contra o Filho. Com a sua transubstanciação, também o seu evangelho foi transubstanciado; a sua deificação removeu a sua mensagem deste mundo. O sofrimento e a repressão foram perpetuados.

Essa interpretação emprestaria maior significado à afirmação de Freud de que os povos cristãos estão "malcristianizados" e que, "sob a fina camada de verniz do cristianismo, mantiveram-se tais quais seus ancestrais sempre foram: barbaramente politeístas".[22] Estão "malcristianizados" na medida em que somente aceitam e obedecem ao evangelho libertador sob uma forma altamente sublimada – a qual deixa a realidade tão avassalada quanto antes. A repressão (no sentido técnico freudiano) desempenhou apenas um papel secundário na institucionalização do cristianismo. A transformação do conteúdo original, o desvio do objetivo original, teve lugar em plena luz do dia, conscientemente, com argumentação e justificação públicas. Igualmente clara foi a luta armada do cristianismo institucionalizado contra os hereges, que tentaram ou alegadamente tentaram

---

[20] *Moses and Monotheism*, p. 144 e seg.
[21] Ver Erich Fromm, *Die Entwicklung des Christusdogmas** (Viena: Internationaler Psychoanalytischer Verlag, 1931). [Traduzido para o português e publicado sob o título *O Dogma de Cristo*, por Zahar Editores, 2.ª edição, 1967. N.E.]
[22] *Moses and Monotheism*, p. 145.

salvar o conteúdo e o objetivo não sublimados. Houve bons motivos racionais subentendidos nas guerras sangrentas contra as revoluções cristãs, que encheram a era cristã. Contudo, à chacina cruel e organizada dos cátaros, albigenses, anabatistas, escravos, camponeses e mendigos que se revoltavam sob o signo da cruz, a queima de bruxas e de seus defensores – essa exterminação sádica dos fracos sugere que inconscientes forças instintivas sobrepujaram toda a racionalidade e racionalização. Os carrascos e seus apaniguados combatiam o espectro de uma libertação que desejavam, mas eram compelidos a rejeitar. O crime contra o Filho deve ser esquecido no morticínio daqueles cujas práticas recordam o crime. Foram precisos séculos de progresso e domesticação para que o retorno do reprimido fosse dominado pelo poder e o avanço da civilização industrial. Mas, no seu recente estágio, a sua racionalidade parece explodir noutro retorno do reprimido. A imagem de libertação, que se tornou cada vez mais realista, é perseguida em todo o mundo. Campos de concentração e de trabalhos forçados, julgamentos e perseguições dos inconformistas, deflagraram um ódio e uma ira que indicam a total mobilização contra o retorno do reprimido.

Se o desenvolvimento da religião contém a ambivalência básica – a imagem de dominação e a imagem de libertação – então a tese de Freud em *The Future of an Illusion* deve ser reexaminada. Nessa obra, Freud sublinhou o papel da religião no desvio histórico de energia, do aperfeiçoamento autêntico da condição humana para um mundo imaginário de salvação eterna. Pensava ele que o desaparecimento dessa ilusão aceleraria imensamente o progresso material e intelectual da humanidade; e enalteceu a ciência e a razão científica como os grandes antagonistas da religião. Talvez em nenhum outro escrito Freud se mostre tão próximo da grande tradição do Iluminismo; mas também nenhum outro o mostre mais claramente subjugado à dialética do Iluminismo. No período atual da civilização, as ideias progressivas do racionalismo só podem ser recuperadas mediante a sua reformulação. A função da ciência e a função da religião sofreram mudanças – assim como suas relações mútuas. Dentro da mobilização total do homem e da natureza que distingue o período, a ciência é um dos instrumentos mais destrutivos – aniquiladora daquela liberdade contra o medo que certa vez prometera. Como tal promessa se evaporou na utopia, "científico" quase se tornou idêntico ao repúdio da noção de um paraíso terreno. A atitude científica já deixou, há muito, de ser a de antagonista militante da religião, que com igual eficiência rejeitou os seus elementos explosivos e frequentemente acostumou o homem a uma boa consciência em face do sofrimento e da culpa. Nos domínios da cultura, as funções da ciência e da religião tendem para a complementaridade; através de seus presentes usos, ambas negam as esperanças que outrora suscitaram e ensinam os homens a apreciarem os fatos num mundo de alienação. Neste sentido, a religião deixou de ser uma ilusão, e sua promoção acadêmica está em concordância com a predominante tendência positivista.[23] Na medida em que a religião ainda preserva as aspirações obstinadas à paz e à felicidade, as suas "ilusões" ainda possuem um mais elevado valor de verdade do que a ciência, que trabalha para a eliminação daquelas. O conteúdo reprimido e transfigurado da religião não pode ser libertado mediante a sua submissão à atitude científica.

Freud aplica a noção do retorno do reprimido, que foi elaborada na análise da história das neuroses individuais,[24] à história geral da humanidade. Esse passo, da Psicologia Individual para a Grupal, introduziu um dos mais controvertidos problemas: Como pode ser entendido o retorno histórico do reprimido?

> No decurso de milhares de séculos, certamente ficou esquecido que houve um pai primevo ..., e o destino que lhe tocou... Em que sentido, portanto, poderá existir qualquer questão de uma tradição?[25]

A resposta de Freud, que pressupõe "uma impressão do passado em vestígios da memória inconsciente", encontrou uma rejeição geral. Contudo, a suposição perde muito do seu caráter fantástico se for confrontada com os fatores concretos e tangíveis que refrescam a memória de cada geração. Ao enumerar as condições em que o material reprimido pode penetrar na consciência, Freud menciona um robustecimento dos instintos "associados ao material reprimido", e os acontecimentos e experiências "tão semelhantes ao material reprimido que têm o poder de o despertar".[26] Como um exemplo do

---
[23] Ver Max Horkheimer, "Der neueste Angriff auf die Metaphysik", em *Zeitschrift für Sozialforschung*, VI (1937), p. 4 e segs.
[24] "Repression", em *Collected Papers*, IV, 93.
[25] *Moses and Monotheism*, p. 148.
[26] *Ibid.*, p. 150.

fortalecimento com os "processos durante a puberdade". Sob o impacto da sexualidade genital amadurecida, reaparecem nas

... fantasias de todas as pessoas as tendências infantis... e entre elas encontra-se, com regular frequência e em primeiro lugar, o sentimento sexual da criança pelos pais. Usualmente, esse sentimento já foi diferenciado pela atração sexual, nomeadamente a atração do filho pela mãe e da filha pelo pai. Simultaneamente com a superação e rejeição dessas fantasias nitidamente incestuosas, ocorre um dos mais importantes, assim como um dos mais dolorosos cometimentos psíquicos da puberdade; é a emancipação da autoridade parental, através da qual se forma, exclusivamente, aquela oposição entre a nova e a velha geração que é tão importante para o progresso cultural.[27]

Os acontecimentos e experiências que podem "despertar" o material reprimido – mesmo sem um fortalecimento específico dos instintos que lhe estão ligados – são, no nível social, os que se nos deparam nas instituições e ideologias que o indivíduo enfrenta cotidianamente e que reproduzem, em sua própria estrutura, tanto a dominação como o impulso para a destruir (família, escola, oficina e escritório, o Estado, a Lei, a filosofia e moral predominantes). A diferença decisiva entre a situação primordial e o seu retorno histórico civilizado está em que, evidentemente, no último caso, o soberano pai já não é, normalmente, morto e comido; e a dominação também já não é, normalmente, pessoal. O ego, o superego e a realidade externa fizeram seu trabalho – mas "não é, realmente, uma questão decisiva se o indivíduo matou o pai ou se se absteve desse feito", uma vez que a função do conflito e as suas consequências são as mesmas.

Na situação de Édipo, a situação primordial repete-se em circunstâncias que, desde o começo, asseguram o triunfo duradouro do pai. Mas também asseguram a vida do filho e sua futura aptidão para ocupar o lugar do pai. Como foi que a civilização realizou esse compromisso? A multidão de processos somáticos, mentais e sociais que resultaram nessa realização é praticamente idêntica ao conteúdo da Psicologia de Freud. Força, identificação, repressão, sublima-

---

[27] *Three Contributions to the Theory of Sex*, em *The Basic Writings of Sigmund Freud* (Nova York: Modern Library, 1938), p. 617-618. Veja também: Anna Freud, *The Ego and the Mechanisms of Defense* (Londres: Hogarth Press, 1937), caps. 11, 12.

ção, cooperaram na formação do ego e do superego. A função do pai é gradualmente transferida da sua pessoa individual para a sua posição social, para a sua imagem no filho (consciência), para Deus, para várias agências e agentes que ensinam o filho a tornar-se um membro amadurecido e comedido da sua sociedade. *Ceteris paribus*, a intensidade da restrição e renúncia que esse processo envolve não é menor do que era na horda primordial. Contudo, está mais racionalmente distribuída entre o pai e o filho, e na sociedade como um todo; e as compensações, embora não sejam maiores, são relativamente seguras. A família monogâmica, com suas obrigações exigíveis do pai, restringe neste o seu monopólio de prazer; a instituição da propriedade privada transmissível por herança e a universalização do trabalho deram ao filho uma justificada expectativa do seu próprio prazer sancionado, de acordo com o seu desempenho socialmente útil. Dentro dessa estrutura de leis e instituições objetivas, os processos da puberdade conduzem à libertação do jugo paterno, como evento necessário e legítimo. Pouco falta para ser uma catástrofe mental – mas também não é mais do que isso. Portanto, o filho deixa a família patriarcal e prepara-se para ser ele próprio pai e patrão.

A transformação do princípio de prazer em princípio de desempenho, que muda o monopólio despótico do pai em comedida autoridade educacional e econômica, também muda o objeto original da luta: a mãe. Na horda primordial, a imagem da mulher desejada, a esposa-amante do pai, era a imagem de Eros e Thanatos em união imediata, natural. Ela era a finalidade dos instintos sexuais e era a mãe em que o filho desfrutara outrora paz integral, que é a ausência de toda a necessidade e desejo – o Nirvana pré-natal. Talvez o tabu sobre o incesto tenha sido a primeira grande proteção contra o instinto de morte: o tabu sobre o Nirvana, sobre o impulso regressivo para a paz que se ergueu no caminho do progresso, da própria Vida. Mãe e esposa foram separadas, e a identidade fatal de Eros e Thanatos foi, portanto, dissolvida. Quanto à mãe, o amor sensual torna-se *inibido em sua finalidade* e transforma-se em *afeição* (ternura). A sexualidade e a afeição divorciam-se; só mais tarde se reencontrarão no amor à esposa, que tanto é sensual como terno, simultaneamente inibido e dirigido para uma finalidade.[28] A ternura é gerada a

---

[28] *Three Contributions to the Theory of Sex*, p. 599, 615; *Group Psychology and the Analysis of the Ego* (Nova York: Liveright Publishing Corp., 1949), p. 117-118; *Civilization and Its Discontents*, p. 71.

partir da abstinência – abstinência originalmente imposta pelo pai primordial. Uma vez criada, passa a constituir a base psíquica não só da família, mas também para o estabelecimento de duradouras relações grupais:

O pai primordial impedira seus filhos de satisfazerem suas tendências diretamente sexuais; forçou-os à abstinência e, consequentemente, a laços emocionais com ele e entre si que podiam nascer daquelas tendências, nos filhos, que estavam inibidas em sua finalidade sexual. Ele forçou-os, por assim dizer, à Psicologia Grupal.[29]

No presente nível da civilização, dentro do sistema de inibições recompensadas, o pai pode ser superado sem que a ordem instintiva e social sofra violento abalo; agora, sua imagem e sua função perpetuam-se em cada filho – ainda que este o não conheça. Funde-se com a autoridade devidamente constituída. A dominação ultrapassou a esfera das relações pessoais e criou as instituições para a satisfação ordeira das necessidades humanas, numa escala crescente. Mas é precisamente o desenvolvimento dessas instituições que está abalando os alicerces estabelecidos da civilização. Seus limites interiores aparecem na recente era industrial.

---

[29] *Group Psychology and the Analysis of the Ego*, p. 94.

4

A Dialética da Civilização

Freud atribui ao sentimento de culpa um papel decisivo no desenvolvimento da civilização; além disso, estabelece uma correlação entre progresso e um *crescente* sentimento de culpa. Afirma a sua intenção de "representar o sentimento de culpa como o mais importante problema na evolução da cultura e dar a entender que o preço do progresso na civilização é pago com a perda de felicidade, através da intensificação do sentimento de culpa".[1] Freud salientou repetidamente que, à medida que a civilização avança, o sentimento de culpa é "ainda mais reforçado", "intensificado", está em "constante incremento".[2] As provas aduzidas por Freud têm duplo aspecto: primeiro, deriva-as analiticamente da teoria dos instintos; e, segundo, encontra análise teórica corroborada pelas grandes doenças e descontentamentos da civilização contemporânea: um ciclo ampliado de guerras, perseguições ubíquas, antissemitismo, genocídio, intolerância e a imposição de "ilusões", trabalho forçado, doença e miséria, no meio de uma riqueza e conhecimento crescentes.

---
[1] *Civilization and Its Discontents* (Londres: Hogarth Press, 1949), p. 123.
[2] *Ibid.*, p. 120-122.

Recapitulamos sucintamente a pré-história do sentimento de culpa; tem sua "origem no complexo de Édipo e foi contraído quando o pai foi assassinado pelo conluio dos irmãos".[3] Estes satisfizeram seu instinto agressivo; mas o amor que tinham pelo pai causou-lhes remorso, criou-lhes o superego por identificação e, portanto, gerou as "restrições que impediriam a repetição do feito".[4] Subsequentemente, o homem abstém-se do feito; mas, de geração para geração, o impulso agressivo revive, dirigido contra o pai e seus sucessores, e, de geração para geração, a agressão tem de ser inibida de novo:

> Toda a renúncia se converte, pois, numa fonte de consciência; cada novo abandono de gratificação aumenta a sua severidade e intolerância... todo o impulso de agressão que nos omitimos de gratificar é tomado pelo superego e vai intensificar a sua agressividade (contra o ego).[5]

A excessiva severidade do superego, que toma o desejo pelo feito e pune até a agressão suprimida, é explicada agora em termos da eterna luta entre Eros e o instinto de morte: o impulso agressivo contra o pai (e seus sucessores sociais) é um derivativo do instinto de morte; ao "separar" o filho e a mãe, o pai também inibe o instinto de morte, o impulso para o Nirvana. Realiza, pois, o trabalho de Eros; o amor também opera na formação do superego. O pai severo que, como representante proibitivo de Eros subjuga o instinto de morte no conflito edípico, impõe as primeiras relações "comunais" (sociais): suas proibições geram a identificação entre os filhos, o amor de finalidade inibida (afeição), a exogamia, a sublimação. Na base da renúncia, Eros inicia o seu trabalho cultural de combinação da vida em unidades cada vez maiores. E à medida que o pai é multiplicado, suplementado e substituído pelas autoridades da sociedade, à medida que as proibições e inibições se propagam, o mesmo ocorre com o impulso agressivo e seus objetos. E, concomitantemente, cresce, por parte da sociedade, a necessidade de fortalecimento de suas defesas – a necessidade de reforçar o sentimento de culpa:

> Como a cultura obedece a um impulso erótico interior que a manda unir a humanidade numa massa estreitamente interli-

---
[3] *Ibid.*, p. 118.
[4] *Ibid.*, p. 120.
[5] *Ibid.*, p. 114.

gada, tal finalidade só pode ser conseguida por meio de sua vigilância para que um sentimento, sempre crescente, de culpa seja fomentado. O que começou em relação ao pai acaba em relação à comunidade. Se a civilização é um curso inevitável de desenvolvimento, do grupo de família para o grupo de humanidade como um todo, então, uma intensificação do sentimento de culpa – resultante do conflito inato de ambivalência, da eterna luta entre as tendências de amor e de morte – estar-lhe-á inextricavelmente vinculada, talvez até o momento em que o sentimento de culpa atinja proporções de tal amplitude que os indivíduos dificilmente o suportem.[6]

Nesta análise quantitativa do crescimento do sentimento de culpa, a mudança na *qualidade* da culpabilidade, sua crescente irracionalidade, parece desaparecer. Com efeito, a posição sociológica central de Freud impediu-o de prosseguir nesse rumo. Para ele, não existia uma racionalidade superior em contraste com a qual pudesse medir-se a prevalecente. Se a irracionalidade do sentimento de culpa é a da própria civilização, então é racional; e, se a abolição da dominação destrói a própria cultura, então resta o crime supremo, e nenhum meio para o impedir é irracional. Contudo, a própria teoria dos instintos, de Freud, o impeliu para diante e para desvendar a fatalidade e futilidade completas dessa dinâmica. A defesa revigorada contra a agressão é necessária; mas, para que seja eficaz, a defesa contra a agressão ampliada teria de fortalecer os instintos sexuais, pois somente um Eros forte pode efetivamente "sujeitar" os instintos destrutivos. E isso é, precisamente, o que a *civilização desenvolvida é incapaz de fazer*, visto que depende, para a sua própria existência, da arregimentação e controle intensificados e ampliados. A sequência de inibições e deflexões das finalidades instintivas não pode ser quebrada. "A nossa civilização, em termos genéticos, está fundada na supressão dos instintos."[7]

A civilização é, acima de tudo, progresso no *trabalho* – quer dizer, trabalho para o agenciamento e ampliação das necessidades da vida. Esse trabalho realiza-se, normalmente, sem satisfação alguma em si mesmo; para Freud, é desagradável e penoso. Na metapsicolo-

---
[6] *Ibid.*, p. 121-122.
[7] "'Civilized' Sexual Morality and Modern Nervousness", *Collected Papers* (Londres: Hogarth Press, 1950), II, 82.

gia de Freud não há lugar para um original "instinto de execução", "instinto de proficiência" etc.[8] A noção da natureza conservadora dos instintos, sob o domínio dos princípios de prazer e do Nirvana, impede estritamente tais suposições. Quando Freud menciona, incidentalmente, a "natural aversão humana pelo trabalho",[9] apenas tira a inferência de sua concepção teórica básica. A síndrome instintiva "infelicidade e trabalho" repete-se amiúde nos escritos de Freud,[10] e a sua interpretação do mito de Prometeu tem por fulcro a ligação entre a sujeição da paixão sexual e o trabalho civilizado.[11] O trabalho básico, na civilização, é não libidinal, é labuta e esforço; a labuta é "desagradável" e por isso tem de ser imposta. "Pois que motivo induziria o homem a colocar a sua energia sexual a serviço de outros fins, se pelo seu uso podia obter um prazer inteiramente satisfatório? Ele nunca se afastaria desse prazer nem realizaria maiores progressos."[12] Se não existe um "instinto de trabalho" original, então a energia requerida para o trabalho (desagradável) deve ser "retirada" dos instintos primários – dos instintos sexuais e dos destrutivos. Como a civilização é, principalmente, a obra de Eros, é acima de tudo retirada de libido; a cultura "obtém uma grande parte da energia mental de que necessita subtraindo-a à sexualidade".[13]

Mas não só os impulsos de trabalho são assim alimentados pela sexualidade privada de finalidade. Os instintos especificamente "sociais" (como as "relações afetivas entre pais e filhos... os sentimentos de amizade e os laços emocionais do casamento") contêm impulsos que são "sustados, por meio de uma resistência interna", na consecução de seus anseios;[14] só em virtude de tal renúncia esses impulsos se tornam sociáveis. Cada indivíduo contribui com suas renúncias (primeiro, sob o impacto da compulsão externa, depois

---

[8] Ives Hendrick, "Work and the Pleasure Principle", *Psychoanalytic Quarterly*, XII (1943), 314. Para exame mais detalhado desse ensaio, veja o Capítulo 10.
[9] *Civilization and Its Discontents*, p. 34, nota.
[10] Numa carta de 16 de abril de 1896, ele fala da "miséria moderada que é necessária para o trabalho intenso". Ernest Jones, *The Life and Work of Sigmund Freud*, Vol. I (Nova York: Basic Books, 1953), p. 305.
[11] *Civilization and Its Discontents*, p. 50-51, nota; *Collected Papers*, V, 288 e segs. Para a aparentemente contraditória afirmação de Freud sobre a satisfação libidinal fornecida pelo trabalho (*Civilization and Its Discontents*, p. 34, nota), veja p. 185, adiante.
[12] "The Most Prevalent Form of Degradation in Erotic Life", *Collected Papers*, IV, 216.
[13] *Civilization and Its Discontents*, p. 74.
[14] "The Libido Theory", *Collected Papers*, V, 134.

internamente) e, a partir "dessas fontes, tem vindo a acumular-se o patrimônio comum de riquezas materiais e ideais da civilização".[15] Embora Freud observe que esses instintos sociais "não têm por que ser descritos como sublimados" (porque não abandonaram suas finalidades sexuais, mas contentam-se com "certas aproximações à satisfação"), considera-os "intimamente ligados" à sublimação.[16] Assim, a principal esfera da civilização aparece-nos como uma esfera de sublimação. Mas a sublimação envolve *dessexualização*. Mesmo se e quando se alimenta de uma reserva de "energia neutral deslocável" existente no ego e no id, essa energia neutra "provém da reserva narcisista de libido", quer dizer, é Eros dessexualizado.[17] O processo de sublimação altera o equilíbrio na estrutura instintiva. A vida é a fusão de Eros e instinto de morte; nessa fusão, Eros subjugou o seu parceiro hostil. Contudo:

> Após a sublimação, o componente erótico deixa de ter o poder de subjugar a totalidade dos elementos destrutivos que estavam previamente combinados com ele, e [tais elementos] são libertados na forma de inclinações para a agressão e a destruição.[18]

A cultura exige sublimação contínua; por conseguinte, debilita Eros, o construtor de cultura. E a dessexualização, ao enfraquecer Eros, liberta os impulsos destrutivos. Assim, a civilização é ameaçada por uma difusão instintiva, em que o instinto de morte luta por ganhar ascendência sobre os instintos de vida. Originada na renúncia e desenvolvendo-se sob uma progressiva renúncia, a civilização tende para a autodestruição.

Este argumento discorre com demasiada facilidade para ser verdadeiro. Levantam-se várias objeções. Em primeiro lugar, nem todo trabalho envolve dessexualização, nem todo trabalho é desagradável, é renúncia. Segundo, as inibições impostas pela cultura também afetam – e, talvez, afetem mesmo principalmente – os derivativos do

---

[15] "'Civilized' Sexual Morality...", p. 82.
[16] "The Libido Theory", p. 134.
[17] *The Ego and the Id* (Londres: Hogarth Press, 1950), p. 38, 61-63. Veja Edward Glover, "Sublimation, Substitution and Social Anxiety", *International Journal of Psychoanalysis*, Vol. XII, N.º 3 (1931), p. 264.
[18] *The Ego and the Id*, p. 80.

instinto de morte: os impulsos de agressividade e destruição. A esse respeito, pelo menos, a inibição cultural contribuiria para a força de Eros. Além disso, o próprio trabalho na civilização é, em grande medida, uma *utilização social* dos impulsos agressivos e é, portanto, trabalho a serviço de Eros. Um exame adequado desses problemas pressupõe que a teoria dos instintos está livre de sua exclusiva orientação pelo princípio de desempenho; e que a imagem de uma civilização não repressiva (que os próprios cometimentos do princípio de desempenho sugerem) é examinada quanto à sua substância. Tal tentativa será realizada na última parte do presente estudo; por ora devem bastar alguns esclarecimentos probatórios,

As fontes psíquicas e os recursos de trabalho, e sua relação com a sublimação, constituem uma das mais negligenciadas áreas da teoria psicanalítica. Talvez em nenhuma outra área a Psicanálise tenha tão consistentemente sucumbido à ideologia oficial das bênçãos da "produtividade".[19] Não surpreende, pois, que nas escolas neofreudianas, em que (como veremos no Epílogo) as tendências ideológicas, na Psicanálise, triunfam sobre a sua teoria, o conteúdo de moralidade do trabalho impregne tudo. O exame "ortodoxo" focaliza-se quase inteiramente no trabalho "criador", especialmente a arte, ao passo que o trabalho no domínio da necessidade – labuta – é relegado para segundo plano.

Certo, há um modo de trabalho que oferece um elevado grau de satisfação libidinal, cuja execução é agradável. E o trabalho artístico – sempre que genuíno – parece brotar de uma constelação instintiva não repressiva e visar a finalidades não repressivas – tanto assim que o termo *sublimação* parece requerer considerável modificação se o aplicarmos a esse gênero de trabalho. Mas grande parte das relações de trabalho em que a civilização repousa é de um gênero muito diferente. Freud observa que "o trabalho cotidiano de ganhar a vida permite uma satisfação particular quando foi escolhido por livre opção".[20] Contudo, se "livre opção" significa mais do que uma seleção limitada entre necessidades preestabelecidas, e se as inclinações e impulsos usados no trabalho são diferentes dos prefigurados por um princípio repressivo de realidade, então a satisfação no trabalho cotidiano constitui apenas um raro privilégio. O trabalho

---

[19] O artigo de Ives Hendrick acima citado é um exemplo flagrante.
[20] *Civilization and Its Discontents*, p. 34, nota.

que criou e ampliou a base material da civilização foi principalmente labuta, trabalho alienado, penoso e desagradável – e ainda é. O desempenho de tal trabalho dificilmente gratifica as necessidades e inclinações *individuais*. Foi imposto ao homem pela necessidade e forças brutais; se o trabalho alienado tem algo a ver com Eros, deve ser de um modo bastante indireto e com um Eros consideravelmente sublimado e debilitado. Mas a inibição civilizada dos impulsos *agressivos* no trabalho não compensará o enfraquecimento do Eros? Supõe-se que os impulsos tanto agressivos como libidinais se satisfazem em trabalhar "por meio da sublimação", e o caráter "sadístico" culturalmente benéfico do trabalho tem sido frequentemente enfatizado.[21] O desenvolvimento de técnicas e da racionalidade tecnológica absorve em grande parte os instintos destrutivos "modificados":

> O instinto de destruição, quando temperado e controlado (como se fosse inibido em sua finalidade), e dirigido para objetos, é compelido a prover o ego com a satisfação de suas necessidades e com poder sobre a natureza.[22]

As técnicas proveem as próprias bases do progresso; a racionalidade tecnológica estabelece o padrão mental e comportamental para o desempenho produtivo, e o "poder sobre a natureza" tornou-se praticamente idêntico à civilização. A destrutividade sublimada nessas atividades estará suficientemente subjugada e desviada, de modo a assegurar o trabalho de Eros? Ao que parece, a destrutividade socialmente útil é menos sublimada do que a libido socialmente útil. Certo, o desvio da destrutividade do ego para o mundo externo garantiu o progresso da civilização. Contudo, a destruição extrovertida não deixa de ser destruição: os seus objetos são, na maioria dos casos, concreta e violentamente acometidos, privados de sua forma e reconstruídos só depois da destruição parcial; as unidades são divididas à força, e as suas partes componentes compulsoriamente redistribuídas. A natureza é literalmente "violada". Somente em certas categorias de agressividade sublimada (como na prática cirúrgica) tal violação fortalece diretamente a vida do seu objeto. A destrutivi-

---

[21] Ver Alfred Winterstein, "Zur Psychologie der Arbeit", *Imago*, XVIII (1932), 141.
[22] *Civilization and Its Discontents*, p. 101.

dade, em extensão e intenção, parece ser mais diretamente satisfeita na civilização do que a libido.

Contudo, enquanto os impulsos destrutivos são assim satisfeitos, tal satisfação não pode estabilizar sua energia a serviço de Eros. Sua força destrutiva deve impeli-los para além dessa servidão e sublimação, pois sua finalidade não é a matéria, não é a natureza nem nenhum objeto, mas a própria vida. Se são os derivativos do instinto de morte, então não podem aceitar como finais nenhuns "substitutos". Portanto, através da destruição tecnológica construtiva, através da violação construtiva da natureza, os instintos ainda estariam agindo no sentido do aniquilamento da vida. A hipótese radical de *Beyond the Pleasure Principle* manter-se-ia de pé: os instintos de autopreservação, autoafirmação e domínio, na medida em que tenham absorvido essa destrutividade, teriam a função de garantir "o próprio rumo para a morte" do organismo. Freud rejeitou essa hipótese quase a seguir à sua apresentação, mas as formulações expostas em *Civilization and Its Discontents* parecem restaurar o seu conteúdo essencial. E o fato de a destruição da vida (humana e animal) ter progredido com o progresso da civilização, da crueldade, o ódio e o extermínio científico do homem terem aumentado em relação à possibilidade real de eliminação da opressão – essa característica dos estágios mais recentes da civilização industrial possuiria raízes instintivas que perpetuam a destrutividade para além dos limites de toda a racionalidade. Portanto, o crescente domínio da natureza, com a crescente produtividade do trabalho, desenvolveria e supriria as necessidades humanas *somente como um subproduto*; a riqueza e os conhecimentos culturais crescentes forneceriam o material para a destruição progressiva e a necessidade de uma cada vez maior repressão instintiva.

Essa tese implica a existência de critérios objetivos para medir o grau de repressão instintiva num determinado estágio da civilização. Contudo, a repressão é amplamente inconsciente e automática, ao passo que a sua gradação só é mensurável à luz da consciência. A diferença entre a repressão (filogeneticamente necessária) e a mais-repressão[23] poderá fornecer os critérios. Na estrutura total da personalidade reprimida, a mais-repressão é aquela parcela que constitui o resultado de condições sociais específicas, mantida no interesse específico da dominação. A amplitude dessa mais-repressão fornece

---

[23] Veja p. 28-29.

o padrão de medição: quanto menor for, tanto menor repressivo é o estágio da civilização. A distinção é equivalente à que existe entre as origens biológicas e históricas do sofrimento humano. Das três "fontes de sofrimento humano" que Freud enumera – nomeadamente "a força superior da natureza, a propensão para a decadência e decomposição dos nossos corpos, e a inadequação dos nossos métodos para regular as relações humanas na família, na comunidade e no Estado"[24] – pelo menos a primeira e a última são, em sentido estrito, fontes *históricas*; a superioridade da natureza e a organização das relações sociais sofreram alterações essenciais no desenvolvimento da civilização. Por conseguinte, a necessidade de repressão, e do sofrimento dela derivado, varia com a maturidade da civilização e com a extensão do domínio racional obtido sobre a natureza e a sociedade. Objetivamente, a necessidade de inibição e repressão instintivas depende da necessidade de labuta e satisfação retardada. A mesma ou até uma amplitude mais reduzida de arregimentação instintiva constituiria um grau mais elevado de repressão num estágio maduro de civilização, quando a necessidade de renúncia e labuta é grandemente reduzida pelo progresso material e intelectual – quando a civilização pode, efetivamente, consentir uma considerável descarga de energia instintiva, consumida na dominação e na labuta. A amplitude e a intensidade da repressão instintiva somente obtêm sua plena significação em relação aos limites historicamente possíveis da liberdade. Para Freud, progresso em civilização significará progresso em liberdade?

Vimos que a teoria de Freud concentra-se no ciclo recorrente de "dominação-rebelião-dominação". Mas a segunda dominação não é, simplesmente, uma repetição da primeira; o movimento cíclico é *progresso* em dominação. Desde o pai primordial, através do clã fraterno, até o sistema de autoridade institucionalizada que é característico da civilização madura, a dominação torna-se cada vez mais impessoal, objetiva, universal, e também cada vez mais racional, eficaz e produtiva. Por fim, sob o domínio do princípio de desempenho plenamente desenvolvido, a subordinação apresenta-se como que efetivada através da divisão social do próprio trabalho (embora a força física e pessoal continue sendo uma instrumentalidade indispensável). A sociedade emerge como um sistema duradouro e em

---

[24] *Civilization and Its Discontents*, p. 43.

expansão de desempenhos úteis; a hierarquia de funções e relações adquire a forma de razão objetiva: a lei e a ordem identificam-se com a própria vida da sociedade. No mesmo processo, também a repressão é despersonalizada: a restrição e arregimentação do prazer passam agora a ser uma função (e resultado "natural") da divisão social do trabalho. Certo, o pai, como *paterfamilias*, ainda desempenha a arregimentação básica dos instintos que prepara o filho para a mais-repressão por parte da sociedade, durante a sua vida adulta. Mas o pai desempenha essa função como o representante da posição da família na divisão social do trabalho e não como o "possuidor" da mãe. Subsequentemente, os instintos do indivíduo são controlados através da utilização social da sua capacidade de trabalho. Ele tem de trabalhar para viver, e esse trabalho não exige apenas oito, dez, doze horas diárias do seu tempo e, portanto, uma correspondente divisão de energia, mas também, durante essas horas e as restantes, um comportamento em conformidade com os padrões e a moral do princípio de desempenho. Historicamente, a redução de Eros à sexualidade procriativa monogâmica (que completa a sujeição do princípio de prazer ao princípio de realidade) só é consumada quando o indivíduo se converteu num sujeito-objeto de trabalho no mecanismo da sociedade; ao passo que, ontogeneticamente, a supressão primária da sexualidade infantil continua sendo uma precondição para essa consumação.

O desenvolvimento de um sistema hierárquico de trabalho social não só racionaliza a dominação, mas também "contém" a rebelião contra a dominação. No nível individual, a revolta primordial está contida na estrutura do conflito normal de Édipo. No nível social, às rebeliões e revoluções recorrentes seguiram-se as contrarrevoluções e restaurações. Das revoltas de escravos no mundo antigo à revolução social do nosso tempo, a luta dos oprimidos terminou no estabelecimento de um novo e "melhor" sistema de dominação; o progresso teve lugar através de um aperfeiçoamento da cadeia de controle. Cada revolução foi o esforço consciente para substituir um grupo dominante por outro; mas cada revolução desencadeou também forças que "ultrapassaram a meta", que lutaram pela abolição da dominação e da exploração. A facilidade com que foram derrotadas exige explicações. A constelação predominante de poder, a imaturidade das forças produtivas ou a ausência de consciência de classe, não fornecem uma resposta adequada. Em todas as revoluções parece ter havido um momento histórico em que a luta contra a dominação poderia ter saído vitoriosa... mas o momento passou. Um elemento de *autoderrota* parece estar em jogo nessa dinâmica (independentemente da validade de razões, tais como a prematuridade e a desigualdade de forças). Nesse sentido, todas as revoluções foram também revoluções traídas.

A hipótese de Freud sobre a origem e a perpetuação do sentimento de culpa elucida, em termos psicológicos, essa dinâmica sociológica: explica a "identificação" dos que se revoltam com o poder contra o qual se revoltam. A incorporação econômica e política dos indivíduos no sistema hierárquico do trabalho é acompanhada de um processo instintivo em que os objetos humanos de dominação reproduzem sua própria opressão. E a crescente racionalização do poder parece refletir-se na crescente racionalização da repressão. Ao reter os indivíduos como instrumentos de trabalho, forçando-os à renúncia e à labuta, a dominação já não está apenas, ou primordialmente, defendendo privilégios específicos, mas sustentando também a sociedade como um todo, numa escala em contínua expansão. Por conseguinte, a culpa de rebelião é grandemente intensificada. A revolta contra o pai primordial eliminou uma pessoa individual que podia ser (e foi) substituída por outras pessoas; mas quando o domínio do pai se expandiu, tornando-se o domínio da sociedade, tal substituição não parece ser possível, e a culpa torna-se fatal. A racionalização do sentimento de culpa foi completada. O pai, limitado na família e na sua autoridade biológica individual, ressurge, muito mais poderoso, na administração que preserva a vida da sociedade e nas leis que salvaguardam a administração. Essas encarnações finais e mais sublimes do pai não podem ser superadas "simbolicamente", pela emancipação: não há libertação possível em face da administração e de suas leis, pois se apresentam como fiadoras supremas da liberdade. A revolta contra elas seria uma repetição do crime supremo – desta vez, não contra o animal déspota que proíbe a gratificação, mas contra a ordem sábia que garante os bens e serviços para a progressiva satisfação das necessidades humanas. A rebelião aparece agora como o crime contra sociedade humana, em seu todo; portanto, está além dos limites de recompensa e além da redenção.

Contudo, o próprio progresso da civilização tende a tornar espúria essa racionalidade. As liberdades e gratificações existentes estão vinculadas aos requisitos de dominação; elas próprias – se convertem em instrumentos de repressão. A desculpa da escassez, que tem justificado a repressão institucionalizada desde o seu início, se enfraquece à medida que o conhecimento e controle do homem sobre a natureza promovem os meios de satisfação das necessidades humanas com um mínimo de esforço. O empobrecimento ainda predominante em vastas regiões do mundo deixou de ser devido, principalmente, à pobreza dos recursos humanos e naturais e decorre, sobretudo, da maneira como são distribuídos e utilizados. Essa diferença pode ser irrelevante para a política e os políticos, mas é de importância decisiva para uma teoria de civilização que deriva a necessidade de repressão da desproporção "natural" e perpétua entre os desejos humanos e o meio em que eles devem ser satisfeitos. Se tal condição "natural", e não certas instituições políticas e sociais, fornece o motivo lógico para a repressão, então tornou-se irracional. A cultura da civilização industrial converteu o organismo humano num instrumento cada vez mais sensível, diferenciado e permutável, e criou uma riqueza social suficientemente grande para transformar esse instrumento num fim em si mesmo. Os recursos existentes e disponíveis facilitam uma transformação *qualitativa* nas necessidades humanas. A racionalização e a mecanização do trabalho tendem a reduzir o *quantum* de energia instintiva canalizada para a labuta (o trabalho alienado), assim libertando energia para a consecução de objetivos fixados pelo livre jogo das faculdades individuais. A tecnologia atua contra a utilização repressiva da energia, na medida em que reduz ao mínimo o tempo necessário para a produção das necessidades da vida, assim poupando tempo para o desenvolvimento de necessidades situadas *além* do domínio da necessidade e do supérfluo necessário.

Mas quanto mais perto se encontra a possibilidade real de emancipar o indivíduo das restrições outrora justificadas pela escassez e imaturidade, tanto maior é a necessidade de manutenção e dinamização dessas restrições, para que a ordem estabelecida de dominação não se dissolva. A civilização tem de se defender contra o espectro de um mundo que possa ser livre. Se a sociedade não pode usar a sua crescente produtividade para reduzir a repressão (pois tal uso subverteria a hierarquia do *status quo*), então a produtividade deve ser voltada *contra* os indivíduos; torna-se um instrumento de controle universal. O totalitarismo propagou-se nos tempos mais recentes da civilização industrial, sempre que os interesses de dominação prevaleceram sobre os de produtividade, chamando a si e desviando suas potencialidades. O povo tinha de ser mantido num estado de permanente mobilização interna e externa. A racionalidade da dominação progrediu a tal ponto, que ameaçou invalidar seus próprios alicerces; portanto, tem de ser reafirmada de um modo mais efetivo que nunca. Desta vez não haverá assassinato do pai, nem mesmo um assassinato "simbólico" – porque talvez não encontre um sucessor.

A "automatização" do superego[25] indica quais são os mecanismos de defesa por meio dos quais a sociedade enfrenta a ameaça. A defesa consiste, principalmente, num fortalecimento dos controles não tanto sobre os instintos, mas sobre a consciência, a qual, se se permitir que fique livre, poderá reconhecer o trabalho de repressão, mesmo nas maiores e melhores satisfações de necessidades. A manipulação da consciência que tem ocorrido em toda a órbita da civilização industrial contemporânea foi descrita nas várias interpretações de "culturas populares" e totalitárias: coordenação da existência privada e pública, das reações espontâneas e solicitadas. A promoção de atividades ociosas que não exigem empenho mental, o triunfo das ideologias anti-intelectuais, exemplificam a tendência. Essa extensão de controles a regiões anteriormente livres da consciência e ao lazer permite um relaxamento dos tabus sexuais (anteriormente mais importantes, visto que os controles globais eram menos eficientes). Hoje, comparada com a dos períodos puritano e vitoriano, a liberdade sexual aumentou indiscutivelmente (embora uma reação contra a década de 1920 possa claramente observar-se). Ao mesmo tempo, porém, as relações sexuais passaram a estar muito mais assimiladas com as relações sociais; a liberdade sexual harmoniza-se com o conformismo lucrativo. O antagonismo fundamental entre sexo e utilidade sexual – em si mesmo um reflexo do conflito entre o princípio de prazer e o princípio de realidade – é obnubilado pela progressiva incrustação do princípio de realidade no princípio de prazer. Num mundo de alienação, a libertação de Eros atuaria, necessariamente, como uma força destruidora e fatal – como a total negação do princípio que governa a realidade repressiva. Não é por mero acidente que a grande literatura da civilização ocidental celebra somente o "amor infeliz"; de que o mito de Tristão se converteu

---

[25] Veja p. 26.

na expressão mais representativa. O romantismo mórbido do mito é, num sentido estrito, "realista". Em contraste com a destrutividade do Eros libertado, o relaxamento da moralidade sexual, dentro do sistema firmemente consolidado e controles monopolísticos, serve ao sistema. A negação está coordenada com "o positivo": a noite com o dia, o mundo sonhado com o mundo do trabalho, a fantasia com a frustração. Então, o indivíduo que folga nessa realidade uniformemente controlada recorda não o sonho, mas o dia, não a fantasia, mas a sua denúncia. Em suas relações eróticas, os indivíduos "respeitam seus compromissos" – com *charme*, com romance, com os seus "comerciais" favoritos.

Mas, dentro do sistema de controles unificados e intensificados, mudanças decisivas estão ocorrendo. Afetam a estrutura do superego, assim como o conteúdo e manifestação do sentimento de culpa. Além disso, tendem para um estado em que o mundo completamente alienado, despendendo todo o seu poder, parece preparar o material e o conteúdo para um novo princípio de realidade.

O superego desprende-se de sua origem, e a experiência traumática do pai é superada por imagens exógenas. À medida que a família torna-se cada vez menos decisiva em dirigir a adaptação do indivíduo à sociedade, o conflito pai-filho também deixa de constituir o conflito-modelo. Essa mudança deriva dos processos econômicos fundamentais que têm caracterizado, desde o princípio do século, a transformação do capitalismo "livre" em "organizado". A empresa familiar independente e, subsequentemente, a empresa pessoal independente deixaram de ser as unidades do sistema social; estão sendo absorvidas nos agrupamentos e associações impessoais em grande escala. Ao mesmo tempo, o valor social do indivíduo é medido, primordialmente, em termos de aptidões e qualidades de adaptação padronizadas, em lugar do julgamento autônomo e da responsabilidade pessoal.

A abolição tecnológica do indivíduo está refletida no declínio da função social da família.[26] Anteriormente, era a família quem, para bem ou para mal, criava e educava o indivíduo; e as normas e valores dominantes eram transmitidos pessoalmente, transformados atra-

---

[26] Para a análise desses processos, veja *Studien über Autorität und Familie*, de Max Horkheimer (Paris: Felix Alcan, 1936); Max Horkheimer, *Eclipse of Reason* (Nova York: Oxford University Press, 1946).

vés do destino pessoal. Certo, na situação edípica, defrontavam-se mutuamente não indivíduos, mas "gerações" (unidades do gênero); mas na transmissão e herança do conflito de Édipo, tornaram-se indivíduos, e o conflito prosseguiu, agora no contexto histórico de uma vida individual. Através da luta com o pai e a mãe, como alvos pessoais de amor e agressão, a geração mais nova ingressou na vida social com impulsos, ideias e necessidades que eram, em grande parte, *de cada um dos jovens*. Por consequência, a formação do superego, a modificação repressiva de seus impulsos, sua renúncia e sublimação, eram experiências muito pessoais. Precisamente por causa disso, sua adaptação deixou cicatrizes dolorosas, e a vida, sob o princípio de desempenho, ainda conservou uma esfera de não conformismo privado.

Contudo, sob o domínio dos monopólios econômicos, políticos e culturais, a formação do superego maduro parece, agora, saltar por cima do estágio de individualização: o átomo genérico torna-se diretamente um átomo social. A organização repressiva dos instintos parece ser *coletiva*, e o ego parece ser prematuramente socializado por todo um sistema de agentes e agências extrafamiliares. Ainda no nível pré-escolar, as turbas, o rádio e a televisão fixam os padrões para a conformidade e a rebelião; os desvios do padrão são punidos não tanto no seio da família, mas fora e contra a família. Os especialistas dos meios de comunicação com a massa transmitem os valores requeridos; oferecem o treino perfeito em eficiência, dureza, personalidade, sonho e romance. Com essa educação, a família deixou de estar em condições de competir. Na luta entre as gerações, os lados parecem ter sido trocados: o filho é que sabe; é ele quem representa o princípio maduro de realidade contra as obsoletas formas preconizadas pelo pai. Este, o primeiro objeto de agressão na situação de Édipo, mais tarde mostra-se um alvo de agressão um tanto inapropriado. A sua autoridade como transmissor de riqueza, aptidões e experiências está grandemente reduzida; tem menos a oferecer e, portanto, menos a proibir. O pai progressista é um inimigo sumamente inadequado e um sumamente inadequado "ideal" – mas o mesmo se pode dizer de qualquer pai que tenha deixado de modelar o futuro econômico, emocional e intelectual do filho. Entretanto, as proibições continuam predominando, o controle repressivo dos instintos persiste, assim como o impulso agressivo. Quem são os substitutos paternos contra os quais é primariamente dirigido?

Como a dominação se congela num sistema de administração objetiva, as imagens que orientam o desenvolvimento do superego tornam-se despersonalizadas. Anteriormente, o superego era "alimentado" pelo senhor, o chefe, o diretor, o patrão. Estes representavam o princípio de realidade em sua personalidade tangível: implacáveis e benévolos, cruéis e reconhecidos, provocavam e puniam o desejo de revolta; a imposição da conformidade era sua função e responsabilidade pessoal. O respeito e o medo podiam, portanto, ser acompanhados pelo ódio ao que eles eram e faziam como pessoas; apresentavam um objeto vivo como alvo dos impulsos e dos esforços conscientes para satisfazê-los. Mas essas imagens do pai pessoal desapareceram gradualmente atrás das instituições. Com a racionalização do mecanismo produtivo, com a multiplicação de funções, toda a dominação assume a forma de administração. No seu auge, a concentração do poder econômico parece converter-se em anonimato; todos, mesmo os que se situam nas posições supremas, parecem impotentes ante os movimentos e leis da própria engrenagem. O controle é normalmente administrado por escritórios em que os controlados são os empregadores e empregados. Os patrões já não desempenham uma função individual. Os chefes sádicos, os exploradores capitalistas, foram transformados em membros assalariados de uma burocracia, com quem os seus subordinados se encontram, como membros de outra burocracia. O sofrimento, a frustração, a impotência do indivíduo, derivam de um sistema funcionando com alta produtividade e eficiência, no qual ele aufere de uma existência em nível melhor do que nunca. A responsabilidade pela organização de sua vida reside no todo, no "sistema", a soma total das instituições que determinam, satisfazem e controlam suas necessidades. O impulso agressivo mergulha no vácuo – melhor, o ódio encontra-se com sorridentes colegas, atarefados concorrentes, funcionários obedientes, prestimosos trabalhadores sociais, que estão todos cumprindo seus deveres e são todos vítimas inocentes.

Assim repelida, a agressão é novamente introjetada: a culpa não é da supressão, mas do suprimido. Culpa de quê? O progresso material e intelectual debilitou a força da religião abaixo do ponto em que pode explicar suficientemente o sentimento de culpa. A agressividade voltada contra o eu ameaça ficar sem nenhum sentido: com sua consciência coordenada, sua intimidade abolida, suas emoções integradas em conformismo, o indivíduo não dispõe mais de "espaço mental" suficiente para desenvolver-se *contra* o seu sentimento de culpa, para viver com uma consciência própria. O seu ego contraiuse num grau tal que os multiformes processos antagônicos entre o id, o ego e o superego não podem desenrolar-se em sua forma clássica. Entretanto, a culpa existe; parece ser mais uma qualidade do todo que dos indivíduos – uma culpa coletiva, a aflição de um sistema institucional que desperdiça e detém os recursos materiais e humanos à sua disposição. A amplitude desses recursos pode ser definida pelo nível de liberdade humana obtida e suscetível de ser alcançada através do uso verdadeiramente racional da capacidade produtiva. Se este padrão for aplicado, parece que, nos centros de civilização industrial, o homem é mantido num estado de empobrecimento cultural e físico. A maior parte dos clichês com que a Sociologia descreve o processo de desumanização, na cultura das massas da atualidade, é correta; mas parece inclinar-se na direção errada. O que é regressivo não é a mecanização e padronização, mas a sua contenção; não a coordenação universal, mas o seu encobrimento sob liberdades, opções e individualidades espúrias. O elevado padrão de vida, no domínio das grandes companhias, é *restritivo* num sentido sociológico concreto: os bens e serviços que os indivíduos compram controlam suas necessidades e petrificam suas faculdades. Em troca dos artigos que enriquecem a vida deles, os indivíduos vendem não só seu trabalho, mas também seu tempo livre. A vida melhor é contrabalançada pelo controle total sobre a vida. As pessoas residem em concentrações habitacionais – e possuem automóveis particulares, com os quais já não podem escapar para um mundo diferente. Têm gigantescas geladeiras repletas de alimentos congelados. Têm dúzias de jornais e revistas que esposam os mesmos ideais. Dispõem de inúmeras opções e inúmeros inventos que são todos da mesma espécie, que as mantêm ocupadas e distraem sua atenção do verdadeiro problema – que é a consciência de que poderiam trabalhar menos e determinar suas próprias necessidades e satisfações.

    A ideologia hodierna reside em que a produção e o consumo reproduzem e justificam a dominação, mas o seu caráter ideológico não altera o fato de que os seus benefícios são reais. A repressividade do todo reside em alto grau na sua eficácia: amplia as perspectivas da cultura material, facilita a obtenção das necessidades da vida, torna o conforto e o luxo mais baratos, atrai áreas cada vez mais vastas para a órbita da indústria – enquanto, ao mesmo tempo, apoia e encoraja a labuta e a destruição. O indivíduo paga com o sacrifício do seu tempo, de sua consciência, de seus sonhos; a civilização paga com o sacrifício de suas próprias promessas de liberdade, justiça e paz para todos. A discrepância entre libertação potencial e repressão real atingiu a maturidade: impregna todas as esferas da vida no mundo inteiro. A racionalidade do progresso agrava a irracionalidade de sua organização e direção. A coesão social e o poder administrativo são suficientemente fortes para proteger o todo da agressão direta, mas não bastante fortes para eliminar a agressividade acumulada. Volta-se contra os que não pertencem ao todo, aqueles cuja existência é a sua negação. Esse antagonista destaca-se como o arqui-inimigo, o próprio Anticristo: está sempre em toda parte; representa forças ocultas e sinistras, e a sua onipresença exige a mobilização total. A diferença entre guerra e paz, entre populações civis e militares, entre verdade e propaganda, é riscada. Verifica-se uma regressão a estágios históricos que tinham sido ultrapassados há muito tempo, e essa regressão reativa a fase sadomasoquista numa fase nacional e internacional. Mas os impulsos dessa fase são reativados de uma maneira nova, "civilizada": praticamente sem sublimação, tornam-se atividades socialmente "úteis" nos campos de concentração e de trabalhos forçados, nas guerras civis e coloniais, nas expedições punitivas etc.

Em tais circunstâncias, a questão de apurar se o presente estágio da civilização é demonstradamente mais destrutivo que os precedentes não nos parece ser muito relevante. Em todo caso, a questão não pode ser evitada assinalando-se a destrutividade predominante ao longo de toda a História. A destrutividade do presente estágio só revela sua plena significação se o presente for medido não em termos de estágios passados, mas em termos de suas próprias potencialidades. Há mais do que uma simples diferença quantitativa no fato de as guerras serem empreendidas por exércitos profissionais em espaços confinados ou serem desencadeadas contra populações inteiras, numa escala global; se as invenções técnicas que poderiam libertar o mundo da miséria e do sofrimento são usadas para a conquista ou para a criação de sofrimento; se milhares são massacrados em combate ou milhões são cientificamente exterminados com a ajuda de doutores e engenheiros; se os exilados podem encontrar refúgio ao cruzarem as fronteiras ou são acossados pelo mundo inteiro; se os povos são naturalmente ignorantes ou *são feitos* ignorantes pela administração diária de informações e entretenimentos. É com uma nova despreocupação que o terror é assimilado com a normalidade, e a destrutividade com a construção. Entretanto, o progresso continua – e continua estreitando a base de repressão. No auge de suas realizações progressivas, a dominação não só abala seus próprios alicerces, mas também corrompe e liquida a oposição contra a dominação. Tudo o que resta é o negativismo da razão, que impulsiona a riqueza e o poder, e gera um clima em que as raízes instintivas do princípio de desempenho estão definhando.

A alienação do trabalho está quase concluída. A mecânica da linha de montagem, a rotina do escritório, o ritual da compra e venda estão livres de qualquer relação com as potencialidades humanas. As relações de trabalho converteram-se, em grande parte, em relações entre pessoas como objetos permutáveis da administração científica e dos especialistas em eficiência. Certo, a concorrência ainda predominante requer um certo grau de individualidade e espontaneidade; mas essas características tornaram-se tão superficiais e ilusórias quanto a concorrência a que pertencem. A individualidade é, literalmente, no nome apenas, na representação específica de tipos[27] (tais como vampiro, dona de casa, Ondina, macho, mulher de carreira, jovem casal em dificuldades), assim como a concorrência tende a reduzir-se a variedades previamente combinadas na produção de *gadgets*, embalagens, sabores, aromas, cores etc. Sob essa ilusória superfície, todo o mundo de trabalho e sua recreação se tornou um sistema de coisas animadas e inanimadas – todas igualmente sujeitas à administração. A existência humana neste mundo é mero recheio, matéria, material, substância, que não possui em si mesma o princípio de seu movimento. Esse estado de ossificação também afeta os instintos, suas inibições e modificações. Sua dinâmica original torna-se estática; as interações do ego, superego e id congelam-se em reações automáticas. A corporalização do superego é acompanhada da corporalização do ego, manifesta nos traços e gestos petrificados que se produzem nas ocasiões e horas apropriadas. A consciência, cada vez menos sobrecarregada de autonomia, tende a reduzir-se à tarefa de regular a coordenação entre o indivíduo e o todo.

---

[27] Ver Leo Lowenthal, "International' Who's Who 1937", *Studies in Philosophy and Social Sciences* (anteriormente, *Zeitschrift für Sozialforschung*), VII (1939), 262 e segs.; e "Historical Perspectives of Popular Culture", *American Journal of Sociology*, LV (1950), 323 e segs.

Essa coordenação é a tal ponto eficaz que a infelicidade geral decresceu, em lugar de aumentar. Sugerimos[28] que a noção consciente da repressão predominante é obnubilada no indivíduo pela restrição manipulada de sua consciência. Esse processo altera o conteúdo de felicidade. O conceito denota uma condição mais do que particular, mais do que subjetiva;[29] a felicidade não está no mero sentimento de satisfação, mas na realidade concreta de liberdade e satisfação. A felicidade envolve conhecimento: é a prerrogativa do *animal rationale*. Com o declínio da consciência, com o controle da informação, com a absorção do indivíduo na comunicação em massa, o conhecimento é administrado e condicionado. O indivíduo não sabe realmente o que se passa; a máquina esmagadora de educação e entretenimento une-o a todos os outros indivíduos, num estado de anestesia do qual todas as ideias nocivas tendem a ser excluídas. E, como o conhecimento da verdade completa dificilmente conduz à felicidade, essa anestesia geral torna os indivíduos felizes. Se a ansiedade é mais do que um mal-estar geral, se é uma condição, um estado existencial, então esta chamada "idade de angústia" distingue-se pelo grau em que a ansiedade desapareceu de qualquer forma de expressão.

Essas tendências parecem sugerir que o dispêndio de energia e esforço para desenvolver as inibições do próprio indivíduo diminuiu imensamente. Os *vínculos reais entre o indivíduo e a sua cultura estão soltos*. Essa cultura era, no indivíduo e para o indivíduo, o sistema de inibições que gerava e regenerava os valores e instituições predominantes. Agora, a força repressiva do princípio de realidade parece não mais ser renovada e rejuvenescida pelos indivíduos reprimidos. Quanto menos funcionam como agentes e vítimas de suas próprias vidas, tanto menos o princípio de realidade é fortalecido através de identificações e sublimações "criadoras", que enriquecem e, ao mesmo tempo, protegem o patrimônio da cultura. Os grupos e os ideais grupais, as filosofias, as obras de arte e literatura que ainda expressam, sem transigências, os temores e esperanças da humanidade, situam-se contra o princípio de realidade predominante; constituem a sua absoluta denúncia.

Os aspectos positivos da alienação progressiva mostram-se em seguida. As energias humanas que sustentavam o princípio de desem-

---
[28] Veja p. 95.
[29] Veja Herbert Marcuse. "Zur Kritik des Hedonismus", em *Zeitschrift für Sozialforschung*, VII (1938), p. 55 e segs.

penho tornam-se cada vez mais dispensáveis. A automatização da necessidade e da superfluidade, do trabalho e do entretenimento, impede a percepção das potencialidades do indivíduo nesse domínio. Repele a catexe libidinal. A ideologia da escassez, da produtividade do esforço de trabalho, dominação e renúncia é desalojada de suas bases instintivas e racionais. A teoria de alienação demonstrou o fato de que o homem não se realiza em seu trabalho, que a sua vida se tornou um instrumento de trabalho, que o seu trabalho e os respectivos produtos assumiram uma forma e um poder independentes dele como indivíduo. Mas a emancipação desse estado parece requerer não que se impeça a alienação, mas que esta se consuma; não a reativação da personalidade reprimida e produtiva, mas a sua abolição. A eliminação das potencialidades humanas do mundo de trabalho (alienado) cria as precondições para a eliminação do trabalho do mundo das potencialidades humanas.

5

Interlúdio Filosófico

A teoria de civilização de Freud deriva da sua teoria psicológica; a sua visão do processo histórico promana da análise dos mecanismos mentais dos indivíduos, que são a substância viva da história. Essa concepção penetra a ideologia protetora, na medida em que encara as instituições culturais em termos do que elas fizeram dos indivíduos através dos quais funcionam. Mas a concepção psicológica parece fracassar num ponto decisivo; a história progrediu "sem o conhecimento" e à margem dos indivíduos, e as leis do processo histórico têm sido aquelas que governam mais as instituições coisificadas do que os indivíduos.[1] Contra essa crítica, argumentamos que a Psicologia de Freud atinge uma dimensão do aparelho mental em que o indivíduo ainda é o gênero, o presente ainda passado. A teoria de Freud revela à desindividualização biológica sob a sociológica – procedendo-se a primeira de acordo com os princípios de prazer e do Nirvana, a segunda sob o princípio de realidade. Em virtude dessa concepção genérica, a Psicologia freudiana do indivíduo é, *per se*, a Psicologia do gênero. E sua Psicologia genérica revela-nos as vicissitudes dos

---

[1] Veja Theodor W. Adorno. "Psychoanalyse und Soziologie", em *Sociologica* (Frankfurt: Europäische Verlagsantalt, 1955), Frankfurter Beiträge sur Soziologie, Vol. I.

80

instintos como vicissitudes históricas: o dinamismo recorrente da luta entre Eros e o instinto de morte, da edificação e destruição de cultura, da repressão e retorno do reprimido, é liberado e organizado pelas condições históricas em que a humanidade evolui. Mas as implicações metapsicológicas da teoria de Freud ultrapassam mesmo o contexto da Sociologia. Os instintos primários pertencem à vida e à morte – quer dizer, à matéria orgânica como tal. E ligam a matéria orgânica, anteriormente, com a matéria inorgânica e, posteriormente, com as manifestações mentais de ordem superior. Por outras palavras, a teoria de Freud contém certas hipóteses sobre a estrutura dos principais modos de ser: contém implicações *ontológicas*. Este capítulo tenta mostrar que essas implicações são mais do que formais – que pertencem ao contexto básico da Filosofia ocidental.

Segundo Freud, a civilização começa com a inibição metódica dos instintos primários. Podem-se distinguir dois modos principais de organização instintiva: *a)* a inibição da sexualidade, resultando em duradouras e crescentes relações grupais; e *b)* a inibição dos instintos destrutivos, conduzindo ao domínio do homem e da natureza, à moralidade individual e social. Como a combinação dessas duas forças sustenta cada vez mais efetivamente a vida de grupos sucessivamente maiores, Eros leva a melhor sobre o seu adversário; a utilização social obriga o instinto de morte a servir os instintos vitais. Mas o próprio progresso da civilização aumenta o escopo da sublimação e da agressão controlada; de ambos os modos, Eros é debilitado e a destrutividade liberta-se. Isto pode sugerir que o progresso permanece vinculado a uma tendência regressiva na estrutura instintiva (em última instância, ao instinto de morte), que o desenvolvimento da civilização é compensado pelo persistente (embora reprimido) impulso para acabar repousando em gratificação final. A dominação e o aumento do poder e da produtividade prosseguem através da destruição, para além da necessidade racional. A busca de libertação é obscurecida pela busca do Nirvana.

A sinistra hipótese de que a cultura, por intermédio dos impulsos socialmente utilizados, está sob o domínio do princípio do Nirvana assediou frequentemente a Psicanálise. O progresso "contém" a regressão. A partir da sua noção de *trauma do nascimento*, Otto Rank chegou à conclusão de que a cultura estabelece, em escala cada vez maior, "conchas protetoras" que reproduzem o estado intrauterino:

Todo "conforto" que a civilização e o conhecimento técnico continuamente lutam por incrementar apenas procura substituir por sucessores duradouros o objetivo primordial de que... se encontra cada vez mais afastado.[2]

A teoria de Ferenczi, especialmente a sua ideia de uma libido "genitofugal",[3] tende para a mesma conclusão; e Géza Róheim considerou o perigo de "perda objetal, de ser deixado no escuro", como um dos motivos instintivos determinantes na evolução da cultura.[4]

O persistente vigor do princípio de Nirvana na civilização elucida a extensão das restrições impostas ao poder criador de cultura do Eros. Eros cria cultura em sua luta contra o instinto de morte; esforça-se por preservar o ser numa escala cada vez mais ampla e mais rica, a fim de satisfazer os instintos vitais, protegê-los da ameaça de não consumação, de extinção. É o *malogro* de Eros, a falta de satisfação das finalidades vitais, que aumenta o valor instintivo da morte. As múltiplas formas de regressão constituem um protesto inconsciente contra a insuficiência de civilização, contra o predomínio da labuta sobre o prazer, do desempenho sobre a gratificação. Uma tendência recôndita no organismo milita contra o princípio que tem governado a civilização e insiste em afastar-se da alienação. Os derivativos do instinto de morte unem-se às manifestações neuróticas e pervertidas de Eros, nessa rebelião. A teoria freudiana de civilização assinala repetidamente essas tendências contrárias. Por destrutivas que possam parecer, à luz da cultura estabelecida, são testemunhos da destrutividade daquilo que se esforçam por destruir: a repressão. Visam não só ao ataque ao princípio de realidade, ao não ser, mas ainda além do princípio de realidade – a outro modo de ser. Denunciam o caráter histórico do princípio de realidade, os limites de sua validade e necessidade.

Nesse ponto, a metapsicologia de Freud encontra-se com uma das correntes principais da Filosofia ocidental.

Quando a racionalidade científica da civilização ocidental começou a produzir todos os seus frutos, tornou-se cada vez mais

---
[2] *The Trauma of Birth* (Nova York: Harcourt, Brace, 1929), p. 99; veja também p. 103.
[3] Veja o Capítulo 10.
[4] *The Origin and Function of Culture* (Nova York: Nervous and Mental Disease Monograph Nº 69, 1943), p. 77.

consciente de suas implicações psíquicas. O ego, que empreendeu a transformação racional do meio humano e natural, revelou-se um sujeito essencialmente agressivo e ofensivo, cujos pensamentos e ações tinham por intuito dominar os objetos. Era um sujeito *contra* um objeto. Essa experiência antagônica *a priori* definiu tanto o *ego cogitans* como o *ego agens*. A natureza (tanto a sua como a do mundo exterior) foi "dada" ao ego como algo que tinha de ser combatido, conquistado e até violado; era essa a precondição da autopreservação e do autodesenvolvimento.

A luta começa com a perpétua conquista interna das faculdades "inferiores" do indivíduo: as suas faculdades sensuais e apetitivas. A sua subjugação é considerada, pelo menos desde Platão, um elemento constitutivo da razão humana, a qual é, assim, repressiva em sua própria função. A luta culmina na conquista da natureza externa, que deve ser perpetuamente atacada, subjugada e explorada, a fim de se submeter às necessidades humanas: O ego experimenta o ser como "provocação",[5] como "projeto";[6] experimenta cada estado existencial como uma restrição que tem de ser superada, transformada noutra. O ego torna-se precondicionado para dominar a ação e a produtividade, mesmo antes de qualquer ocasião específica exigir tal atitude. Max Scheler acentuou que "o impulso ou vontade de domínio, consciente ou inconsciente, sobre a natureza é o *primum movens*" na relação do indivíduo moderno como o ser, precedendo estruturalmente a ciência e tecnologia modernas – um antecedente "pré-lógico e alógico" do pensamento científico e da intuição.[7] A natureza é experimentada *a priori* por um organismo propenso à dominação e, portanto, como algo suscetível de exercer domínio e controle.[8] E, consequentemente, o trabalho é um poder *a priori* e uma provocação na luta com a natureza; é um demolidor da resistência. Em tal atitude de trabalho, as imagens do mundo objetivo aparecem como "símbolos para pontos de *agressão*"; a ação como dominação e a realidade *per se* como "resistência".[9] Scheler designa esse modo de pensamento como "conhecimento equipado para a domi-

---

[5] Gaston Bachelard, *L'Eau et les Rêves* (Paris: José Corti, 1942), p. 214.
[6] J. P. Sartre, *L'Etre et le Néant* (Paris: Gallimard, 1946), *passim*.
[7] *Die Wissensformen und die Gesellschaft* (Leipzig, 1926), p. 234-235.
[8] *Ibid.*, p. 298-299. Scheler. refere-se ao "herrschatswilliges Lebenwesen". ["Ser propenso ao domínio"(N.T.)]
[9] *Ibid.*, p. 459, 461.

nação e a realização" e vê nele o modo específico de conhecimento que guiou o desenvolvimento da civilização moderna.[10] Deu forma à noção predominante não só do ego, o sujeito pensante e atuante, mas também do seu mundo objetivo – a noção de ser como tal. Sejam quais forem as implicações da concepção grega original de *Logos* como a essência de ser, desde a canonização da lógica aristotélica o termo fundiu-se com a ideia de uma razão ordenadora, classificadora, dominadora. E essa ideia de razão tornou-se cada vez mais antagônica daquelas faculdades e atitudes que são mais receptivas do que produtivas, que tendem mais para a gratificação do que para a transcendência – as quais se conservam fortemente vinculadas ao princípio de prazer. Estas surgem como o irrazoável e irracional que deve ser conquistado e contido a fim de servir ao progresso da razão. A razão tem por finalidade garantir, através de uma transformação e exploração cada vez mais efetiva da natureza, a realização das potencialidades humanas. Mas, no processo, a finalidade parece recuar diante dos meios: o tempo dedicado ao trabalho alienado absorve o tempo para as necessidades individuais – e define as próprias necessidades. O *Logos* destaca-se como a lógica de dominação. Assim, quando a lógica reduz as unidades de pensamento a sinais e símbolos, as leis do pensamento convertem-se, finalmente, em técnicas de cálculo e manipulação.

Mas a lógica de dominação não triunfa sem discussões. A Filosofia que resume a relação antagônica entre sujeito e objeto também retém a imagem de sua reconciliação. O incansável trabalho do sujeito transcendente tem por remate a unidade final de sujeito e objeto: a ideia de "ser em si e para si", existente em sua própria realização. O *Logos* de gratificação contradiz o *Logos* de alienação; o esforço para harmonizar os dois anima a história interior da metafísica ocidental. Obteve sua formulação clássica na hierarquia aristotélica dos modos de ser, que culmina no *nous theos*: sua existência não é mais definida nem condicionada por nenhma outra coisa que não seja ele próprio, mas é inteiramente ele próprio em todos os estados e condições. A curva ascendente do devir é convertida no círculo que se move em si mesmo: passado, presente e futuro estão encerrados no círculo.

---

[10] *Die Formen des Wissens und die Bildung* (Bonn, 1925), pág. 33. A frase de Scheler é "Herrschafts und Leistungswissen". ["Conhecimento de dominação e realização". (N.T.)]

Segundo Aristóteles, esse modo de pensar está reservado aos deuses; e o movimento do pensar, o puro pensamento, é a sua única aproximação "empírica". Em tudo o mais, o mundo empírico não participa de tal realização; apenas um anseio, "semelhante a Eros", liga esse mundo com o seu fim em si. A concepção aristotélica não é religiosa como se o *nous theos* fosse uma *parte* do universo, não sendo, pois, seu criador nem seu senhor nem seu salvador, mas apenas um modo de ser em que toda a potencialidade é realidade concreta, em que o "projeto" de ser foi realizado.

A concepção aristotélica mantém-se viva em todas as transformações subsequentes. Quando, no final da Idade da Razão, com Hegel, o pensamento ocidental realizou a sua última e maior tentativa para demonstrar a validade de suas categorias e a dos princípios que governam o mundo, voltou a concluir com o *nous theos*. De novo a realização é relegada para a ideia absoluta e para o conhecimento absoluto. De novo o movimento circular põe fim ao processo penoso de transcendência destrutiva e produtiva. Agora, o círculo abrange o todo; toda a alienação é justificada e, ao mesmo tempo, cancelada no círculo universal de razão que é o mundo. Mas agora a Filosofia compreende a base histórica concreta sobre a qual o edifício da razão foi levantado.

A *Fenomenologia do Espírito* descobre a estrutura da razão como estrutura de dominação – e como a superação desta última. A razão desenvolve-se através da evolução do conhecimento de si mesmo do homem, que conquista o mundo histórico e natural e o converte em material de sua própria compreensão. Quando a mera consciência atinge o estágio de autoconsciência, revela-se a si mesma como *ego*, e o ego é, primeiro, *desejo*: só pode tornar-se cônscio de si mesmo através do satisfazer-se – por si mesmo e por um "outro". Mas tal satisfação envolve a "negação" do outro, pois o ego tem de provar a si mesmo que é, verdadeiramente, um "ser em si mesmo" *contra* toda a "alteridade".[11] E essa a noção do indivíduo que deve constantemente afirmar-se para ser real, o que se destaca contra o mundo como sua "negatividade", como *negação* de sua liberdade, pelo que só pode existir ganhando e testando incessantemente a sua existência *contra* algo ou alguém que a conteste. O ego deve-se tornar *livre*, mas se o mundo tem o caráter de "negatividade", então a liberdade do ego

---

[11] Isto e o que segue de acordo com a *Fenomenologia* (B, IV, A).

depende de ser "reconhecido" como soberano – e tal reconhecimento só pode ser proposto por um ego, outro sujeito autoconsciente. Os objetos não são vivos; a superação de sua resistência não pode satisfazer ou "testar" o poder do ego: "A autoconsciência só pode atingir sua satisfação noutra autoconsciência." A atitude agressiva em relação ao mundo-objeto, a dominação da natureza, visa, pois, em última instância, à dominação do homem pelo homem. E uma agressividade em relação a outros sujeitos: a satisfação do ego está condicionada pela sua "relação negativa" com outro ego:

> A relação de ambas as autoconsciências é, dessa maneira, constituída de modo tal que elas se demonstram a si mesmas e reciprocamente mediante uma luta de vida e morte... E somente pelo risco da vida a liberdade pode ser obtida ...[12]

A liberdade envolve o risco de vida, não porque envolva libertação da servidão, mas porque o próprio conteúdo da liberdade humana é definido pela mútua "relação negativa" com o outro. E como essa relação negativa afeta a totalidade da vida, a liberdade só pode ser "testada" arriscando a própria vida. Morte e angústia – não "como medo deste ou daquele elemento, não para este ou aquele momento de tempo", mas como medo pelo "ser total"[13] – são os termos essenciais da liberdade *e* satisfação humanas. Da estrutura negativa da autoconsciência resulta a relação de senhor e servo, de dominação e servidão. Essa relação é a consequência da natureza específica da autoconsciência e a consequência de sua atitude específica em relação ao outro (objeto e sujeito).

Mas a *Fenomenologia do Espírito* não seria a autointerpretação da civilização ocidental se nada mais fosse que o desenvolvimento da lógica de dominação. A *Fenomenologia do Espírito* leva à superação daquela forma de liberdade que deriva da relação antagônica com o outro. E o verdadeiro modo de liberdade não é a incessante atividade de conquista, mas o acabar repousando no conhecimento e gratificação transparentes do ser. O clima ontológico que prevalece, no final da *Fenomenologia*, é o próprio oposto da dinâmica prometeica:

---

[12] *The Philosophy of Hegel*, de Carl J. Friedrich (Nova York: Modern Library, 1953), p. 402.
[13] *Ibid.*, p. 407.

As feridas do espírito curam-se sem deixar cicatrizes; o feito não é imperecível; o espírito readmite-o em si mesmo, e o aspecto de particularidade (individualidade) nele presente... imediatamente desaparece.[14]

O conhecimento e reconhecimento mútuos ainda são o teste para a realidade da liberdade, mas os termos são, agora, os de perdão e reconciliação:

A palavra de reconciliação é o espírito (objetivamente) existente que apreende em seu oposto o puro conhecimento de si mesmo, enquanto essência universal... um reconhecimento mútuo que é Espírito Absoluto.[15]

Essas formulações ocorrem no lugar decisivo em que a análise de Hegel das manifestações do espírito atingiu a posição do "espírito autoconsciente", o "ser em si e para si mesmo". Nesse ponto, a "relação negativa com o outro" está, fundamentalmente, na existência do espírito como *nous*, transformado em produtividade, que é receptividade, em atividade que é realização. A apresentação por Hegel do seu sistema na *Enciclopédia das Ciências Filosóficas*, termina com a palavra "desfruta". A Filosofia da civilização ocidental culmina na ideia de que a verdade reside na negação do princípio que governa essa civilização – negação no duplo sentido de que a liberdade só se apresenta como real na ideia, e de que a incessante produtividade projetiva e transcendental do ser alcança a fruição na perpétua paz da receptividade autoconsciente.

A *Fenomenologia do Espírito* preserva inteiramente a tensão entre o conteúdo ontológico e o histórico: as manifestações do espírito *são* os principais estágios da civilização ocidental, mas essas manifestações históricas continuam sendo afetadas pela negatividade; o espírito só se afirma a si próprio em e como conhecimento absoluto. É, simultaneamente, a verdadeira forma de pensamento e a verdadeira forma de ser. O ser é, em sua própria essência, razão. Mas a suprema forma de razão é, para Hegel, quase o oposto da forma predominante: é realização atingida e mantida, a unidade transparente de sujeito e objeto, de universal e individual – uma unidade mais

---

[14] Hegel, *Fenomenologia do Espírito*, DD, VIII, 2.
[15] Hegel, *ibid*.

dinâmica do que estática em que todo o devir é uma livre autoexternalização (*Entäusserung*), libertação e "desfrute" de potencialidades. O trabalho da história acaba repousando na história: a alienação é cancelada e, com ela, a transcendência e o fluxo do tempo. O espírito "supera a sua forma temporal; nega o Tempo".[16] Mas o "fim" da história readquire o seu conteúdo: a força que realiza a conquista do tempo é a *relembrança*. O conhecimento absoluto, no qual o espírito alcança a verdade, é o espírito "entrando em si mesmo, pelo que abandona sua existência (alheia) e confia sua figura à recordação".[17] O ser já não é mais a penosa transcendência, rumo ao futuro, mas a pacífica recuperação do passado. A recordação, ou relembrança, que preservou tudo o que foi, é "o íntimo e, de fato, a forma superior da substância".[18]

O fato de a relembrança aqui aparecer como a categoria existencial decisiva para a forma suprema de ser indica-nos a tendência mais íntima da Filosofia de Hegel. Hegel substitui a ideia de progresso pela ideia de um desenvolvimento cíclico que se move, autossuficiente, na reprodução e consumação do que *é*. Esse desenvolvimento pressupõe toda a história do homem (seu mundo subjetivo e objetivo) e a compreensão de sua história – recordar ou *relembrar* o passado. Este mantém-se presente; constitui a própria vida do espírito; o que foi decide o que é. A liberdade implica reconciliação – a redenção do passado. Se o passado for simplesmente deixado para trás e esquecido, não haverá um termo final para a transgressão destrutiva. O progresso da transgressão deve, de algum modo, ser sustado. Hegel pensou que "as feridas do espírito se curam sem deixar cicatrizes". Acreditava que, no nível atingido de civilização, com o triunfo da razão, a liberdade se convertera numa realidade. Mas nem o Estado, nem a Sociedade, consubstanciam a forma suprema de liberdade. Por mais racionalmente que estejam organizados, a carência de liberdade ainda aflige ambos. A verdadeira liberdade

---

[16] "... *hebt seine Zeitform auf; tilgt die Zei.*" Ibid.
[17] "... *sein Insichgehen, in welchem er sein Dasein verlässt und seine Gestalt der Erinnerung übergibt.*" Ibid. Nenhuma tradução inglesa pode facultar a conotação do termo alemão que nos dá *Er-innerung* como "voltar-se para dentro", *retornar* da exteriorização. [A tradução literal do trecho hegeliano é a seguinte: "Porquanto a perfeição do espírito consiste em *saber* completamente o que *ele é*, sua substância, esse saber é *ir para dentro de si* (*erinnerung*), no que abandona aí seu ser e confia sua figura (Gestalt) à relembrança". (N.T.)]
[18] "... *das Innere und die in der Tat höhere Form der Substanz.*"

está só na ideia. Assim, a libertação é um evento espiritual. A dialética de Hegel mantém-se dentro do quadro fixado pelo princípio de realidade estabelecido. A Filosofia ocidental termina com a ideia com que começou. No princípio e no fim, em Aristóteles e em Hegel, o modo supremo de ser, a forma básica da razão e da liberdade, apresenta-se-nos como *nous*, espírito, *Geist*. No final e no princípio, o mundo empírico mantém-se na negatividade – substância e instrumento do espírito, ou de seus representantes terrenos. Na realidade, a relembrança e o conhecimento absoluto não redimem o que era e é. Entretanto, essa Filosofia dá testemunho não só do princípio de realidade que governa o mundo empírico, mas também da sua negação. A consumação do ser não é a curva ascendente, mas a conclusão do círculo: o *retornar* da alienação. A Filosofia só poderia conceber semelhante estado como o do puro pensamento. Entre o princípio e o fim está o desenvolvimento da razão como lógica da dominação – o progresso pela alienação. A libertação do reprimido é sustada – na ideia e no ideal.

Depois de Hegel, exauriu-se a principal corrente da Filosofia ocidental. O *Logos* da dominação construiu seu sistema, e o que segue é o epílogo: a Filosofia sobrevive como função especial (e não muito vital) no estabelecimento acadêmico. Os novos princípios do pensamento desenvolvem-se fora do estabelecimento: qualitativamente, são novos, de um modo insólito, e estão vinculados a uma forma diferente da razão, a um diferente princípio de realidade. Em termos metafísicos, a mudança expressa-se pelo fato de a essência do ser já não se conceber como *Logos*. E, com essa mudança na experiência básica de ser, a lógica de dominação é desafiada. Quando Schopenhauer define a essência do ser como *vontade*, expõe uma carência e agressão insaciáveis que devem ser redimidas a todo o custo. Para Schopenhauer, só são redimíveis em sua negação absoluta; a própria vontade deve ficar em repouso – *para um* fim. Mas o ideal de Nirvana contém a afirmação: o fim é a realização, a gratificação. Nirvana é a imagem do princípio de prazer. Como tal emerge, ainda numa forma repressiva, nos dramas musicais de Richard Wagner: repressiva porque (como em qualquer boa teologia e moralidade) a realização exige aqui o sacrifício da felicidade terrena. Tem sido dito que o próprio *principium individuationis* está deficiente: a realização está simplesmente além de seu domínio; o mais orgástico *Liebestod* ainda celebra a mais orgástica renúncia.

Somente a Filosofia de Nietzsche sobreleva a tradição ontológica, mas a sua denúncia do *Logos* como repressão e perversão da vontade de domínio é tão sumamente ambígua que, muitas vezes, tem impedido a compreensão. Primeiro, a própria denúncia é ambígua. Historicamente, *Logos* de dominação liberta mais do que reprime a vontade de domínio; a *direção* dessa vontade é que era repressiva – no sentido da renúncia produtiva que fez os homens escravos de seu trabalho e inimigos de sua própria gratificação. Além disso, a vontade de domínio não é a última palavra de Nietzsche: "Vontade! ... Assim se chama o libertador e o mensageiro da alegria: eis o que vos ensino, meus amigos. Mas aprendei também isto: a própria Vontade é ainda escrava. O Querer liberta; mas como se chama o que aprisiona o libertador?"[19] A vontade ainda é prisioneira porque não tem poder sobre o tempo: o passado não só permanece por libertar, mas, prisioneiro, continua impedindo toda a libertação. A menos que o poder do tempo sobre a vida se desfaça e rompa, não poderá haver liberdade: o fato de o tempo não "voltar atrás" alimenta a ferida da má consciência; sustenta a vingança e a necessidade de punição, as quais, por seu turno, perpetuam o passado e a angústia da morte. Com o triunfo da moralidade cristã, os instintos vitais foram pervertidos e restringidos; a má consciência foi ligada a uma "culpa contra Deus". Nos instintos humanos implantaram-se a "hostilidade, a rebelião, a insurreição contra o 'mestre', o 'pai', o ancestral e a origem primordiais do mundo".[20] A pressão e a privação foram, pois, justificadas e afirmadas; converteram-se nas forças dominantes e agressivas que determinavam a existência humana. Com a sua crescente utilização social, o progresso tornou-se, necessariamente, uma repressão progressiva. Nesse caminho não existe alternativa; e nenhuma liberdade espiritual e transcendente pode compensar os alicerces repressivos da cultura. As "feridas do espírito", se acaso se curam, deixam cicatrizes, de fato. O passado torna-se senhor do presente e a vida um tributo à morte:

> E assim se acumulou no espírito uma nuvem após outra, até que a loucura proclamou:
> – Tudo passa: por conseguinte, tudo merece passar!

---

[19] *Assim Falou Zaratustra*, Parte II, "Da Redenção", Brasil Editora S.A., 6ª edição revista, 1965, trad. J. M. de Souza, p. 116.
[20] *A Genealogia da Moral*, Seção II: 22.

E aquela lei que diz que o tempo deve devorar os seus próprios filhos é a mesma justiça. Assim proclamou a loucura.[21]

Nietzsche expõe a gigantesca falácia sobre a qual se edificaram a Filosofia e a moralidade ocidentais: a transformação de fatos em essências, de condições históricas em metafísicas. A fraqueza e desalento do homem, a desigualdade de poder e riqueza, a injustiça e o sofrimento, tudo foi atribuído a um crime e culpa transcendentes; a rebelião passou a chamar-se pecado original, desobediência a Deus; e a luta pela gratificação tornou-se concupiscência. Além disso, toda essa série de falácias culminou na deificação do tempo; porque tudo passa no mundo empírico, o homem é, em sua mesma essência, um ser finito; e a morte é a própria essência da vida. Somente os valores superiores são eternos e, portanto, *realmente* reais: o homem íntimo, a fé e o amor que não solicita nem deseja. A tentativa de Nietzsche de desvendar as raízes históricas dessas transformações elucida sua dupla função: pacificar, compensar e justificar a existência dos subprivilegiados na Terra, e proteger aqueles que os tornaram subprivilegiados. Tal feito avolumou-se no decorrer do tempo, como a bola de neve que rola na montanha, e acabou por envolver senhores e escravos, governantes e governados, naquele surto de repressão produtiva que projetou a civilização ocidental para níveis cada vez mais altos de eficácia. Contudo, a crescente eficácia envolvia uma crescente degeneração dos instintos vitais – o declínio do homem.

A crítica de Nietzsche distingue-se de toda a Psicologia social acadêmica pela posição a partir da qual a empreende: Nietzsche fala em nome de um princípio de realidade fundamentalmente antagônica do da civilização ocidental. A forma tradicional da razão é rejeitada na base da experiência do ser como fim em si – como gozo (*Lust*) e fruição. A luta contra o tempo desencadeia-se a partir dessa posição: a tirania do devir sobre o ser deve ser quebrada, se o homem quiser tornar-se ele mesmo num mundo que seja realmente seu. Enquanto existir o incompreendido e inconquistado fluxo do tempo uma perda sem sentido, o doloroso "era" que nunca mais voltará a ser – o ser conterá a semente de destruição que perverte o bem em mal e *vice-versa*. O homem só se torna ele mesmo quando a transcendência for conquistada – quando a eternidade se tornar presente no aqui

---

[21] *Assim Falou Zaratustra*, loc. cit.

e agora. A concepção de Nietzsche termina com a visão do círculo fechado – não progresso, mas "eterno retorno":

> Tudo passa, tudo retorna; a roda da existência gira eternamente. Tudo morre; tudo torna a florescer; correm eternamente as estações da existência. Tudo se destrói, tudo se reconstrói, eternamente se edifica a mesma casa da existência. Tudo se separa, tudo se saúda outra vez. O anel da existência conservou-se eternamente fiel a si mesmo. A todo instante a existência principia; em torno de cada *aqui*, gira a esfera *acolá*. O centro está em toda parte. Tortuosa é a senda da eternidade.[22]

O anel, o círculo fechado, já nos apareceu antes: em Aristóteles e Hegel, como o símbolo do ser como fim em si mesmo. Mas, enquanto Aristóteles o reservava para o *nous theos* e Hegel o identificava com a ideia absoluta, Nietzsche considera-o o eterno retorno do finito exatamente como é em sua plena concretização e finitude. Isso é a afirmação total dos instintos vitais, repelindo toda a evasão e negação. O eterno retorno é a vontade e visão de uma atitude *erótica* em relação ao ser, na qual a necessidade e a realização coincidem.

> Escudo da necessidade!
> Apogeu do Ser!
> Não atingido por desejo algum
> nem maculado por algum Não,
> eterno Sim do Ser:
> Eu te proclamo eternamente,
> porque te amo, eternidade![23]

A eternidade, desde há muito tempo a consolação suprema de uma existência alienada, converter-se-á num instrumento de repressão em virtude de ter sido relegada para um mundo transcendental – recompensa irreal para o sofrimento real. Aqui, a eternidade é reclamada para a Terra justa – como o eterno retorno de seus filhos, dos lírios e das rosas, do sol nas montanhas e lagos, do amante e do amado, do receio por suas vidas, de dor e de felicidade. A morte *é*;

---

[22] *Assim Falou Zaratustra*, ibid., p. 181 ("O Convalescente").
[23] "Ruhm und Ewigkeit", em *Werke* (Leipzig: Alfred Kroner, 1919), VIII, 436.

sua conquista só se efetuará se for seguida pelo renascimento de tudo o que antes foi morto aqui na terra – não como simples repetição, mas como recriação da vontade. Assim, o eterno retorno inclui o retorno do sofrimento, mas sofrimento como um meio para maior gratificação, para o engrandecimento da alegria e do prazer.[24] O horror à dor deriva do "instinto de fraqueza", do fato de a dor oprimir e tornar-se final e fatal. O sofrimento pode ser afirmado se "o poder do homem é suficientemente forte"[25] para fazer da dor um estímulo para afirmações – um elo na cadeia de prazer. A doutrina do eterno retorno obtém todo o seu significado da proposição central de que "o prazer quer eternidade" – quer que ele próprio e todas as coisas sejam perenes.

A Filosofia de Nietzsche contém elementos suficientes do terrível passado: a sua celebração da dor e do poder perpetua as características da moralidade que ele se esforça por superar. Contudo, a imagem de um novo princípio de realidade quebra o contexto repressivo e preconiza a emancipação da herança arcaica. "A Terra é há muito tempo um manicômio."[26] Para Nietzsche, a libertação depende da reversão do sentimento de culpa; a humanidade tem de acabar associando a má consciência, não com a afirmação, mas com a negação dos instintos vitais, não com a rebelião, mas com a aceitação dos ideais repressivos.[27]

Sugerimos certos pontos nodais no desenvolvimento da Filosofia ocidental que revelam as limitações históricas do seu sistema de razão – e o esforço para ultrapassar esse sistema. A luta aparece no antagonismo entre devir e ser, entre a curva ascendente e o círculo fechado, entre o progresso e o eterno retorno, a transcendência e o repouso na plena realização.[28] É a luta entre a lógica da dominação e a vontade de gratificação. Ambas proclamam suas reivindicações quanto a uma definição do princípio de realidade. A ontologia tra-

---

[24] *Ibid.*, XIV, 301.
[25] *Ibid.*, p. 295.
[26] *A Genealogia da Moral,* Seção II, 22.
[27] *Ibid.*, 24.
[28] As duas concepções antagônicas de tempo aqui esboçadas são examinadas por Mircea Eliade, em seu livro *The Myth of The Eternal Return* (Londres: Routledge & Kegan Paul, 1955). Ele traça o contraste entre a noção "cíclica" de tempo e a "linear", sendo a primeira característica das civilizações "tradicionais" (predominantemente primitivas), a segunda do "homem moderno".

dicional é contestada; contra a concepção do ser em termos de *Logos* ergue-se a concepção do ser em termos alógicos: vontade e prazer. Essa contratendência esforça-se por formular seu próprio *Logos*: a lógica da gratificação.

Nas suas posições mais avançadas, a teoria de Freud compartilha dessa dinâmica filosófica. A sua metapsicologia, tentando definir a essência do ser, define-o como Eros – em contraste com a sua definição tradicional como *Logos*. O instinto de morte afirma o princípio de não ser (a negação de ser) contra Eros (o princípio essente). A fusão ubíqua dos dois princípios na concepção de Freud corresponde à tradicional fusão metafísica de ser e não ser. Certo, a concepção freudiana de Eros refere-se apenas à vida orgânica. Contudo, a matéria inorgânica está, como "finalidade" do instinto de morte, tão inerentemente vinculada à matéria orgânica que (como acima sugerimos) nos parece viável conferir à sua concepção um significado ontológico geral. Ser é, essencialmente, lutar pelo prazer. Essa luta converte-se num "anseio" da existência humana: o impulso erótico para combinar a substância viva em unidades cada vez maiores e mais duradouras constitui a fonte instintiva da civilização. Os instintos sexuais são instintos *de vida*: o impulso para preservar e enriquecer a vida mediante o domínio da natureza, de acordo com as crescentes necessidades vitais, é originalmente um impulso erótico. O *Ananke* é experimentado como uma barreira contra a satisfação dos instintos de vida, que buscam prazer, não segurança. E a "luta pela existência" é, originalmente, uma luta pelo prazer; a cultura tem início com o preenchimento coletivo desse anseio. Mais tarde, porém, a luta pela existência foi organizada no interesse da dominação; a base erótica da cultura transformou-se. Quando a Filosofia concebeu a essência do ser como *Logos*, é já o *Logos* da dominação – imperativo, dominador, orientando a razão, à qual o homem e a natureza têm de estar sujeitos.

A interpretação freudiana do ser, em termos de Eros, retoma o estágio inicial da Filosofia de Platão, que concebeu a cultura não como uma sublimação repressiva, mas como um livre autodesenvolvimento de Eros. Já em Platão essa concepção aparece como um resíduo mito arcaico. Eros é ser absorvido no *Logos*, e *Logos* é razão que subjuga os instintos. A história da ontologia reflete o princípio de realidade que governa o mundo cada vez mais exclusivamente; as visões contidas na noção metafísica de Eros foram soterradas. Sobreviveram, em distorção escatológica, em muitos movimentos heréticos e na Filosofia hedonista. Sua história ainda tem de ser escrita tal como a história da transformação de Eros em Ágape.[29] A própria teoria de Freud acompanha a tendência geral: em sua obra, a racionalidade do princípio de realidade predominante supera as especulações metafísicas sobre Eros.

Tentaremos agora retomar o conteúdo pleno das suas especulações.

---

[29] Veja Anders Nygren, *Agape and Eros* (Filadélfia: Westminster Press, 1953).

Parte II

Para Além do Princípio de Realidade

Quanto tempo tem sido desperdiçado durante o destino do homem, na luta para decidir como será o próximo mundo do homem! Quanto mais intenso o esforço para descobrir, tanto menos sabemos sobre o mundo presente em que vivemos. Aquele mundo encantador que conhecemos, em que vivemos, que nos deu tudo o que tinha, é aquele que, segundo os pregadores e os prelados, deve estar menos em nossos pensamentos. O homem foi recomendado, ordenado, desde o dia em que nasceu, a dizer-lhe adeus. Oh, já chega que se abuse assim desta agradável terra! Não é uma triste verdade que ela seja o nosso lar. Não nos desse ela mais do que um simples abrigo, simples vestuário, simples alimento, adicionando-se o lírio e a rosa, a maçã e a pera, e seria um lar adequado para o homem mortal ou imortal.

SEAN O'CASEY, *Sunset and Evening Star*

6

Os Limites Históricos do Princípio de Realidade Estabelecido

A análise precedente tentou identificar certas tendências básicas na estrutura instintiva da civilização e, particularmente, definir o princípio de realidade específico que governou o progresso da civilização ocidental. Designamos esse princípio de realidade como o princípio de desempenho; e tentamos mostrar que a dominação e alienação, derivadas da organização social predominante do trabalho, determinaram em grande medida as exigências impostas aos instintos por esse princípio de realidade. Suscitou-se a questão de saber se o domínio contínuo do princípio de desempenho como *o* princípio de realidade deve ser tomado como ponto pacífico (pelo que a tendência da civilização deve ser encarada à luz do mesmo princípio), ou se o princípio de desempenho terá criado, talvez, as precondições necessárias para um princípio de realidade qualitativamente diferente e não repressivo. Essa questão impôs-se por si própria quando confrontamos a teoria psicanalítica do homem com algumas tendências históricas básicas:

1) O próprio progresso da civilização, sob o princípio de desempenho, atingiu um nível de produtividade em que as exigências sociais à energia instintiva a ser consumida em trabalho alienado poderiam ser consideravelmente reduzidas. Por consequência, a con-

tínua organização repressiva dos instintos parece ser menos necessitada pela "luta pela existência" do que pelo interesse em prolongar essa luta, isto é, pelo interesse em dominar.

2) A Filosofia representativa da civilização ocidental desenvolveu um conceito de razão que contém as características dominantes do princípio de desempenho. Contudo, a mesma Filosofia termina na visão de uma forma superior de razão que é a própria negação dessas características – nomeadamente, receptividade, contemplação, fruição do prazer. Subentendida na definição do sujeito em termos de uma atividade cada vez mais transcendente e produtiva do ego, está a imagem da redenção do ego: o momento em que venha a repousar de toda a transcendência, num modo de ser que absorveu todo o devir, que está para si mesmo e consigo mesmo em toda alteridade.

O problema do caráter e limitação históricos do princípio de desempenho é de uma importância decisiva para a teoria de Freud. Já vimos que ele identifica, praticamente, o princípio de realidade estabelecido (isto é, o princípio de desempenho) com o princípio de realidade tal. Por consequência, a sua dialética da civilização perderia a finalidade se o princípio de desempenho se revelasse apenas como uma forma histórica específica do princípio de realidade. Além disso, como Freud também identifica o caráter histórico dos instintos com a sua "natureza", a relatividade do princípio de desempenho influiria até na sua concepção básica da dinâmica instintiva entre Eros e Thanatos: suas relações e o respectivo desenvolvimento seriam diferentes, sob um diferente princípio de realidade. Inversamente, a teoria freudiana do instinto fornece um dos mais poderosos argumentos *contra* o caráter relativo (histórico) do princípio de realidade. Se a sexualidade é, em sua própria essência, antissocial e associal, e se a destrutividade é a manifestação de um instinto primário, então a ideia de um princípio de realidade não repressivo não passaria de especulação ociosa.

A teoria do instinto, de Freud, indica-nos a direção em que o problema deve ser examinado. O princípio de desempenho impõe uma organização repressiva e integrada da sexualidade e do instinto de destruição. Portanto, se o processo histórico propender para tornar obsoletas as instituições do princípio de desempenho, tenderá também para tornar obsoleta a organização dos instintos – isto é, para libertar os instintos das restrições e desvios requeridos pelo princípio de desempenho. Isso implicaria a possibilidade real de uma eliminação gradual da mais-repressão, pelo que uma crescente área de destrutividade poderia ser então absorvida ou neutralizada pela libido assim fortalecida. Evidentemente, a teoria de Freud impede a construção de qualquer utopia psicanalítica. Se aceitarmos a sua teoria e continuarmos sustentando que existe substância histórica na ideia de uma civilização não repressiva, então deveria ser derivável da própria teoria freudiana do instinto. Os seus conceitos devem ser reexaminados, pois, para descobrirmos se contêm ou não elementos que requeiram uma reinterpretação. Esse critério seria paralelo ao que se usou na precedente análise sociológica. Nessa, fez-se a tentativa de "interpretar" a ossificação do princípio de desempenho, partindo das condições históricas que o mesmo criou; agora, tentaremos "interpretar", a partir das vicissitudes históricas dos instintos, a possibilidade de seu desenvolvimento não repressivo. Tal critério implica uma crítica do princípio de realidade estabelecido, em nome do princípio de prazer – uma reavaliação da relação antagônica que prevaleceu entre as duas dimensões da existência humana.

Freud mantém que é inevitável um conflito essencial entre os dois princípios; contudo, na elaboração da sua teoria, essa inevitabilidade parece não estar isenta de dúvidas. O conflito, na forma que adquire na civilização, considera-se causado e perpetuado pelo domínio de *Ananke, Lebensnot*, a luta pela existência. (O último estágio da teoria do instinto, com os conceitos de Eros e instinto de morte, não anula essa tese: *Lebensnot* surge agora como a carência e deficiência inerentes à própria vida orgânica.) A luta pela existência necessita da modificação repressiva dos instintos, principalmente por causa da falta de meios e recursos suficientes para a gratificação integral, sem dor nem esforço, das necessidades instintivas. Sendo isso verdade, a organização repressiva dos instintos, na luta pela existência, seria devida a fatores *exógenos* – exógenos no sentido de que não são inerentes à "natureza" dos instintos e emergem, outrossim, das condições históricas específicas em que os instintos se desenvolvem. Segundo Freud, essa distinção não tem nenhum significado; porquanto os instintos são, em si mesmos, "históricos";[1] não existe estrutura instintiva "fora" da estrutura histórica. Contudo, isso não elimina a necessidade de se fazer a distinção – exceto o fato de que

---
[1] Veja, por exemplo, *Beyond the Pleasure Principle* (Nova York: Liveright Publishing Corp., 1950), p. 47, 49.

deve ser feita *dentro* da própria estrutura histórica. A última parece estar estratificada em dois níveis: *a)* o nível filogenético-biológico, o desenvolvimento do homem animal na luta com a natureza; e *b)* o nível sociológico, o desenvolvimento dos indivíduos e grupos civilizados na luta entre eles e com o respectivo meio. Os dois níveis estão em constante e inseparável interação, mas os fatores gerados no segundo nível são exógenos para os do primeiro e têm, portanto, um peso e validade diferentes (embora, no curso do desenvolvimento, possam "afundar" no primeiro nível); são mais relativos; podem mudar mais depressa e sem fazer perigar ou inverter o desenvolvimento do gênero. Essa diferença na origem da modificação instintiva sublinha a distinção que introduzimos entre repressão e mais-repressão;[2] esta última tem sua origem e é mantida no nível sociológico.

Freud está perfeitamente cônscio do elemento histórico na estrutura instintiva do homem. Ao examinar a religião como uma forma histórica específica de "ilusão", aduz contra ele próprio o argumento: "Como os homens são tão pouco acessíveis aos argumentos razoáveis, pois que tão completamente se encontram dominados pelos desejos instintivos, por que motivo vai querer tirar-se-lhes um meio de satisfação dos seus instintos, substituindo-o por argumentos razoáveis?" E responde: "Certamente os homens assim são, mas já se fez porventura a pergunta sobre se eles tinham alguma necessidade de assim ser, se a sua natureza íntima o necessitava?"[3] Contudo, na sua teoria de instintos, Freud não extrai nenhumas conclusões fundamentais, a partir da distinção histórica, atribuindo a ambos os níveis uma validade geral e igual. Para a sua metapsicologia não constitui fator decisivo se as inibições são impostas pela escassez ou pela *distribuição* hierárquica da escassez, pela luta pela existência ou pelo interesse na dominação. E, com efeito, os dois fatores – o filogenético-biológico e o sociológico – cresceram juntos na história documentada da civilização. Mas a sua união desde há muito se tornou "inatural" – e o mesmo aconteceu à "modificação" opressiva do princípio de prazer pelo princípio de realidade. A sistemática negação, por Freud, da possibilidade de uma libertação essencial do primeiro implica o pressuposto de que a escassez é tão permanente quanto a dominação – uma hipótese que nos parece discutível.

---
[2] Veja p. 52-53.
[3] *The Future of an Illusion* (Nova York: Liveright Publishing Corp., 1949), p. 81.

Em virtude desse pressuposto, um fato estranho obtém a dignidade teórica de um elemento inerente à vida mental, inerente mesmo aos instintos primários. À luz da tendência da civilização, vista numa longa perspectiva, e à luz da própria interpretação freudiana do desenvolvimento dos instintos, esse pressuposto deve ser discutível. A possibilidade histórica de um descontrole gradual do desenvolvimento instintivo deve ser tomada seriamente em consideração, talvez mesmo a sua *necessidade* histórica – se acaso a civilização tem de progredir para um estágio superior de liberdade.

Para extrapolar a hipótese de uma civilização não repressiva a partir da teoria freudiana dos instintos, temos de reexaminar o seu conceito de instintos primários, seus objetivos e inter-relação. Nessa concepção, é principalmente o instinto de morte que parece desafiar qualquer hipótese de uma civilização não repressiva; a própria existência de tal instinto parece engendrar "automaticamente" toda a rede de restrições e controles instituída pela civilização; a destrutividade inata deve provocar a perpétua repressão. Portanto, o nosso reexame deve começar com a análise freudiana do instinto de morte.

Vimos que, na teoria final dos instintos, de Freud, a "compulsão inerente à vida orgânica para restaurar um estado anterior de coisas, que a entidade vivente foi obrigada a abandonar sob a pressão de forças perturbadoras externas",[4] é comum a ambos os instintos primários: Eros e o instinto de morte. Freud considera essa tendência retrogressiva uma expressão da "inércia" na vida orgânica e aventa a seguinte hipótese explicativa: no tempo em que a vida se originou na matéria inanimada, desenvolveu-se uma forte "tensão", que o jovem organismo procurou aliviar pelo retorno à condição inanimada.[5] No estágio inicial da vida orgânica, o caminho para o estado prévio de existência inorgânica era, provavelmente, muito curto e a morte muito fácil; mas, gradualmente, as "influências externas" alongaram esse caminho e compeliram o organismo a fazer cada vez mais compridos e mais complicados "trajetos para a morte". Quanto mais longos e complicados eram esses "trajetos", tanto mais diferenciado e poderoso o organismo se tornava; finalmente, conquistou o globo como seu domínio. Todavia, a meta original dos instintos mantém-se: retorno à vida orgânica, à matéria "morta". Precisamen-

---

[4] *Beyond the Pleasure Principle*, p. 47.
[5] *Ibid.*, p. 50.

te nesse ponto, ao desenvolver a sua hipótese de mais profundo alcance, Freud repetidamente afirma que o desenvolvimento instintivo primário foi determinado por fatores exógenos: o organismo foi forçado a abandonar o anterior estado de coisas, "sob a pressão de perturbadoras forças *externas*"; os fenômenos da vida orgânica devem ser "atribuídos a influências perturbadoras e diversionistas *externas*"; decisivas "influências *externas* provocaram alterações de tal ordem que obrigaram a substância ainda sobrevivente a divergir ainda mais profundamente do seu curso original de vida".[6] Se o organismo morre "por questões *internas*",[7] então o trajeto para a morte deve ter sido causado por fatores externos. Freud supõe que se devem buscar esses fatores na "história da Terra em que vivemos é em suas relações com o sol".[8] Contudo, o desenvolvimento do homem animal não permanece encerrado na história geológica; o homem torna-se, na base da história natural, o sujeito e o objeto de sua própria história. Se, originalmente, a diferença real entre o instinto de vida e o instinto de morte era muito pequena, na história do homem animal desenvolve-se até passar a constituir uma característica essencial do próprio processo histórico.

O diagrama da página oposta poderá ilustrar a construção freudiana da dinâmica instintiva básica.

O diagrama delineia uma sequência histórica desde o princípio da vida orgânica (estágios 2 e 3), através do estágio formativo dos dois instintos primários (5), até o seu desenvolvimento "modificado" como instintos humanos em civilização (6-7). Os pontos culminantes são os estágios 3 e 6. Ambos são causados por fatores exógenos, em virtude dos quais tanto a formação definitiva como a subsequente dinâmica dos instintos se tornaram "historicamente adquiridas". No estágio 3, o fator exógeno é a "tensão não aliviada", gerada pelo nascimento da vida orgânica; a "experiência" de que a vida é menos "satisfatória", mais penosa, do que o estágio anterior, gera o instinto de morte como impulso para aliviar essa tensão por meio da regressão. Assim, a ação do instinto de morte aparece como resultado do trauma da frustração primária: carência e dor, causadas nesse caso por um evento geológico-biológico.

---

[6] *Ibid.*, p. 47, 49, 50. O grifo foi acrescentado.
[7] *Ibid.*, p. 50.
[8] *Ibid.*, p. 49.

Os Limites Históricos do Princípio de Realidade Estabelecido | 105

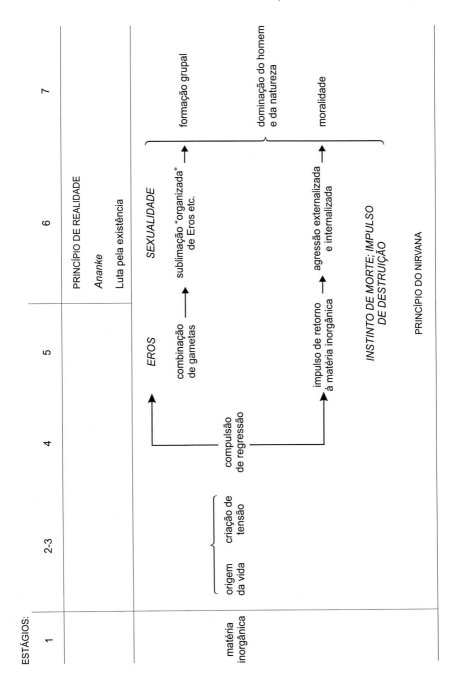

Contudo, o outro momento culminante já não é geobiológico: ocorre no limiar da civilização. O fator aqui é *Ananke*, a luta consciente pela existência. Impõe os controles repressivos dos instintos sexuais (primeiro, através da violência brutal do pai primordial; depois, através da institucionalização e da internalização), assim como a transformação do instinto de morte em agressão e moralidade socialmente úteis. Essa organização dos instintos (realmente, um longo processo) cria a divisão civilizada do trabalho, o progresso, a "lei e a ordem"; mas também deflagra a cadeia de eventos que conduz ao progressivo enfraquecimento de Eros e, por conseguinte, ao desenvolvimento da agressividade e do sentimento de culpa. Vimos que esse desenvolvimento não é "inerente" à luta pela existência, mas tão somente à sua organização opressiva; e que, no presente estágio, a conquista possível da carência torna essa luta ainda mais irracional.

Mas não existirão, nos próprios instintos, forças associais que necessitam de uma coação repressiva, independentemente da escassez ou abundância no mundo externo? Uma vez mais, recordamos a afirmação de Freud de que a natureza dos instintos é "historicamente adquirida". Portanto, essa natureza está sujeita a mudanças, se as condições fundamentais que foram a causa dos instintos adquirirem tal natureza tiverem também mudado. É certo que essas condições ainda são as mesmas, na medida em que a luta pela existência ainda se desenrola dentro do quadro da escassez e dominação. Mas tendem a tornar-se obsoletas e "artificiais", em virtude da possibilidade real de sua eliminação. A medida em que a *base* da civilização mudou (embora o seu *princípio* tenha sido conservado) pode ser ilustrada pelo fato de que a diferença entre os primórdios da civilização e o seu presente estágio parece infinitamente maior do que a diferença entre os primórdios da civilização e o seu estágio antecedente, quando a "natureza" dos instintos foi adquirida. Sem dúvida, a mudança nas condições da civilização só afetaria diretamente os instintos humanos já formados (os instintos de sexo e agressão). Nas condições biológico-geológicas que Freud pressupôs para a substância viva como tal, nenhuma mudança pode ser considerada; o nascimento da vida continua a ser um trauma e, assim, o reino do princípio do Nirvana parece ser inabalável. Contudo, os derivativos do instinto de morte só operam em fusão com os instintos do sexo; enquanto a vida evolui, os primeiros mantêm-se subordinados aos últimos; o destino do *destrudo* (a "energia" dos instintos de destruição) depende do destino da libido. Por consequência, uma mudança qualitativa no desenvolvimento da sexualidade deve alterar, necessariamente, as manifestações do instinto de morte.

Assim, a hipótese de uma civilização não repressiva tem de ser teoricamente validada, primeiro, demonstrando-se a possibilidade de um desenvolvimento não repressivo da libido, nas condições de civilização amadurecida. A direção de tal desenvolvimento é indicada por aquelas forças mentais que, de acordo com Freud, conservam-se essencialmente livres do princípio de realidade e transmitem essa liberdade ao mundo de consciência madura. O reexame dessas forças deve ser o nosso próximo passo.

7

Fantasia e Utopia

Na teoria de Freud, as forças mentais opostas ao princípio de realidade manifestam-se, principalmente, relegadas para o inconsciente e operando a partir do mesmo. O domínio do princípio de prazer "não modificado" prevalece unicamente nos mais profundos e mais "arcaicos" processos inconscientes; eles não podem fornecer padrões para a construção da mentalidade não repressiva, nem para o valor de verdade de tal construção. Mas Freud destaca a fantasia como uma atividade mental que retém um elevado grau de liberdade, em relação ao princípio de liberdade, mesmo na esfera da consciência desenvolvida. Recordamos a sua descrição em "Two Principles of Mental Functioning".

Com a introdução do princípio de realidade, um modo de atividade do pensamento cindiu-se e manteve-se livre do critério de realidade, continuando subordinado exclusivamente ao princípio de prazer. É o ato de *elaboração da fantasia (das Phantasieren* = a fantasiação), que começa logo com os brinquedos infantis e, mais tarde, prossegue como *divagação* e abandona sua dependência dos objetos reais.[1]

---
[1] *Collected Papers* (Londres: Hogarth Press, 1950), IV, 16-17. Veja p. 35-36, acima.

A fantasia desempenha uma função das mais decisivas na estrutura mental total: liga as mais profundas camadas do inconsciente aos mais elevados produtos da consciência (arte), o sonho com a realidade; preserva os arquétipos do gênero, as perpétuas, mas reprimidas ideias da memória coletiva e individual, as imagens tabus da liberdade. Freud estabelece uma conexão dupla, "entre os instintos sexuais e a fantasia", de uma parte, e "entre os instintos do ego e as atividades da consciência", de outra parte. Essa dicotomia é insustentável, não só tendo em vista a ulterior formulação da teoria do instinto (que abandona os instintos independentes do ego), mas também por causa da incorporação da fantasia na consciência artística (e até na normal). Contudo, a afinidade entre a fantasia e a sexualidade continua sendo decisiva para a função da primeira.

O reconhecimento da fantasia (imaginação) como processo de pensamento, com suas próprias leis e valores de verdade, não era novidade na Psicologia e Filosofia; a contribuição original de Freud reside na tentativa de demonstrar a gênese desse modo de pensamento e sua conexão essencial com o princípio de prazer. O estabelecimento do princípio de prazer causa uma divisão e mutilação da mente, determinando fatalmente todo o seu desenvolvimento. O processo mental, anteriormente unificado no ego do prazer, está agora cindido; sua principal corrente é canalizada para o domínio do princípio de realidade e colocada em linha com os requisitos do mesmo. Assim condicionada, essa parte da mente obtém o monopólio da interpretação, alteração e manipulação da realidade, do controle da recordação e do esquecimento, até da definição do que é realidade e como deve ser usada ou alterada. A outra parte do aparelho mental continua livre do controle do princípio de realidade – pelo preço de tornar-se impotente, inconsequente e irrealista. Enquanto o ego era anteriormente guiado e conduzido pela *totalidade* da sua energia mental, agora é orientado unicamente por aquela parte que se conforma ao princípio de realidade. Somente essa parte pode fixar os objetivos, normas e valores do "ego; como *razão*, torna-se o repositório único do julgamento, verdade, racionalidade; decide o que é útil e inútil, bom e mau.[2] A *fantasia*, como proces-

---
[2] A *razão*, neste sentido, não é idêntica à *faculdade racional* (intelecto) da Psicologia teórica tradicional. O termo, neste caso, designa aquela parte da mente que é colocada sob o controle do princípio de realidade e inclui a parte organizada das faculdades "vegetativas", "sensitivas" e "apetitivas".

so mental separado, nasce e, simultaneamente, é abandonada pela organização do ego do prazer no ego da realidade. A razão prevalece; torna-se desagradável, mas útil e correta; a fantasia permanece agradável, mas torna-se inútil, inverídica – um mero jogo, divagação. Como tal, continua falando a linguagem do princípio de prazer, da liberdade de repressão, do desejo e gratificação desinibidos – mas a realidade procede de acordo com as leis da razão, não mais vinculada à linguagem do sonho.

Contudo, a fantasia (imaginação) retém a estrutura e as tendências da psique anteriores à sua organização pela realidade, anteriores à sua conversão num "indivíduo", em contraste com outros indivíduos. E do mesmo modo, tal como o id a que se mantém vinculada, a imaginação preserva a "memória" do passado sub-histórico, quando a vida do indivíduo era a vida do gênero, a imagem da unidade imediata entre o universal e o particular, sob o domínio do princípio de prazer. Em contraste, toda a história subsequente do homem é caracterizada pela destruição da sua unidade original: a posição do ego, "em sua capacidade de organismo individual independente", entra em conflito "consigo mesmo em sua outra capacidade, isto é, como membro de uma série de gerações".[3] O gênero vive agora no conflito consciente e sempre renovado entre os indivíduos e entre estes e o seu mundo. O progresso, sob o princípio de desempenho, desenrola-se através desses conflitos. O *principium individuationis*, tal como implementado por esse princípio de realidade, dá origem à utilização repressiva dos instintos primários, que continuam lutando, cada um a seu próprio modo, por anular o *principium individuationis*, enquanto se veem constantemente desviados de seus objetivos pelo próprio progresso que a energia deles sustenta. Nesse esforço, ambos os instintos são subjugados. No e contra o mundo do antagônico *principium individuationis*, a imaginação sustenta a reivindicação do indivíduo total, em união com o gênero e com o passado "arcaico".

Nesse ponto, a metapsicologia de Freud reinveste a imaginação dos seus direitos. Como processo mental independente e fundamental, a fantasia tem um valor próprio e autêntico, que corresponde a uma experiência própria – nomeadamente, a de superar a antagônica realidade humana. A imaginação visiona a reconciliação do

---

[3] *A General Introduction to Psychoanalysis* (Nova York: Garden City Publishing Co., 1943), p. 359.

indivíduo com o todo, do desejo com a realização, da felicidade com a razão. Conquanto essa harmonia tenha sido removida para a utopia pelo princípio de realidade estabelecido, a fantasia insiste em que deve e pode tornar-se real, em que o *conhecimento* está subentendido na ilusão. As verdades da imaginação são vislumbradas, pela primeira vez, quando a própria fantasia ganha forma, quando cria um universo de percepção e compreensão – um universo subjetivo e, ao mesmo tempo, objetivo. Isso ocorre na *arte*. A análise da função cognitiva da fantasia conduz-nos assim à estética como "ciência da beleza": subentendida na forma estética, situa-se a harmonia reprimida do sensualismo e da razão – o eterno protesto contra a organização da vida pela lógica da dominação, a crítica do princípio de desempenho.

A arte é, talvez, o mais visível "retorno do reprimido", não só no indivíduo, mas também no nível histórico-genérico. A imaginação artística modela a "memória inconsciente" da libertação que fracassou, da promessa que foi traída. Sob o domínio do princípio de desempenho, a arte opõe à repressão institucionalizada a "imagem do homem como um sujeito livre; mas num estado de não liberdade, a arte só pode sustentar a imagem da liberdade na negação da não liberdade".[4] Desde o despertar da consciência de liberdade, não existe uma só obra de arte autêntica que não revele o conteúdo arquetípico: a negação da não liberdade. Veremos adiante como esse conteúdo acabou por assumir a forma estética, governado por princípios estéticos.[5] Como fenômeno estético, a função crítica da arte é um malogro. A própria vinculação da arte à forma vicia a negação da não liberdade em arte. Para ser negada, a não liberdade deve ser representada na obra de arte com semblante de realidade. Esse elemento de parecença (*Schein*, aparência) sujeita, necessariamente, a realidade representada a padrões estéticos e, assim, priva-a do seu terror. Além disso, a forma da obra de arte inculca ao conteúdo as qualidades de fruição de prazer. Estilo, ritmo, métrica, introduzem uma ordem estética que em si mesma é agradável, reconciliando-se com o conteúdo. A qualidade estética da fruição, mesmo do entretenimento, tem sido inseparável da essência da arte, por mais trágica, por mais intransigente que a obra de arte seja. A proposição de Aris-

---
[4] Theodor W. Adorno, "Die gegängelt Musik", em *Der Monat*, V (1953), p. 182.
[5] Veja o Capítulo 9, adiante.

tóteles sobre o efeito catártico da arte resume a função dupla da mesma arte: ao mesmo tempo, opor e reconciliar; acusar e absolver; recordar o reprimido e reprimir de novo – "purificado". As pessoas podem-se elevar com os clássicos: leem, veem e ouvem seus próprios arquétipos rebelarem-se, triunfarem, renderem-se ou perecerem. E como tudo isso é esteticamente formado, podem desfrutá-lo... e esquecê-lo. No entanto, dentro dos limites da forma estética, a arte expressou, embora de um modo ambivalente, o retorno da imagem reprimida de libertação; a arte era oposição. No presente estágio, no período de mobilização total, até essa oposição sumamente ambivalente parece não ser mais viável. A arte somente sobrevive na medida em que se anula, na medida em que poupa a sua substância mediante a negação de sua forma tradicional e assim se negando à reconciliação; quer dizer, na medida em que se torna surrealista e atonal.[6] Caso contrário, a arte compartilha do destino de toda a comunicação humana autêntica: extingue-o. O que Karl Kraus escreveu no começo do período fascista ainda é válido:

"*Das Wort entschlief, als jene Welt erwachte.*"*

Numa forma menos sublimada, a oposição da fantasia ao princípio de realidade está mais à vontade em processos sub-reais e surrealistas tais como o sonho, a divagação, a atividade lúdica, o "fluir da consciência". Em sua mais extrema reivindicação de gratificação, para além do princípio de realidade, a fantasia anula o próprio *principium individuationis* estabelecido. Aqui se encontram, talvez, as raízes da vinculação da fantasia ao Eros primário: a sexualidade "é a única função de um organismo vivo que se estende para além do indivíduo e garante sua conexão com a espécie".[7] Na medida em que a sexualidade é organizada e controlada pelo princípio de realidade, a fantasia afirma-se, principalmente, contra a sexualidade normal. (Já examinamos anteriormente a afinidade entre a fantasia e as perversões.[8]) Contudo, o elemento erótico na fantasia ultrapassa as meras expressões pervertidas. Visa a uma "realidade erótica" em que os instintos vitais acabassem descansando na gratificação sem repressão. É

---

[6] Theodor W. Adorno, *Philosophie der neuen Musik* (Tübingen: J. C. B. Mohr, 1949).
* "A palavra emudece quando o mundo desperta." (N.T.)
[7] Freud, *A General Introduction to Psychoanalysis*, p. 358.
[8] Veja o Capítulo 2.

esse o conteúdo básico do processo de fantasia, em sua oposição ao princípio de realidade; em virtude desse conteúdo, a fantasia desempenha um papel único na dinâmica mental. Freud reconheceu esse papel, mas, neste ponto, a sua metapsicologia atinge um momento crucial e decisivo. A imagem de uma diferente forma de realidade surgiu como expressão da verdade de um dos processos mentais básicos; essa imagem contém a perdida unidade entre o universal e o particular, assim como a integral gratificação dos instintos vitais pela reconciliação entre os princípios de prazer e de realidade. O seu valor de verdade é aumentado pelo fato de essa imagem pertencer à humanidade, acima do *principium individuationis*. Contudo, segundo Freud, a imagem evoca apenas o *passado sub-histórico* do gênero (e do indivíduo), anterior a toda a civilização. Visto que a última só se pode desenvolver através da destruição da unidade sub-histórica entre o princípio de prazer e o princípio de realidade, a imagem deve permanecer enterrada no inconsciente, e a imaginação pode redundar em mera fantasia, brinquedo infantil, divagação. O longo percurso da consciência, que partiu da horda primordial para as formas cada vez mais elevadas de civilização, não pode ser invertido. As noções de Freud impedem a noção de um estado "ideal" da natureza; mas também substancializam uma *forma* histórica específica como a *natureza* da civilização. Sua própria teoria não justifica essa conclusão. Da necessidade histórica do princípio de desempenho e da sua perpetuação, para além da necessidade histórica, não se segue que seja impossível outra forma de civilização, sob outro princípio de realidade. Na teoria de Freud, a liberdade contra a repressão é uma questão do inconsciente, do *passado* sub-histórico e até sub-humano, dos processos biológicos e mentais primordiais; por consequência, a ideia de um princípio de realidade não repressivo é uma questão de retrocesso. Que tal princípio pudesse converter-se numa realidade histórica, uma questão de desenvolvimento consciente, que as imagens da fantasia pudessem referir-se a um *futuro* inconquistado da humanidade, em vez do seu (pessimamente) conquistado passado – tudo isso parece a Freud, na melhor das hipóteses, uma bela utopia.

[O perigo de abusar da descoberta do valor da verdade da imaginação para tendências retrogressivas é exemplificado pela obra de Carl Jung. Mais enfaticamente do que Freud, insistiu Jung na força *cognitiva* da imaginação. Segundo Jung, a fantasia está "indistinguivelmente" unida a todas as outras funções mentais; mostra-se "ora como primeva, ora como a suprema e a mais audaciosa síntese de todas as capacidades". A fantasia é, sobretudo, "a atividade criadora da qual fluem as respostas a todas as perguntas respondíveis"; é "a mãe de todas as possibilidades, na qual todos os opostos mentais, assim como o conflito entre o mundo interno e o externo, se unem". A fantasia sempre constituiu a ponte entre as exigências irreconciliáveis do objeto e do sujeito, extroversão e introversão.[9] O caráter simultaneamente retrospectivo e expectante da imaginação fica assim claramente enunciado: não só se reporta, retrospectivamente, a um dourado passado aborígine, mas também se refere a todas as possibilidades futuras, ainda irrealizadas, mas realizáveis. Entretanto, na obra anterior de Jung, a ênfase vai para as qualidades retrospectivas e, consequentemente, "fantásticas" da imaginação: o pensamento onírico "move-se de maneira retrógrada em direção à matéria-prima da memória"; é uma "regressão à percepção original".[10] No desenvolvimento da Psicologia de Jung, suas tendências obscurantistas e reacionárias tornaram-se predominantes e eliminaram as intuições críticas da metapsicologia de Freud.[11]]

O valor de verdade da imaginação relaciona-se não só com o passado, mas também com o futuro; as formas de liberdade e felicidade que invoca pretendem emancipar a *realidade* histórica. Na sua recusa em aceitar como finais as limitações impostas à liberdade e à felicidade pelo princípio de realidade, na sua recusa em esquecer o que *pode ser*, reside a função crítica da fantasia:

> *Réduire l'imagination à l'esclavage, quand bien même il y irait de ce qu'on appelle grossièrement le bonheur, c'est se dérober à tout ce qu'on trouve, au fond de soi, de justice suprême. La seule imagination me rend compte de ce qui peut être.*[12]

---

[9] Jung, *Tipos Psicológicos*, Capítulo I, Subcapítulo 4 ("Nominalismo e Realismo"), *Item c*. Rio de Janeiro: Zahar Editores, 1967, tradução, introdução e notas de Álvaro Cabral.
[10] *Psychology of the Unconscious.*, trad. inglesa de Beatrice M. Hinkle (Londres: Routledge & Kegan Paul, 1951), p. 13-14.
[11] A excelente análise de Edward Glover torna desnecessário desenvolvermos mais o exame da obra de Jung. Veja *Freud or Jung?* (Nova York: W. W. Norton, 1950).
[12] Em francês no original. "Reduzir a imaginação à escravidão, mesmo que estivesse em jogo aquilo a que grosseiramente se chama felicidade, é privarmo-nos de tudo o que encontramos, no nosso íntimo mais profundo, de justiça suprema. Somente a

Os surrealistas reconheceram as implicações revolucionárias das descobertas de Freud: "A imaginação talvez esteja prestes a reclamar os seus direitos".[13] Mas quando perguntaram: "Não pode o sonho ser também aplicado à solução dos problemas fundamentais da vida?",[14] ultrapassaram a Psicanálise, na medida em que solicitavam que o sonho se convertesse em realidade, sem comprometer o seu conteúdo. A adesão intransigente ao estrito valor de verdade da imaginação compreende mais completamente a realidade. Que as proposições da imaginação artística sejam inverdades, nos termos da organização real dos fatos, faz parte da própria essência da verdade de tais proposições:

> A verdade de que uma determinada proposição a respeito de uma ocasião real é inverdadeira poderá expressar a verdade vital no tocante à realização estética. Exprime a "grande recusa" que é sua característica primordial.[15]

Essa Grande Recusa é o protesto contra a repressão desnecessária, a luta pela forma suprema de liberdade – "viver sem angústia".[16] Mas essa ideia só podia ser formulada sem punição na linguagem da arte. No contexto mais realista da teoria política ou mesmo da Filosofia, foi quase universalmente difamada como utopia.

A relegação de possibilidades reais para a "terra de ninguém" da utopia constitui, só por si, um elemento essencial da ideologia do princípio de desempenho. Se a construção de um desenvolvimento instintivo não repressivo se orientar, não pelo passado sub-histórico, mas pelo presente histórico e a civilização madura, a própria noção de utopia perde o seu significado. A negação do princípio de desempenho emerge não contra, mas *com* o progresso da racionalidade consciente; pressupõe a mais alta maturidade da civilização. As próprias realizações do princípio de desempenho intensificaram a discrepância entre os processos do inconsciente arcaico e da cons-

---

imaginação me diz o que *pode ser*." André Breton. *Les Manifestes du Surréalisme* (Paris: Editions du Sagitaire, 1946), p. 15. Foi o primeiro manifesto, de 1924.
[13] *Ibid.*, p. 25.
[14] *Ibid.*, p. 26.
[15] A. N. Whitehead, *Science and the Modern World* (Nova York: Macmillan, 1926), p. 228.
[16] "...Ohne Angst Leben." T. W. Adorno, *Versuch über Wagner* (Berlim-Frankfurt: Suhrkamp, 1952), p. 198.

ciência do homem, por uma parte, e as suas potencialidades concretas, por outra. A história da humanidade parece tender para outro ponto culminante nas vicissitudes dos instintos. E à semelhança dos anteriores momentos cruciais, a adaptação da estrutura mental arcaica ao novo meio significaria outra "catástrofe" – uma transformação explosiva no próprio meio. Contudo, embora o primeiro ponto culminante fosse, de acordo com a hipótese de Freud, um evento na história geológica, e o segundo ocorresse no princípio da civilização, o terceiro ponto culminante localizar-se-ia no nível supremo atingido pela civilização. O ator, nesse evento, já não seria o homem animal histórico, mas o sujeito consciente, racional, que dominou e se apropriou do mundo objetivo como arena para as suas realizações. O fator histórico contido na teoria freudiana dos instintos teve sua fruição na história quando a base do *Ananke* (*Lebensnot*) – que, para Freud, forneceu a justificação racional ao princípio de realidade repressivo – é abalada pelo progresso da civilização.

Entretanto, há uma certa validade no argumento de que, apesar de todo o progresso, a escassez e a imaturidade continuam sendo suficientemente grandes para impedir a realização do princípio: "A cada um de acordo com as necessidades." Os recursos materiais e mentais da civilização ainda são tão limitados que terá de haver um padrão de vida substancialmente inferior se se pretender que a produtividade social seja reorientada para a gratificação universal das necessidades individuais: muitos teriam de renunciar a seu conforto manipulado, para que todos vivessem uma vida humana. Além disso, a estrutura internacional predominante da civilização industrial parece condenar ao ridículo semelhante ideia. Isso não invalida a insistência teórica em que o princípio de desempenho se tornou obsoleto. A reconciliação entre o princípio de prazer e o de realidade não depende da existência da abundância para todos. A única questão pertinente é se um estado de civilização pode ser razoavelmente preconizado, no qual as necessidades humanas sejam cumpridas de modo tal e em tal medida que a mais-repressão possa ser eliminada.

Semelhante estado hipotético poder-se-ia supor, razoavelmente, em dois pontos, que se situam nos polos opostos das vicissitudes dos instintos: um deles estaria localizado nos primórdios da história primitiva; o outro, em seu estágio de maior maturidade. O primeiro referir-se-ia a uma distribuição não opressiva da escassez (como, por exemplo, poderá ter existido nas fases matriarcais da antiga sociedade). O segundo pertenceria a uma organização racional da sociedade industrial plenamente desenvolvida, após a conquista da escassez. As vicissitudes dos instintos seriam muito diferentes, claro, sob essas duas condições, mas uma característica decisiva deve ser comum a ambas: o desenvolvimento instintivo seria não repressivo no sentido de que, pelo menos, a mais-repressão requerida pelos interesses de dominação não seria imposta aos instintos. Essa qualidade refletiria a satisfação predominante das necessidades humanas básicas (mais primitivas no primeiro estágio, profundamente ampliadas e refinadas no segundo estágio), tanto sexuais como sociais: alimento, alojamento, vestuário, lazer. Essa satisfação seria (e este é o ponto importante) *sem labuta* – isto é, sem o domínio do trabalho alienado sobre a existência humana. Nas condições primitivas, a alienação *ainda não* se revelou, por causa do caráter primitivo das próprias necessidades, o caráter rudimentar (pessoal ou sexual) da divisão do trabalho, e a ausência de uma especialização de funções institucionalizadas e hierárquicas. Sob as condições "ideais" da civilização industrial madura, a alienação seria completada por uma automação geral do trabalho, redução do tempo de trabalho a um mínimo, e permutabilidade de funções.

Como a duração do dia de trabalho é, por si mesma, um dos principais fatores repressivos impostos ao princípio de prazer pelo princípio de realidade, a redução do dia de trabalho a um ponto em que a mera porção de tempo de trabalho já não paralise o desenvolvimento humano é o primeiro pré-requisito da liberdade. Tal redução, só por si, quase significaria, certamente, um considerável decréscimo no padrão de vida hoje predominante na maioria dos países industrialmente avançados. Mas a regressão para um nível de vida inferior, que o colapso do princípio de desempenho provocaria, não milita contra o progresso em liberdade.

O argumento que condiciona a libertação a um nível de vida superior serve com excessiva facilidade para justificar a perpetuação da dominação. A definição do nível de vida em termos de automóveis, televisões, aviões e tratores é a do próprio princípio de desempenho. Além do critério implícito nesse princípio, o nível de vida poderia ser medido por outros critérios: a gratificação universal das necessidades humanas básicas e a liberdade contra a culpa e o medo – tanto internalizado como externo, tanto instintivo como "racional". "*La vraie civilization... n'est pas dans le gaz, ni dans la vapeur, ni dans les tables tournantes. Elle est dans la diminution des traces du pêché original*"[17] – eis a definição do progresso, para além do domínio do princípio de desempenho.

Sob condições ótimas, a prevalência, na civilização madura, da riqueza material e intelectual seria tal que permitisse a gratificação indolor de necessidades, enquanto a dominação deixaria de obstruir sistematicamente tal gratificação. Nesse caso, a porção de energia instintiva a ser ainda desviada para o trabalho necessário (por seu turno, completamente mecanizado e racionalizado) seria tão pequena que uma vasta área de coerções e modificações repressivas, sem contarem mais com o apoio de forças externas, entraria em colapso. Consequentemente, a relação antagônica entre o princípio de prazer e o princípio de realidade alterar-se-ia em favor do primeiro. Eros, os instintos de vida, seriam libertados num grau sem precedente.

Significa isso que a civilização explodiria e reverteria à barbárie pré-histórica, que os indivíduos morreriam em resultado da exaustão dos meios acessíveis de gratificação e da sua própria energia, que a ausência de carência e repressão drenaria toda a energia suscetível de fomentar a produção material e intelectual em nível mais elevado e em maior escala? Freud respondeu afirmativamente. Sua resposta baseia-se na aceitação mais ou menos tácita de um certo número de pressupostos: que as livres relações libidinais são essencialmente antagônicas das relações de trabalho, que a energia tem de ser retirada daquelas para instituir estas, que só a ausência da plena gratificação mantém a organização social do trabalho. Mesmo em condições ótimas de organização racional da sociedade, a gratificação das necessidades humanas exigiria trabalho, e esse fato, só por si, imporia restrições quantitativas e qualitativas aos instintos; e, por conseguinte, numerosos tabus sociais. Por maior que seja a sua riqueza, a civilização depende de um trabalho constante e metódico, e, assim, de um desagradável retardamento da satisfação. Como os instintos primários se revoltam "por natureza" contra tal retardamento, sua modificação repressiva continua sendo, portanto, uma necessidade para toda a civilização.

---

[17] "A verdadeira civilização... não está no gás, no vapor ou nas plataformas giratórias. Está na diminuição dos vestígios do pecado original." Baudelaire, *Mon Coeur Mis à Nu*, XXXII, em *Oeuvres Posthumes*, ed. Conard, Vol. II (Paris, 1952), p. 109.

Para fazer face a esse argumento, teríamos de mostrar que a correlação freudiana "repressão instintiva – labor socialmente útil – civilização" pode ser significativamente transformada na correlação "libertação instintiva – trabalho socialmente útil – civilização". Sugerimos que a repressão instintiva predominante resultou não tanto da necessidade de esforço laboral, mas da organização social específica do trabalho, imposta pelos interesses de dominação; essa repressão era, substancialmente, mais-repressão. Por consequência, a eliminação da mais-repressão tenderia *per se* a eliminar não a atividade laboral, mas a organização da existência humana como instrumento de trabalho. Sendo assim, a emergência de um princípio de realidade não repressiva modificaria, mas não destruiria, a organização social do trabalho; a libertação de Eros poderia criar novas e duradouras relações de trabalho.

A discussão dessa hipótese depara logo de entrada com um dos mais rigorosamente protegidos valores da cultura moderna: o de *produtividade*. Essa ideia talvez expresse mais do que qualquer outra a atitude existencial na civilização industrial; impregna a definição filosófica do sujeito em termos do ego transcendente. O homem é avaliado de acordo com a sua capacidade de realizar, aumentar e melhorar as coisas socialmente úteis. Assim, a produtividade designa o grau de domínio e transformação da natureza, a progressiva substituição de um meio natural incontrolado por um meio tecnológico controlado. Contudo, quanto mais a divisão do trabalho foi engrenada para a utilidade pelo sistema produtivo estabelecido, em vez de o ser para os indivíduos – por outras palavras, quanto mais a necessidade social se desviava da necessidade individual – tanto mais a produtividade se inclinava a contradizer o princípio de prazer e a converter-se num fim em si mesma. A própria palavra acabou por ter um sabor a repressão ou à sua glorificação fanática: reflete a noção de uma rancorosa difamação do repouso, da indulgência, da receptividade – o triunfo sobre as "profundezas vis" da mente e do corpo, a domesticação dos instintos pela razão exploradora. A eficiência e a repressão convergem: elevar a produtividade da mão de obra é o sacrossanto ideal do capitalista e do stakhanovismo stalinista. Essa noção de produtividade tem os seus limites históricos: são os do princípio de desempenho. Para além do seu domínio, a produtividade tem outro conteúdo e outra relação com o princípio de prazer; ambos são previstos nos processos de imaginação que preservam a liberdade, em face do princípio de desempenho, enquanto sustentam a reivindicação de um *novo* princípio de realidade. As pretensões utópicas da imaginação ficaram saturadas de realidade histórica. Se as realizações do princípio de desempenho ultrapassam as suas instituições, também militam contra a direção de sua produtividade – contra a subjugação do homem à sua labuta. Emancipada dessa escravidão, a produtividade perde o seu poder repressivo e impulsiona o livre desenvolvimento das necessidades individuais. Tal mudança na direção do progresso excede a reorganização fundamental do labor social que o mesmo pressupõe. Por mais justa e racional que possa estar organizada a produção material, jamais pode constituir um domínio da liberdade e da gratificação; mas pode liberar tempo e energia para o livre jogo das faculdades humanas, *fora* dos domínios do trabalho alienado. Quanto mais completa for a alienação do trabalho, tanto maior é o potencial de liberdade; a automação total seria o ponto ótimo. É a esfera exterior ao trabalho que define a liberdade e a satisfação completa, e é a definição da existência humana de acordo com essa esfera que constitui a negação do princípio de desempenho. Essa negação anula a racionalidade da dominação e conscientemente "desrealiza" o mundo modelado por essa racionalidade – redefinindo-o pela racionalidade da gratificação. Conquanto essa virada histórica no rumo do progresso só seja possível na base das realizações do princípio de desempenho e de suas potencialidades, transforma, no entanto, a existência humana em sua integralidade, incluindo o mundo do trabalho e a luta com a natureza. O progresso além do princípio de desempenho não é fomentado mediante o aperfeiçoamento ou a suplementação da existência atual por mais contemplação, mais lazeres, através da propaganda e prática de "valores superiores", e através da elevação pessoal ou da vida de cada um. Tais ideias pertencem ao patrimônio cultural do próprio princípio de desempenho. As queixas sobre o efeito degradante do "trabalho total", a exortação para que se apreciem as coisas boas e belas deste mundo e do mundo futuro, são em si mesmas atitudes repressivas, na medida em que reconciliam o homem com o mundo do trabalho, o qual deixam intacto. Além disso, sustentam a repressão, desviando o esforço da própria esfera em que a repressão está radicada e perpetuada.

Para além do princípio de desempenho, tanto a sua produtividade como seus valores culturais tornam-se inválidos. A luta pela existência desenrola-se então noutros terrenos e com novos objetivos; transforma-se na luta coordenada contra qualquer restrição ao livre jogo das faculdades humanas, contra a labuta, a doença e a morte. Além disso, enquanto o domínio do princípio de desempenho se fazia acompanhar por um correspondente controle da dinâmica instintiva, a reorientação da luta pela existência envolveria uma decisiva mudança nessa dinâmica. Com efeito, essa mudança impor-se-ia, mesmo como um pré-requisito da manutenção e continuidade do progresso. Tentaremos agora mostrar que tal mudança afetaria a própria estrutura da psique, alteraria o equilíbrio entre Eros e Thanatos, reativaria domínios interditos da gratificação e pacificaria as tendências conservadoras dos instintos. Uma nova experiência básica de ser transformaria integralmente a existência humana.

8

As Imagens de Orfeu e Narciso

A tentativa de elaboração de uma síntese teórica da cultura, para além do princípio de desempenho, é "irrazoável", numa estrita acepção do termo. A razão é a racionalidade do princípio de desempenho. Mesmo no princípio da civilização ocidental, muito antes de esse princípio ter sido institucionalizado, a razão já era definida como um instrumento de coação, de supressão dos instintos; o domínio dos instintos, a sensualidade, era considerado eternamente hostil e nocivo à razão.[1] As categorias em que a Filosofia englobou a existência humana mantiveram a ligação entre razão e supressão; tudo o que pertencer à esfera da sensualidade, do prazer, dos impulsos, tem por conotação ser antagônico da razão – algo que tem de ser subjugado, reprimido. A linguagem cotidiana conservou essa avaliação: as palavras que se aplicam a essa esfera acarretam sonoridades de sermão ou de obscenidade. De Platão até as leis *"Schund und Schmutz"* do mundo moderno,[2] a difamação do princípio de prazer provou seu

---
[1] Veja o Capítulo 5.
[2] Uma lei proposta pelo *Joint Legislative Committee on Comic Books*, do Legislativo de Nova York, a qual proibiria a venda e distribuição de livros retratando "nudez, sexo ou concupiscência de um modo que tende, razoavelmente, para excitar desejos lascivos ou libertinos..." (*New York Times*, 17 de fevereiro 1954). [A frase coloquial alemã significa, precisamente, "literatura suja, pornográfica". (N.T.)]

irresistível poder; a oposição a essa difamação sucumbe facilmente ao ridículo.

Entretanto, o domínio da razão repressiva (teórica e prática) jamais foi completo: o seu monopólio da cognição nunca deixou de ser contestado. Quando Freud salientou o fato fundamental de que a fantasia (imaginação) retinha uma verdade incompatível com a razão, estava seguindo uma longa tradição histórica. A fantasia é cognitiva na medida em que preserva a verdade da Grande Recusa ou, positivamente, na medida em que protege, contra toda a razão, as aspirações de realização integral do homem e da natureza, as quais são reprimidas pela razão. Na esfera da fantasia, as imagens irracionais de liberdade tornam-se racionais, e as "profundezas vis" da gratificação instintiva assumem uma nova dignidade. A cultura do princípio de desempenho curva-se perante as estranhas verdades que a imaginação mantém vivas no folclore e nas lendas, na literatura e na arte; foram apropriadamente interpretadas e encontraram seu lugar legítimo no mundo popular e acadêmico. Contudo, o esforço para derivar dessas verdades o conteúdo de um princípio de realidade válido, superando o predominante, tem sido inteiramente inconsequente. A afirmação de Novalis, de que "todas as faculdades e forças internas, e todas as faculdades e forças externas devem ser deduzidas da imaginação produtiva",[3] continua sendo uma curiosidade – tal como o programa surrealista *de pratiquer la poésie*. A insistência em que a imaginação fornece padrões para as atitudes, a prática e as possibilidades históricas existenciais manifesta-se como fantasia pueril. Somente os arquétipos, os símbolos, foram aceitos; e o seu significado é usualmente interpretado em termos dos estágios filogenético ou ontogenético, há muito ultrapassados, não em termos de uma maturidade individual e cultural. Tentaremos agora identificar alguns desses símbolos e examinar seu valor de verdade histórica.

Mais especificamente, abordaremos os "heróis culturais" que persistiram na imaginação como símbolos da atitude e dos feitos que determinaram o destino da humanidade. E logo de saída defrontamos com o fato de que o herói cultural predominante é o embusteiro e o rebelde (sofredor) contra os deuses, que cria a cultura à custa do sofrimento perpétuo. Ele simboliza a produtividade, o esforço in-

---

[3] *Schriften*, de J. Minor (Iena: Eugen Diederichs, 1923), III., 375. Veja Gaston Bachelard, *La Terre et les Rêveries de la Volonté* (Paris: José Corti, 1948), p. 4-5.

cessante para dominar a vida; mas, na sua produtividade, abençoada e maldita, o progresso e o trabalho sofrido estão inextricavelmente interligados. Prometeu é o herói arquétipo do princípio de desempenho. E no mundo de Prometeu, Pandora, o princípio feminino, sexualidade e prazer, surge como maldição – desintegradora, destrutiva. "Por que são as mulheres tal praga? A denúncia do sexo, com que termina a seção [sobre Prometeu, em Hesíodo], enfatiza, acima de tudo, a improdutividade econômica das mulheres; são umas parasitas sem préstimo; um artigo de luxo no orçamento de um homem pobre."[4] A beleza da mulher e a felicidade que ela promete são fatais no mundo de trabalho da civilização.

Se Prometeu é o herói cultural do esforço laborioso, da produtividade e do progresso através da repressão, então os símbolos de outro princípio de realidade devem ser procurados no polo oposto. Orfeu e Narciso (como Dioniso, com quem são aparentados: o antagonista do deus que sanciona a lógica de dominação, o reino da razão) simbolizam uma realidade muito diferente.[5] Não se converteram em heróis culturais do mundo ocidental, a imagem deles é a da alegria e da plena fruição; a voz que não comanda, mas canta; o gesto que oferece e recebe; o ato que é paz e termina com as labutas de conquista; a libertação do tempo que une o homem com deus, o homem com a natureza. A literatura conservou sua imagem. Nos *Sonetos a Orfeu*:

> Und fast ein Mädchen wars und ging hervor
> aus diesem einigen Glück von Sang und Leier
> und glänzte klar durch ihre Frühlingsschleier
> und machte sich ein Bett in meinem Ohr.
>
> Und schlief in mir. Und alles war ihr Schlaf.
> Die Bäume, die ich je bewundert, diese
> fühlbare Ferne, die gefühlte Wiese
> und jedes Staunen, das mich selbst betraf.

---

[4] Veja Norman O. Brown, *Hesiod's Theogony* (Nova York Liberal Arts Press, 1953), p. 18-19, 33; e *Hermes the Thief* (University of Wisconsin Press, 1947), p. 23 e segs.
[5] O símbolo de Narciso e o termo "narcisista", tais como os usamos aqui, não implicam o significado que lhes foi dado na teoria de Freud. Veja, contudo, p. 152-153, adiante.

Sie schlief die Welt. Singender Gott, wie hast
du sie vollendet, dass sie nicht begehrte,
erst wach zu sein? Sieh, sie erstand und schlief.
Wo ist ihr Tod?[6]

Ou Narciso, que, no espelho da água, tenta vislumbrar sua própria beleza. Curvado sobre o rio do tempo, em que todas as formas passam e se extinguem, ele divaga:

> Narcisse rêve au paradis...
> Quand donc le temps, cessant sa fuite, laissera-t-il que cet écoulement se repose? Formes, formes divines et pérenelles! qui n'attendez que le repos pour reparaitre, oh! quand, dans quelle nuit, dans quel silence, vous recristalliserez-vous?
> Le paradis est toujours à refaire; il n'est point en qualquer lointaine Thulé. Il demeure sous l'apparence. Chaque chose détient, virtuelle, l'intime harmonie de son être, comme chaque sel, en lui, l'archétype de son cristal; – et vienne un temps de nuit tacite, où les eaux plus denses descendent: dans les abimes imperturbés fleuriront les trémies secrètes...
> Tout s'efforce vers sa forme perdue..."[7]

---

[6] Rainer Maria Rilke, *Sonetos a Orfeu*.
> Quase uma donzela, acercou-se trêmula –
> Dos supremos êxtases do Canto e da Lira veio
> e, brilhando claramente através de seus véus primaveris,
> aninhou-se em meu ouvido, onde fez seu leito,
> e dormiu em mim. Tudo estava no seu sono:
> as árvores que me encantavam, a fascinante atração
> das distâncias mais remotas, os profundos prados,
> e toda a magia que me inundava.
> Dentro de seu sono, o mundo. Vós, ó deus cantante,
> como a haveis aperfeiçoado para que não desejasse
> o despertar? Vede! Eis que se ergue e dorme.
> Onde está a sua morte?

[7] André Gide, *Le Traité du Narcisse*:
> Narciso sonha com o paraíso...
> Quando, pois, o tempo, cessando a sua fuga, consentirá que este fluir cesse? Formas, formas divinas e perenes que apenas esperais o repouso para ressurgir, oh!, quando, em que noite, em que silêncio, vos cristalizareis de novo?
> O paraíso sempre está por recriar; não se situa em alguma remota Thule. Habita sob a aparência. Cada coisa contém, virtual, a íntima harmonia de seu ser, tal como cada sal, em si, o arquétipo de seu próprio cristal; – e chega um tempo de noite silente,

Un grand calme m'écoute, où j'écoute l'espoir.
La voix des sources change et me parle du soir;
J'entends l'herbe d'argent grandir dans l'ombre sainte,
Et la lune perfide élève son miroir
usque dans les secrets de la fontaine éteinte.[8]

Admire dans Narcisse un éternel retour
Vers l'onde où son image offerte à son amour
Propose à sa beauté toute sa connaissance:
   Tout mon sort n'est qu'obéissance
   a la force de mon amour.

Cher CORPS, je m'abandonne à ta seule puissance;
L'eau tranquille m'attire où je me tends mes bras:
A ce vertige pur je ne résiste pas.
Que puis-je, ô ma Beauté, faire que tu ne veuilles?[9]

O clima desta linguagem é o da "*diminution des traces du péché originel*" – a revolta contra a cultura baseada na labuta sofrida, na dominação e renúncia. As imagens de Orfeu e Narciso reconciliam Eros e Thanatos. Relembram a experiência de um mundo que não vai ser dominado e controlado, mas liberado – uma liberdade que desencadeará os poderes de Eros agora sujeitos nas formas repri-

---

em que as águas mais densas escoar-se-ão; então, nos abismos imperturbados, os cristais secretos florirão...
   Todas as coisas se esforçam no rumo de sua perdida forma ...

[8] Paul Valéry, *Narcisse Parle*:
   Uma grande calma me escuta, onde escuto a esperança.
   Muda a voz das fontes e fala-me da tarde;
   Ouço as ervas prateadas crescendo na santa sombra
   E a pérfida lua ergue seu espelho
   Até o fundo dos segredos, na fonte extinta.

[9] Paul Valéry, *Cantate du Narcisse*, Cena II:
   Admiro em Narciso um eterno retorno
   ao espelho das águas, onde sua imagem se oferece ao seu amor
   e à sua beleza propõe todo o seu conhecimento;
   Todo o meu destino é obediência
   à força do meu amor.
      Caro CORPO, abandono-me ao teu poder único;
      As quietas águas me atraem para onde estendo os braços:
      A essa pura vertigem não resisto.
      Que poderei fazer, ó minha Beleza, que tu não queiras?

midas e petrificadas do homem e da natureza. Esses poderes são concebidos não como destruição, mas como paz, não como terror, mas como beleza. É suficiente enumerar as imagens reunidas, a fim de circunscrever-se a dimensão a que elas se encontram vinculadas: a redenção do prazer, a paralisação do tempo, a absorção da morte; silêncio, sono, noite, paraíso – o princípio do Nirvana, não como morte, mas como vida. Baudelaire dá a imagem de tal mundo em dois versos:

Là, tout n'est qu'ordre et beauté,
Luxe, calme, et volupté.[10]

Talvez seja este o único contexto em que a palavra *ordem* perde a sua conotação repressiva: aqui, é a ordem de gratificação que Eros, livre, cria. Triunfos estáticos sobre os dinâmicos – mas é uma estática que se movimenta em toda a sua plenitude: uma produtividade que é sensualismo, jogos e canções. Qualquer tentativa para elaborar as imagens assim transmitidas será frustradora, visto que, fora da linguagem da arte, mudam de significação e se fundem com as conotações que receberam sob o princípio repressivo de realidade. Mas devemos tentar reconstituir o caminho até as realidades a que essas imagens se referem.

Em contraste com as imagens dos heróis da cultura prometeica, as do mundo órfico e narcisista são essencialmente irreais e irrealistas. Designam uma atitude e existência "impossíveis". Os feitos dos heróis culturais também são "impossíveis", naquilo em que são milagrosos, incríveis, sobre-humanos. Contudo, seu objetivo e significado não são estranhos à realidade; pelo contrário, são-lhe úteis. Promovem e fortalecem essa realidade; não a destroem. Mas as imagens órfico-narcisistas destroem-na; não comunicam um "modo de existir"; estão vinculadas ao inferno e à morte. No máximo, são poéticas, algo para a alma e o coração. Mas não ensinam nenhuma "mensagem" – exceto, talvez, uma de natureza negativa: que ninguém pode vencer a morte ou esquecer e rejeitar o apelo da vida na admiração da Beleza.

---

[10] Aí, tudo é ordem e beleza.
Luxo, calma e voluptuosidade.

Tais mensagens morais sobrepõem-se num contexto muito diferente. Orfeu e Narciso simbolizam realidades, tais como Prometeu e Hermes. Árvores e animais respondem à linguagem de Orfeu; a primavera e a floresta respondem ao desejo de Narciso. O Eros órfico e narcisista desperta e liberta potencialidades que são reais nas coisas animadas e inanimadas, na natureza orgânica e inorgânica – reais, mas suprimidas na realidade não erótica. Essas potencialidades circunscrevem o *telos* que lhes é inerente como "ser apenas o que são", "ser aí", existir.

A experiência órfica e narcisista do mundo nega aquilo que sustenta o mundo do princípio de desempenho. A oposição entre homem e natureza, sujeito e objeto, é superada. O ser é experimentado como gratificação, o que une o homem e a natureza para que a realização plena do homem seja, ao mesmo tempo, sem violência, a plena realização da natureza. Ao falar-se-lhes, ao serem amados e cuidados, os animais, as flores e as fontes revelam-se tais como são – belos, não só para os que se lhes dirigem e os contemplam, mas para eles próprios, "objetivamente". "*Le monde tend à la Beauté*".[11] No Eros órfico e narcisista, essa tendência liberta-se: as coisas da natureza ficam livres para ser o que são. Mas, para ser o que são, elas *dependem* da atitude erótica: só nela recebem seu *telos*. A canção de Orfeu pacifica o mundo animal, reconcilia o leão com o cordeiro e o leão com o homem. O mundo da natureza é um mundo de opressão, crueldade e dor; tal como o mundo humano; à semelhança deste, aguarda também sua libertação. Essa libertação é a obra de Eros. A canção de Orfeu desfaz a petrificação, movimenta as florestas e as pedras – mas movimenta-as para que comunguem na alegria.

O amor de Narciso é respondido pelo eco da natureza. Certo, Narciso manifesta-se como o *antagonista* de Eros: despreza o amor que une a outros seres humanos e, por isso, é castigado por Eros.[12] Como antagonista de Eros, Narciso simboliza o sono e a morte, o silêncio e o repouso.[13] Na Trácia, é representado em estreita relação

---

[11] Gaston Bachelard, *L'Eau et les Rêves* (Paris: José Corti, 1942), p. 38. Veja também (p. 36), a formulação de Joachim Gasquet: "*Le monde est un immense Narcisse en train de se penser.*"
[12] Friedrich Wieseler, *Narkissos: Eine kunstmythologische Abhandlung* (Göttingen, 1856), p. 90, 94.
[13] *Ibid.*, p. 76, 80-83, 93-94.

com Dioniso.[14] Mas não é frigidez, ascetismo e egoísmo o que dá cor às imagens de Narciso; não são esses gestos de Narciso que a arte e a literatura preservaram. O seu silêncio não é o da rigidez da morte; e quando se mostra hostil e desdenhoso do amor entre os caçadores e as ninfas, rejeita um Eros por outro. Vive à custa de um Eros próprio,[15] e não se ama exclusivamente a si próprio. (Não sabe que a imagem que admira é a sua.) Se a sua atitude erótica é afim da morte e acarreta a morte, então o repouso, o sono e a morte não estão dolorosamente separados e distintos: o princípio do Nirvana impera em todos os estágios. E quando morre, continua a viver como a flor que tem o seu nome.

Ao associarmos Narciso e Orfeu, interpretando ambos como símbolos de uma atitude erótica não repressiva em relação à realidade, tomamos a imagem de Narciso da tradição mitológico-artística, em vez da teoria da libido de Freud. Talvez agora estejamos em condições de encontrar alguma base para corroborar a nossa interpretação, no conceito freudiano de *narcisismo primário*. É significativo que a introdução do narcisismo na Psicanálise tenha assinalado um momento decisivo no desenvolvimento da teoria do instinto: a hipótese de instintos independentes do ego (instintos de autopreservação) foi abalada e substituída pela noção de uma libido não diferenciada e unificada, anterior à divisão em ego e objetos externos.[16] Com efeito, a descoberta do narcisismo primário significou mais do que adicionar apenas mais outra fase ao desenvolvimento da libido; com ele ficou à vista o arquétipo de outra relação existencial com a *realidade*. O narcisismo primário é mais do que o autoerotismo; abrange o "meio", integrando o ego narcisista e o mundo objetivo. A normal

---

[14] *Ibid.*, p. 89. Narciso e Dioniso são estreitamente assimilados (se não identificados) na mitologia órfica. Os Titãs apoderam-se de Zagreu-Dioniso quando de contempla sua imagem no espelho que aqueles lhe deram. Uma antiga tradição (Plotino, Proclos) interpreta a duplicação no espelho como o princípio da automanifestação do deus na multidão de fenômenos do universo – um processo que encontra seu símbolo final no despedaçamento do deus pelos Titãs e sua ressurreição por Zeus. Assim, o mito expressaria a reunificação daquilo que foi separado, de Deus e do mundo, homem e natureza – identidade do uno e do múltiplo. Veja Erwin Rhode, *Psyche* (Freiburg, 1898), II, 117 nota; Otto Kern, *Orpheus* (Berlim, 1920), p. 22-23; Ivan M. Linforth, *The Arts of Orpheus* (University of California Press, 1941), p. 307 e segs.
[15] Na maioria das representações pictóricas, Narciso está na companhia de um Amor, que está triste, mas não hostil. Veja Wieseler, *Narkissos*, p. 16-17.
[16] Veja o Capítulo 2.

relação antagônica entre ego e realidade externa é apenas uma forma e estágio ulterior da relação entre ego e realidade:

> Originalmente, o ego inclui tudo; mais tarde desprende de si o mundo externo. O sentimento de ego de que hoje temos consciência é, pois, apenas um vestígio reduzido de um sentimento mais extenso – um sentimento que *abrangia o universo* e expressava uma *inseparável conexão do ego com o mundo externo*.[17]

O conceito de narcisismo primário implica o que está explícito no capítulo inicial de *Civilization and Its Discontents*: que o narcisismo sobrevive não só como um sintoma neurótico, mas também como um elemento constitutivo na construção da realidade, coexistindo com o ego de realidade adulto. Freud descreve o "conteúdo ideacional" do sobrevivente sentimento de ego primário como "dimensão ilimitada e unicidade com o universo" (sentimento oceânico).[18] E, mais adiante, no mesmo capítulo, Freud sugere que o sentimento oceânico procura reintegrar o "narcisismo ilimitado".[19] O impressionante paradoxo de que o narcisismo, usualmente entendido como uma retirada egoísta ante a realidade, está aqui ligado à unicidade com o universo, revela a nova profundidade da concepção: para além de todo o autoerotismo imaturo, o narcisismo denuncia uma relacionação fundamental com a realidade, que poderá gerar uma ordem existencial compreensiva e global.[20] Por outras palavras, o narcisismo pode conter o germe de um diferente princípio de realidade: a catexe libidinal do ego (o próprio corpo do indivíduo) poder-se-á converter na fonte e reservatório para uma nova catexe libidinal do

---

[17] *Civilization and Its Discontents* (Londres: Hogarth Press, 1949), p. 13. O grifo é nosso.
[18] *Ibid.*, p. 14.
[19] *Ibid.*, p. 21.
[20] Em seu ensaio sobre "The Delay of the Machine Age", Hanns Sachs realizou uma interessante tentativa para demonstrar que o narcisismo era um elemento constitutivo do princípio de realidade na civilização grega. Investigou o problema das razões por que os gregos não desenvolveram uma tecnologia mecânica, uma vez que possuíam as capacidades e os conhecimentos que os teriam habilitado a criá-la. Não se satisfez com as habituais explicações de ordem econômica e sociológica. Em vez disso, propôs que o elemento narcisista predominante na cultura grega impediu o progresso tecnológico: a catexe libidinal do corpo era tão forte que militou contra a mecanização e automatização. O estudo de Sachs foi publicado em *Psychoanalytic Quarterly*, II (1933), p. 420 e segs.

mundo objetivo – transformando esse mundo em um novo modo de ser. Essa interpretação é corroborada pelo papel decisivo que a libido narcisista desempenha, segundo Freud, na sublimação. Em *The Ego and the Id*, ele indaga "se toda a sublimação não terá lugar por intermédio do ego, que comece por converter a libido do objeto sexual em libido narcisista e então passe, talvez, a dar-lhe outra finalidade".[21] Sendo este o caso, então toda a sublimação começaria com a reativação da libido narcisista, que de algum modo extravasa e se estende aos objetos. A hipótese quase revoluciona por completo a ideia de sublimação: sugere um modo não repressivo de sublimação que resulta mais de uma ampliação do que de um desvio imperativo da libido. Reataremos subsequentemente o exame dessa ideia.[22]

As imagens órfico-narcisistas são as da Grande Recusa: recusa em aceitar a separação do objeto (ou sujeito) libidinal. A recusa visa à libertação – à reunião do que ficou separado. Orfeu é o arquétipo do poeta como *liberator* e *creator*:[23] estabelece uma ordem superior no mundo, uma ordem sem repressão. Na sua pessoa, arte, liberdade e cultura estão eternamente combinadas. É o poeta da redenção, o deus que traz a salvação e a paz mediante a pacificação do homem e da natureza, não através da força, mas pelo verbo:

Orfeu, o sacerdote, o arauto dos deuses,
Demoveu os homens feros do assassínio e alimento imundo
E logo se disse ter domado o esbravejar violento
De tigres e leões...

Nos tempos de outrora era missão do poeta
– Missão de sapiência – distinguir claro
Entre as coisas públicas e privadas,
Entre as coisas profanas e sagradas,
Refrear os males que a perversão sexual provoca,
Mostrar como se fixaram as leis para as pessoas casadas,
Construir as cidades, gravar as leis na madeira.[24]

---
[21] *The Ego and the Id* (Londres: Hogarth Press, 1950), p. 38.
[22] Veja o Capítulo 10.
[23] Veja Walther Rehm, *Orpheus* (Düsseldorf: L. Schwann, 1950), p. 63 e segs. Sobre Orfeu como herói cultural, veja Linforth, *The Arts of Orpheus*, p. 69.
[24] Horácio, *A Arte Poética*.

Mas o "herói cultural" Orfeu também é creditado com o estabelecimento de uma ordem muito diferente – e paga-a com a sua própria vida:

> ... Orfeu esquivara-se a todo o amor das mulheres, quer em virtude de seu insucesso no amor, quer porque jurara sua fidelidade de uma vez para sempre. Entretanto, muitas foram as mulheres que se apaixonaram pelo bardo; muitas as que prantearam seu amor repelido. Ele estabeleceu o exemplo para o povo da Trácia ao dar seu amor aos efebos, e ao desfrutar a primavera e a primeira flor a desabrochar.[25]

> Ele foi despedaçado pelas enlouquecidas mulheres trácias.[26]

A tradição clássica associa Orfeu à introdução da homossexualidade. Tal como Narciso, ele rejeita o Eros normal, não por um ideal ascético, mas por um Eros mais pleno. Tal como Narciso, protesta contra a ordem repressiva da sexualidade procriadora. O Eros órfico e narcisista é, fundamentalmente, a negação dessa ordem – a Grande Recusa. No mundo simbolizado pelo herói cultural Prometeu trata-se da negação de *toda* a ordem; mas nessa negação Orfeu e Narciso revelam uma nova realidade, com uma ordem própria, governada por diferentes princípios. O Eros órfico transforma o ser; domina a crueldade e a morte através da libertação. A sua linguagem é a *canção* e a sua existência é a *contemplação*. Essas imagens referem-se à *dimensão estética* como aquela em que o princípio de realidade das mesmas deve ser procurado e validado.

---

[25] Ovídio, *Metamorfoses*, X, 79-83. Veja Linforth, *The Arts of Orpheus*, p. 57.
[26] Ovídio, *Metamorfoses*, XL, 1 e segs.; vol. II, p. 121-122.

9

A Dimensão Estética

Obviamente, a dimensão estética não pode validar um princípio de realidade. Tal como a imaginação, que é a sua faculdade mental constitutiva, o reino da estética é essencialmente "irrealista"; conservou a sua liberdade, em face do princípio de realidade, à custa de sua ineficiência na realidade. Os valores estéticos podem funcionar na vida para adorno e elevação culturais ou como passatempo particular, mas *viver* com esses valores é o privilégio dos gênios ou a marca distintiva dos boêmios decadentes. Perante o tribunal da razão teórica e prática, que modelou o mundo do princípio de desempenho, a existência estética está condenada. Contudo, tentaremos mostrar que essa noção da estética resulta de uma "repressão cultural" de conteúdos e verdades que são inimigos do princípio de desempenho. Tentaremos desfazer, teoricamente, essa repressão, recordando o significado é função originais da *estética*. Essa tarefa envolve a demonstração da associação íntima entre prazer, sensualidade, beleza, verdade, arte e liberdade – uma associação revelada na história filosófica do termo *estético*. Aí, o termo visa a uma esfera que preserva a verdade dos sentidos e reconcilia, na realidade da liberdade, as faculdades "inferiores" e "superiores" do homem, sensualidade e intelecto, prazer e razão. Limitaremos o nosso exame ao período em que o significado do termo *estética* foi fixado: a segunda metade do século XVIII.

Na filosofia de Kant, o antagonismo básico entre sujeito e objeto reflete-se na dicotomia entre as faculdades mentais: sensualidade e intelecto (entendimento); desejo e cognição; razão prática e teórica.[1] A razão prática constitui a liberdade sob as leis morais auto-outorgadas, para fins morais; a razão teórica constitui a natureza sob as leis da causalidade. O domínio da natureza é totalmente diferente do domínio da liberdade; nenhuma autonomia subjetiva pode violar as leis da causalidade e nenhum dado sensorial pode determinar a autonomia do sujeito (pois, caso contrário, o sujeito não seria livre). Entretanto, a autonomia do sujeito tem de exercer um "efeito" na realidade objetiva, e as finalidades que o sujeito fixa para si próprio têm de ser reais. Assim, o domínio da natureza deve ser "suscetível" à legislação da liberdade; uma dimensão intermédia deve existir onde ambas se encontram. Uma terceira "faculdade" deve mediar entre a razão teórica e a prática – uma faculdade que propicie uma "transição" do reino da natureza para o da liberdade e estabeleça a ligação das faculdades inferiores e superiores, as do desejo e as do conhecimento.[2] A terceira faculdade é a do julgamento. Uma divisão tripartida da mente sublinha a dicotomia inicial. Enquanto a razão teórica (entendimento) fornece os princípios apriorísticos da cognição e a razão prática os do desejo (vontade), a faculdade de julgamento é a medianeira entre essas duas, em virtude do sentimento de dor e prazer. Combinado com o sentimento de prazer, o julgamento é estético, e o seu campo de aplicação é a arte.

Em termos rudimentarmente reduzidos, é essa a clássica derivação kantiana da função estética, em sua introdução à *Crítica do Juízo*. A obscuridade de sua exposição é causada, em grande parte, pelo fato de que funde o significado original de *estética* (pertinente aos sentidos) com a nova conotação (pertinente ao belo, especialmente na arte), a qual triunfou definitivamente durante o próprio período de Kant. Embora o seu esforço para reaver o conteúdo irreprimido se esgote dentro dos rígidos limites estabelecidos pelo seu método

---

[1] Não se trata de pares que possam ser correlacionados; designam diferentes áreas conceptuais (faculdades mentais em geral, faculdades cognitivas e seus campos de aplicação).
[2] Kant, *Critique of Judgment*, trad. inglesa de J. H. Bernard (Londres: Macmillan, 1892), p. 16. Introdução, III.

transcendental, a sua concepção ainda fornece, mesmo assim, o melhor guia para se entender todo o âmbito da dimensão estética.

Na *Crítica do Juízo*, a dimensão estética e o correspondente sentimento de prazer emergem não apenas como uma terceira dimensão e faculdade da mente, mas como o seu próprio centro, através do qual a natureza se torna suscetível à liberdade, necessária à autonomia. Nessa mediação, a função estética é "simbólica". O famoso parágrafo 59 da *Crítica* intitula-se: "Da Beleza como Símbolo de Moralidade." No sistema de Kant, a moralidade é o reino da liberdade, em que a razão prática se realiza, de acordo com leis auto-outorgadas. O belo simboliza esse reino, na medida em que demonstra intuitivamente a realidade da liberdade. Como a liberdade é uma ideia a que não pode corresponder nenhuma percepção sensorial, aquela demonstração só pode ser "indireta", simbólica, *per analogiam*. Tentaremos agora elucidar as bases dessa estranha analogia, que é simultaneamente o fundamento da ligação entre as faculdades "inferiores" da sensualidade (*Sinnlichkeit*) e a moralidade, por meio da função estética. Antes de o fazermos, porém, desejamos recordar o contexto em que o problema da estética se tornou crucial.

A nossa definição do caráter histórico específico do princípio de realidade estabelecido levou a um reexame do que Freud considerou ser a sua validade universal. Pusemos em dúvida essa validade, tendo em vista a possibilidade histórica da abolição dos controles repressivos impostos pela civilização. As próprias realizações dessa civilização pareciam tornar obsoleto o princípio de desempenho, e arcaica a utilização repressiva dos instintos. Mas a ideia de uma civilização não repressiva, com base nas realizações do princípio de desempenho, deparou com o argumento de que a libertação instintiva (e, consequentemente, a libertação total) faria explodir a própria civilização, uma vez que esta só se pode sustentar através da renúncia e do trabalho (labuta) – por outras palavras, através da utilização repressiva da energia instintiva. Livre dessas repressões, o homem existiria sem trabalho e sem ordem; retrocederia para a natureza, que destruiria a cultura. Para responder a esse argumento, recordamos certos arquétipos de imaginação que, em contraste com os heróis culturais da produtividade repressiva, simbolizavam a receptividade criadora. Esses arquétipos preconizavam a realização plena do homem e da natureza, não através da dominação e exploração, mas pela liberação das inerentes forças libidinais. Entregamo-nos então à tarefa de "verificação" desses símbolos – isto é, à demonstração do seu valor de verdade como símbolos de um princípio de realidade, *para além* do princípio de desempenho. Pensamos que o conteúdo representativo das imagens órficas e narcisistas era a reconciliação (união) erótica do homem e da natureza na atitude estética, onde a ordem é a beleza e o trabalho é a atividade lúdica. O próximo passo foi eliminar a distorção da atitude estética na atmosfera irreal do museu ou da boêmia. Com esse propósito em mente, tentamos reaver o conteúdo total da dimensão estética mediante a investigação de sua legitimação filosófica. Verificamos que, na Filosofia de Kant, a dimensão estética ocupa a posição central, entre a sensualidade e a moralidade – os dois polos da existência humana. Sendo esse o caso, então a dimensão estética deverá conter princípios válidos para ambos os domínios polares.

A experiência básica, nessa dimensão, é mais sensual do que conceptual; a percepção estética é essencialmente intuição, não noção.[3] A natureza da sensualidade é a "receptividade", a cognição obtida por meio de sua afetação por determinados objetos. É em virtude da sua relação intrínseca com a sensualidade que a função estética assume a sua posição central. A percepção estética é acompanhada do prazer.[4] Esse prazer deriva da percepção da *forma pura* de um objeto, independentemente de sua "matéria" ou de seu "propósito" (interno ou externo). Um objeto representado em sua forma pura é "belo". Tal representação é obra (ou, melhor, o jogo) da *imaginação*. Como imaginação, a percepção estética é sensualidade, ao mesmo tempo, mais do que sensualidade (a "terceira" faculdade básica); dá prazer e, portanto, é essencialmente subjetiva; mas na medida em que esse prazer é constituído pela forma pura do próprio objeto, acompanha universal e necessariamente a percepção estética – para *qualquer* sujeito que percebe. Embora sensual e, portanto, receptiva,

---

[3] O exame que se segue é apenas um resumo condensado dos passos decisivos na exposição de Kant. A relação altamente complexa entre a hipótese de duas faculdades cognitivas básicas (sensualidade e entendimento) e três dessas faculdades (sensualidade, imaginação, apercepção) não pode ser aqui debatida. Também não podemos dissertar sobre a relação entre a estética transcendental na *Crítica da Razão Pura* e a função estética na *Crítica do Juízo*. Heidegger demonstrou pela primeira vez o papel central desempenhado pela função estética no sistema de Kant. Veja sua obra *Kant und das Problem der Metaphysik* (Bonn: Friedrich Cohen, 1929); para a relação entre as faculdades cognitivas básicas, veja especialmente p. 31 e segs., 129 e segs.
[4] O que se segue está de acordo com a *Crítica do Juízo*, Introdução, VII.

a imaginação estética é criadora: numa livre síntese de sua própria criação, ela constitui *beleza*. Na imaginação estética, a sensualidade gera princípios universalmente válidos para uma ordem objetiva. As duas principais categorias definidoras dessa ordem são "intencionalidade sem intento" e "legitimidade sem lei".[5] Elas circunscrevem, para além do contexto kantiano, a essência de uma ordem verdadeiramente não repressiva. A primeira define a estrutura do belo, a segunda a da liberdade; o seu caráter comum é a gratificação no livre jogo das potencialidades libertas do homem e da natureza. Kant só desenvolve essas categorias como processos mentais, mas o impacto da sua teoria sobre os seus contemporâneos ultrapassou de longe as fronteiras estabelecidas pela sua Filosofia transcendental; alguns anos após a publicação da *Crítica do Juízo*, Schiller derivou da concepção kantiana a noção de um novo modo de civilização.

Para Kant, "intencionalidade sem intento" (intencionalidade formal) é a forma em que o objeto aparece na representação estética. Seja qual for o objeto (coisa ou flor, animal ou homem), é representado e julgado não em termos de sua utilidade, não de acordo com algum intento ou propósito a que possa talvez servir e também sem ter em vista a sua finalidade e compleição "internas". Na imaginação estética, o objeto é representado, de preferência, como algo inteiramente livre de tais relações e propriedades, como ser que *se* é livremente. A experiência em que o objeto é assim "dado" é totalmente diferente tanto da experiência cotidiana como da científica; todos os vínculos entre o objeto e o mundo da razão prática e teórica são cortados ou, melhor, suspensos. Essa experiência, que propicia ao objeto o ser "livre", é obra do livre jogo da imaginação.[6] Sujeito e objeto tornam-se livres em um novo sentido. Dessa radical mudança de atitude em relação ao ser resulta uma nova qualidade de prazer, gerada pela forma em que o objeto agora se revela. A sua "forma pura" sugere uma "unidade da multiplicidade", uma harmonia de movimentos e relações que opera segundo suas próprias leis – a pura manifestação do seu "estar aí", de sua existência. É esta a manifestação de beleza. A imaginação entra em acordo com as noções cognitivas do entendimento, e esse acordo estabelece uma harmonia das faculdades mentais que é a resposta agradável à livre harmonia do

---

[5] "Zweckmâssigkeit ohne Zweck; Gesetzmâssigkeit ohne Gesetz." *Ibid.*, §§ 16-17, 22.
[6] Ver Herman Moerchen, "Die Einbildungskraft bei Kant", em *Jahrbuch für Philosophie und Phaenomenologische Forschung*, ed. Husserl, IX (Halle, 1930), 478-479.

objeto estético. A ordem de beleza resulta da ordem que governa o jogo da imaginação. Essa dupla ordem está em conformidade com certas leis, mas leis que são elas próprias livres: não são sobrepostas nem impõem a consecução de fins e propósitos específicos; são a forma pura da própria existência. A "conformidade estética à lei" liga a Natureza e a Liberdade, o Prazer e a Moralidade. O julgamento estético é,

... com respeito ao sentimento de prazer ou dor, um princípio constitutivo. A espontaneidade no jogo das faculdades cognitivas, a harmonia das quais contém os fundamentos desse prazer, faz do conceito [de intencionalidade da natureza] o elo mediador entre o domínio conceptual da natureza e da liberdade... ao passo que, simultaneamente, essa espontaneidade promove a suscetibilidade da mente ao sentimento moral.[7]

Para Kant, a dimensão estética é o meio onde os sentidos e o intelecto se encontram. A mediação realiza-se pela imaginação, que é a "terceira" faculdade mental. Além disso, a dimensão estética também é o meio onde a natureza e a liberdade se encontram. Essa dupla mediação é requerida pelo conflito geral entre as faculdades superiores e inferiores do homem, o qual é gerado pelo progresso da civilização – um progresso obtido através da subjugação das faculdades sensuais à razão e através de sua utilização repressiva para as necessidades sociais. O esforço filosófico de mediação, na dimensão estética, entre sensualidade e razão manifesta-se, pois, como uma tentativa para reconciliar as duas esferas da existência humana que foram separadas à força e despedaçadas por um princípio de realidade repressivo. A função mediadora é desempenhada pela faculdade estética, que é afim da sensualidade, pertinente aos sentidos. Por consequência, a reconciliação estética implica um fortalecimento da sensualidade, contra a tirania da razão, e, em última instância, exige até a libertação da sensualidade, frente à dominação repressiva da razão.

Com efeito, na base da teoria de Kant, quando a função estética se converte no tema central da filosofia da cultura, é usada para demonstrar os princípios de uma civilização não repressiva, em que a

---

[7] *Crítica do Juízo*, Introdução, IX.

razão é sensual e a sensualidade é racional. As *Cartas sobre a Educação Estética do Homem*, de Schiller (1795), escritas em grande parte sobre o impacto da *Crítica do Juízo*, visam à reconstrução da civilização em virtude da força libertadora da função estética, e esta função foi considerada como contendo a possibilidade de um novo princípio de realidade.

A lógica central da tradição do pensamento ocidental levou Schiller a definir o novo princípio de realidade, e a nova experiência que lhe corresponde, como *estético*. Já salientamos que o termo designava, originalmente, o que "pertencia aos sentidos", sublinhando a sua função cognitiva. Com o predomínio do racionalismo, a função cognitiva da sensualidade tem sido constantemente menosprezada. Em conformidade com o conceito repressivo da razão, a cognição converteu-se na preocupação suprema das faculdades "superiores", não sensuais, da mente; a estética foi absorvida pela lógica e pela metafísica. A sensualidade, como faculdade "inferior" e mesmo "ínfima", fornecia, na melhor das hipóteses, a mera substância, a matéria-prima para a cognição, competindo às faculdades superiores do intelecto organizá-la. O conteúdo e validade da função estética foram gradualmente reduzidos. A sensualidade reteve uma certa medida de dignidade filosófica numa posição epistemológica subordinada; aqueles, entre os seus processos, que não se ajustassem a uma epistemologia racionalista – isto é, aqueles processos que excedessem a percepção passiva de dados – eram abandonados. Entre os mais destacados desses conteúdos e valores repudiados contavam-se os da imaginação: a intuição livre, criadora ou reprodutora de objetos que não são diretamente "dados" – a faculdade de representar objetos sem que eles estejam "presentes".[8] Não havia uma *estética*, como ciência da sensualidade, para corresponder à lógica, como ciência do entendimento conceptual. Mas, em meados do século XVIII, a estética surgiu como uma nova disciplina filosófica, como a teoria do Belo e da Arte. Foi Alexander Baumgarten quem estabeleceu o uso moderno do termo. A mudança de significado, de "pertinente aos sentidos" para "pertinente à beleza e à arte", tem um significado muito mais profundo do que uma simples inovação acadêmica.

A história filosófica do termo *estética* reflete o tratamento repressivo dos processos cognitivos sensuais (e, portanto, "corporais"). Nes-

---
[8] Definição de Kant em sua *Crítica da Razão Pura*, "Estética Transcendental", § 24.

sa história, o fundamento da estética como disciplina independente compensa o domínio repressivo da razão: os esforços para demonstrar a posição central da função estética e para estabelecê-la como categoria existencial invocam os valores de verdade inerentes aos sentidos, contra a sua depravação sob o princípio de realidade prevalecente. A disciplina da estética instala a *ordem da sensualidade* contra a *ordem da razão*. Introduzida na filosofia da cultura, essa noção almeja uma libertação dos sentidos que, longe de destruir a civilização, dar-lhe-ia uma base mais firme e incentivaria muito as suas potencialidades. Operando através de um impulso básico – nomeadamente, o impulso lúdico – a função estética "aboliria a compulsão e colocaria o homem, moral e fisicamente, em liberdade". Harmonizaria os sentimentos e afeições com as ideias da razão, privaria as "leis da razão de sua compulsão moral" e "reconciliá-las-ia com o interesse dos sentidos".[9]

Será objetado que essa interpretação, que associa o termo filosófico *sensualidade* (como faculdade mental cognitiva) com a libertação dos sentidos, é um simples jogo em torno de uma ambiguidade etimológica; a raiz *sens* em *sensualidade* já não justifica a conotação de sensualismo.[10] No alemão, *sensualidade* e *sensualismo* ainda são expressos por uma só palavra: *Sinnlichkeit*. Tanto expressa a gratificação instintiva (especialmente a sexual) como a percepção sensório-cognitiva e sua representação (sensação). Essa dupla conotação é preservada na linguagem cotidiana e filosófica e mantém-se no uso do termo *Sinnlichkeit* para o fundamento da estética. Aqui, o termo designa as faculdades cognitivas "inferiores" ("opacas", "confusas") do homem, *mais* o "sentimento de dor e prazer" – sensações *mais* afeições.[11] Nas *Cartas sobre a Educação Estética do Homem*, de Schiller, acentua-se o caráter impulsivo, instintivo, da função estética.[12] Esse conteúdo fornece o material básico para a nova disciplina da estética. Esta é concebida como a ciência da "cognição sensitiva" – "uma lógica das faculdades cognitivas inferiores".[13] A estética é a "irmã" e,

---
[9] Schiller, *The Aesthetic Letters, Essays, and the Philosophical Letters*, trad. inglesa de J. Weiss (Boston: Little, Brown, 1845), p. 66-67.
[10] Isto é, a conotação de *sensorial* com *sensual*. (N.T.)
[11] Alexander Baumgarten, "Meditationes Philosophicae de Nonnullis ad Poema Pertinentibus", §§ 25-26, em Albert Riemann, *Die Aesthetik A. O. Baumgartens* (Halle: Niemeyer, 1928), p. 114.
[12] Schiller, *Cartas Sobre a Educação Estética do Homem*, Cartas IV, VIII, e *passim*.
[13] Baumgarten, "Aesthetik", em Bernhard Poppe, *A. G. Baumgarten* (Bonn, Leipzig, 1907), § 1; veja também p. 44. "Meditationes Philosophicae", § 115.

ao mesmo tempo, a réplica da lógica. A oposição ao predomínio da razão caracteriza a nova ciência: "não é a razão, mas a sensualidade [*Sinnlichkeit*] que constitui a verdade ou falsidade estética. O que a sensualidade reconhece, ou pode reconhecer, como verdadeiro, a estética pode representar como verdadeiro, mesmo que a razão o rejeite como falso."[14] E Kant afirmou, em suas lições sobre Antropologia: "... podem-se estabelecer leis universais de sensualidade [*Sinnlichkeit*] assim como se podem estabelecer leis gerais do entendimento; isto é, existe uma ciência da sensualidade, ou seja, a Estética, e uma ciência do entendimento, que é a Lógica."[15] Os princípios e verdades da sensualidade fornecem o conteúdo da Estética, e "o objetivo e propósito da Estética é a perfeição do conhecimento sensitivo. Essa perfeição é a beleza".[16] Está dado o passo que transforma a Estética, a ciência da sensualidade, na ciência da *arte*, e a ordem de sensualidade em ordem artística.

O destino etimológico de um termo básico raramente é um acidente. Qual é a realidade subentendida na evolução conceptual de *sensualismo* para *sensualidade* (cognição sensitiva) e desta para *arte*? A sensualidade, conceito intermédio, designa os sentidos como fontes e órgãos do conhecimento. Mas os sentidos não são exclusivamente, nem sequer primordialmente, órgãos cognitivos. A sua função cognitiva está confundida em sua função apetente (sensualismo); são erotogênicas e governadas pelo princípio de prazer. Dessa fusão das funções cognitivas e apetentes deriva o caráter confuso, inferior e passivo do conhecimento sensorial que o torna inadequado ao princípio de realidade, exceto se estiver submetido e formado pela atividade conceptual do intelecto, da razão. E na medida em que a Filosofia aceitou as normas e valores do princípio de realidade, a pretensão de uma sensualidade livre do domínio da razão não encontra lugar na Filosofia; grandemente modificada, obteve refúgio na teoria da arte. A verdade de arte é a libertação da sensualidade através de sua reconciliação com a razão; é esta a noção central da Estética idealista clássica. Em arte,

... o pensamento é materializado, e a matéria não é extrinsecamente determinada pelo pensamento, pois ela própria é livre,

---
[14] Baumgarten, "Aesthetik", p. 42.
[15] *Ibid.*, p. 57.
[16] Baumgarten, *Aesthetica*, Vol. 1 (Frankfurt a/O., 1750), § 14.

na medida em que o que é natural, sensual, afetivo, possui sua dimensão, propósito e harmonia em si mesmo. Enquanto a percepção e o sentimento são erguidos à universalidade do espírito, o pensamento não só renuncia à sua hostilidade contra a natureza, mas nesta se consente. Sentimento, alegria e prazer são sancionados e justificados, pelo que a natureza e a liberdade, sensualidade e razão, encontram em sua unidade o seu direito e gratificação.[17]

A arte desafia o princípio de razão predominante; ao representar a ordem da sensualidade, invoca uma lógica tabu – a lógica da gratificação, contra a da repressão. Subentendido na forma estética sublimada, o conteúdo não sublimado transparece: a vinculação da arte ao princípio de prazer.[18] A investigação das raízes eróticas da arte desempenha um importante papel na Psicanálise; contudo, essas raízes estão mais na obra e função da arte do que no artista. A forma estética é forma sensual – constituída pela *ordem de sensualidade*. Se a "perfeição" do conhecimento sensorial for definida como beleza, essa definição ainda conterá uma conexão íntima com a gratificação instintiva, e o prazer estético ainda será prazer. Mas a origem sensual é "reprimida", e a gratificação está na *forma* pura do objeto. Como valor estético, a verdade não conceptual dos sentidos está sancionada e a liberdade, em face do princípio de realidade, é consentida ao "livre jogo" da imaginação criadora. Aqui, é reconhecida uma realidade com padrões muito diferentes. Contudo, uma vez que esta outra realidade "livre" é atribuída à arte, e sua experiência à atitude estética, não é vinculativa e não compromete a existência humana no modo de vida corrente; é "irreal".

A tentativa de Schiller de eliminar a sublimação da função estética inicia-se a partir da posição de Kant: só porque a imaginação é uma faculdade central da mente, só porque a beleza é uma "condição necessária da humanidade",[19] a função estética pode desempenhar um papel decisivo na reformulação da civilização. Quando Schiller escreveu, a necessidade de tal reformulação parecia evidente; Herder

---

[17] Hegel, *Estética*, Vol. I, Introdução. Veja também *The Philosophy of Fine Arts*, trad. inglesa de F. P. B. Osmaton (Londres: G. Bell & Sons, 1920), I, p. 83.
[18] Veja Otto Rank, "The Play-impulse and Aesthetic Pleasure", em *Art and Artist* (Nova York: Alfred Knopf, 1932).
[19] Schiller, *Cartas sobre a Educação Estética*.

e Schiller, Hegel e Novalis, desenvolveram em termos quase idênticos o conceito de alienação. Quando a sociedade industrial começa a ganhar forma, sob o domínio do princípio de desempenho, a sua negatividade inerente impregna a análise filosófica:

... a fruição de prazer está separada do trabalho, os meios do fim, o esforço da recompensa. Eternamente acorrentado a um único e diminuto fragmento do todo, o homem configura-se apenas como um fragmento; escutando sempre e apenas o monótono rodopiar da roda que ele faz girar, jamais desenvolve a harmonia do seu próprio ser e, em vez de dar forma à humanidade que existe em sua natureza, converte-se em simples marca de sua ocupação, de sua ciência.[20]

Como foi a própria civilização que "aplicou ao homem moderno essa ferida", só um novo modo de civilização poderá curá-la. A ferida é causada pela relação antagônica entre as duas dimensões polares da existência humana. Schiller descreve esse antagonismo numa série de conceitos emparelhados: sensualidade e razão, matéria e forma (espírito), natureza e liberdade, o particular e o universal. Cada uma das duas dimensões é governada por um *impulso* básico: o "impulso sensual" e o "impulso formal".[21] O primeiro é essencialmente passivo, receptivo; o segundo, ativo e dominador. A cultura é um produto da combinação e interação desses dois impulsos. Mas na civilização estabelecida, a sua relação tem sido antagônica; em vez de reconciliar ambos os impulsos, tornando a sensualidade racional e a razão sensual, a civilização submeteu a sensualidade à razão de modo tal que a primeira, se acaso logra reafirmar-se, o faz através de formas destrutivas e "selvagens", enquanto a tirania da razão empobrece e barbariza a sensualidade. O conflito deve ser resolvido se se quiser que as potencialidades humanas se realizem livremente. Uma vez que somente os impulsos possuem a força duradoura que afeta fundamentalmente a existência humana, tal reconciliação entre os dois impulsos tem de ser obra de um terceiro impulso. Schiller define esse terceiro impulso mediador como o *impulso lúdico*, tendo por objetivo a beleza e por finalidade a liberdade. Tentaremos agora resgatar o conteúdo da noção de Schiller do benevolente tratamento estético a que a interpretação tradicional o confinou.

---
[20] *Ibid.*, p. 22.
[21] *Ibid.*, p. 53.

O que se procura é a solução de um problema "político": a libertação do homem das condições existenciais inumanas. Schiller afirma que, a fim de solucionar o problema político, "tem de se passar através da estética, visto ser a beleza o caminho "que conduz à liberdade". O impulso lúdico é o veículo dessa libertação. O impulso não tem por alvo jogar "com" alguma coisa; antes, é o jogo da própria vida – para além de carências e compulsões externas – a manifestação de uma existência sem medo nem ansiedade e, assim, a manifestação da própria liberdade. O homem só é livre quando está livre de coações, externas e internas, físicas e morais – quando não é reprimido pela lei nem pela necessidade.[22] Mas tal coação *é* a realidade. Assim, num sentido estrito, liberdade é a emancipação de uma realidade estabelecida: o homem está livre quando a "realidade perde a sua seriedade" e quando a sua necessidade "se ilumina" (*leicht*).[23] "A maior estupidez e a maior inteligência têm uma certa afinidade mútua, na medida em que ambas procuram apenas o *real*"; contudo, tal necessidade e devoção ao real é, "meramente, o resultado de uma carência". Em contraste, a "indiferença à realidade" e o interesse em "exibir" (expor à vista, *Schein* = brilhar) são indícios claros da liberdade de carências e de uma "verdadeira ampliação da humanidade".[24] Numa civilização autenticamente humana, a existência humana jogará em vez de labutar com esforço, e o homem viverá exibindo-se, em vez de permanecer vergado à necessidade.

Essas ideias representam uma das mais avançadas posições do pensamento. Deve-se entender que a libertação, em face da realidade, que se preconiza neste contexto não é transcendente, "íntima" ou, meramente, uma liberdade intelectual (como Schiller explicitamente enfatiza),[25] mas uma liberdade *na* realidade. A realidade que "perde a sua seriedade" é a realidade inumana da carência e da necessidade, e perde a sua seriedade quando as carências e necessidades podem ser satisfeitas sem trabalho alienado. Então, o homem está livre para "jogar", tanto com suas próprias faculdades e potencialidades como da natureza, e só "jogando" com elas é livre. O seu mundo é, então, exibição (*Schein*), e sua ordem é a da beleza. Porque é a realização da liberdade, jogar é *mais* do que a realidade

---
[22] *Ibid.*, p. 70-71, 96.
[23] *Ibid.*, p. 71.
[24] *Ibid.*, p. 130-131.
[25] *Ibid.*, p. 93, 140, 142.

física e moral coerciva: "... o homem só é *sério* com o que é agradável, bom, perfeito; mas com a beleza ele joga."[26] Tais formulações seriam de um "esteticismo" irresponsável se o domínio lúdico fosse o de ornamento, luxo, ociosidade, num mundo em tudo o mais repressivo. Mas a função estética é aqui concebida como um princípio que governa toda a existência humana, e só poderá fazê-lo se se tornar "universal". A cultura estética pressupõe "uma revolução total no modo da percepção e sentimento",[27] e tal revolução só se torna possível se a civilização tiver atingido a mais alta maturidade física e intelectual. Só quando "a coação da necessidade" é substituída pela "coação da superfluidade" (abundância), a existência humana é impelida para um "movimento livre que é, em si próprio, um meio e uma finalidade".[28] Liberado da pressão dos propósitos e desempenhos penosos, a que a carência necessariamente obriga, o homem recuperará a "liberdade de ser o que deve ser".[29] Mas o que "deve" ser, será a própria liberdade – a liberdade de jogar. A faculdade mental que exerce essa liberdade é a da *imaginação*.[30] O livre jogo da imaginação traça e projeta as potencialidades do ser total; liberta-o de sua escravidão à matéria dominante e coerciva – e essas potencialidades revelam-se como "formas puras". Como tal, constituem uma ordem *sui generis*: existem "de acordo com as leis da beleza".[31]

Assim que realmente ganhar ascendência como um princípio da civilização, o impulso lúdico transformará literalmente a realidade. A natureza, o mundo objetivo, seriam então experimentados primordialmente, não como domínio sobre o homem (tal como na sociedade primitiva) nem como dominados pelo homem (tal como na civilização estabelecida) mas, pelo contrário, como objetos de "contemplação".[32] Com esta mudança na experiência básica e formativa, o próprio objeto de experiência também muda: liberada da dominação e exploração violentas e, pelo contrário, configurada de acordo com o impulso lúdico, a natureza também ficaria liberta de sua própria brutalidade e apta a exibir a riqueza de suas formas

---
[26] *Ibid.*, p. 72.
[27] *Ibid.*, p. 138.
[28] *Ibid.*, p. 140.
[29] *Ibid.*, p. 100.
[30] *Ibid.*, p. 133.
[31] *Ibid.*, p. 111.
[32] *Ibid.*, p. 115, 123.

não intencionais, que expressam a "vida interior" de seus objetos.[33] E uma correspondente mudança ocorreria no mundo subjetivo. Também aí a experiência estética sustaria a produtividade violenta e exploradora que fez do homem um instrumento de trabalho. Mas não seria devolvido a um estado de sofredora passividade. Sua existência ainda continuaria sendo atividade, "mas o que ele possui e produz não mais precisa ostentar os sinais de servidão, o terrível desígnio de seu propósito";[34] superando a carência e a angústia, a atividade humana torna-se *exibição* – a livre manifestação de potencialidades.

Nesse ponto, a qualidade explosiva da concepção de Schiller fica em foco. Ele diagnosticara a doença da civilização como um conflito entre os dois impulsos básicos do homem (os impulsos sensuais e formais) ou, melhor ainda, como a "solução" violenta desse conflito: o estabelecimento da tirania repressiva da razão sobre a sensualidade. Por consequência, a reconciliação dos impulsos conflitantes envolveria a remoção dessa tirania – isto é, a restauração do direito de sensualidade. A liberdade teria de ser procurada na libertação da sensualidade, em lugar da razão, e na limitação das faculdades "superiores", em favor das "inferiores". Por outras palavras, a salvação da cultura envolveria a abolição dos controles repressivos que a civilização impôs à sensualidade. E é essa, com efeito, a ideia subentendida na *Educação Estética* schilleriana. Visa à fundamentação da moralidade em terrenos sensuais;[35] as leis da razão devem reconciliar-se com os interesses dos sentidos;[36] o impulso formal dominante deve ser restringido: "a sensualidade deve manter, triunfantemente, a sua província, e resistir à violência que o espírito (*Geist*) de bom grado lhe infligiria através da sua atividade intrometente."[37] Certo, se a liberdade se converter no princípio orientador da civilização, não só a razão, mas também o "impulso sensual" exigirá uma transformação restritiva. A descarga adicional de energia sensual deverá conformar-se a uma *ordem* universal de liberdade. Contudo, seja qual for a ordem a ser imposta ao impulso sensual, deverá ser sempre, ela

---

[33] *Ibid.*, p. 114.
[34] *Ibid.*, p. 142-143.
[35] *Ibid.*, p. 10. Weiss traduz aqui *sinnliche*, não como "sensual", mas como "sensível".
[36] *Ibid.*, p. 67.
[37] *Ibid.*, p. 63.

própria, "uma operação de liberdade".[38] O próprio indivíduo livre deve originar a harmonia entre a gratificação individual e a universal. Numa civilização verdadeiramente livre, todas as leis são promulgadas pelos próprios indivíduos: "dar liberdade pela liberdade é a lei universal" do "estado estético";[39] numa civilização verdadeiramente livre, "a vontade do todo" só se cumpre "através da natureza do indivíduo".[40] A ordem só é liberdade se fundada e mantida pela livre gratificação dos indivíduos.

Mas o inimigo fatal da gratificação duradoura é o *tempo*, a finitude íntima, a brevidade de todas as condições e estados. Portanto, a ideia de integral libertação humana contém, necessariamente, a visão de uma luta contra o tempo. Já vimos que as imagens órfica e narcisista simbolizam a rebelião contra o transitório, o esforço desesperado para sustar o fluir do tempo – a natureza conservadora do princípio de prazer. Se o "estado estético" se destina a ser, realmente, o estado de liberdade, então terá de derrotar, em última instância, o curso destrutivo do tempo. Só isso constitui um indício palpável da civilização não repressiva. Assim, Schiller atribui ao impulso lúdico libertador a função de "abolir o tempo no tempo", de reconciliar o ser e o devir, a mudança e a identidade.[41] Nessa tarefa culmina o progresso da humanidade, rumo a uma forma superior de cultura.

As sublimações idealistas e estéticas que predominam na obra de Schiller não viciam suas implicações radicais. Jung reconheceu essas implicações e sentiu-se devidamente assustado por elas. Advertiu que o domínio do impulso lúdico acarretaria uma "libertação da repressão", o que, por sua vez, teria por consequência uma "depreciação dos valores supremos até agora vigentes", uma "catástrofe da cultura" – numa palavra, "barbarismo".[42] O próprio Schiller estava menos inclinado do que Jung, ao que nos parece, para uma identificação da cultura repressiva com a própria cultura, como tal; parecia estar disposto a aceitar o risco de catástrofe para a primeira e um rebaixamento dos seus valores se isso conduzisse a uma cultura superior. Tinha plena consciência de que, em suas primeiras manifestações livres, o impulso lúdico "será dificilmente reconhecido", visto que

---

[38] *Ibid.*, p. 63.
[39] *Ibid.*; p. 145.
[40] *Ibid.*, p. 145.
[41] *Ibid.*, p. 65.
[42] Jung, *Tipos Psicológicos*, p. 96 e segs., da edição brasileira, *op. cit.*

o impulso sensual interpor-se-á incessantemente com o seu "desejo bárbaro".[43] Contudo, pensou que tais eclosões "bárbaras" seriam superadas à medida que a nova cultura evoluísse, e que apenas um "salto" poderia ocasionar a transição da antiga para a nova. Não se preocupava com as mudanças catastróficas, na estrutura social, que esse "salto" envolveria: aquelas situam-se fora dos limites da Filosofia idealista. Mas a direção da mudança para uma ordem não repressiva está claramente assinalada em sua concepção estética.

Se reunirmos os seus principais elementos, verificaremos o seguinte:

1) A transformação do esforço laborioso (trabalho) em jogo (atividade lúdica), e da produtividade repressiva em "exibição" – uma transformação que deve ser antecedida pela conquista da carência (escassez) como fator determinante da civilização.[44]
2) A autossublimação da sensualidade (do impulso sensual) e a dessublimação da razão (do impulso formal), a fim de reconciliar os dois impulsos antagônicos básicos.
3) A conquista do tempo, na medida em que o tempo destrói a gratificação duradoura.

Esses elementos são praticamente idênticos aos de uma reconciliação entre o princípio de prazer e o princípio de realidade. Recor-

---

[43] Schiller, *Cartas sobre a Educação Estética*, p. 142.
[44] Uma tentativa para definir, numa base biológica, a liberdade humana em termos lúdicos foi recentemente realizada por Gustav Bally, em *Vom Ursprung und den Grenzen der Freiheit* (Basileia: Benno Schwabe, 1945), especialmente p. 29, 71 e segs., 74-75. Vê a dimensão da liberdade na liberdade contra a determinação instintiva. O homem não é, como o animal, necessariamente determinado pelos seus instintos; ele possui um *entspanntes Feld* (Zona de repouso) – um *Spielraum* (área de jogo), no qual se "mantém distante dos seus objetivos instintivos", joga com eles e, assim, joga com o seu mundo. Essa atitude de uma constante distância do objetivo instintivo torna possível a cultura humana.

A concepção de Bally está próxima da de Schiller, mas é regressiva onde a de Schiller é progressiva. A liberdade lúdica de Schiller é o resultado da libertação instintiva; a de Bally é a "liberdade relativa contra os instintos" (p. 94), a liberdade de resistir às necessidades instintivas. Não admira, pois, que a nova interpretação de liberdade acabe sendo, afinal, a antiga liberdade de renunciar, de recusar as "tentações", a "coragem" da autodisciplina, o poder de autorrepressão (p. 79). E, muito coerentemente, a suprema e verdadeira liberdade, "a liberdade contra a angústia e o medo", é denunciada como liberdade falsa e "discutível" (p. 100).

daremos o papel constitutivo que se atribui à imaginação (fantasia) no jogo e na exibição; a imaginação preserva os objetivos daqueles processos mentais que se conservaram livres do princípio de realidade repressivo; em sua função estética, eles podem ser incorporados na racionalidade consciente da civilização madura. O impulso lúdico representa o denominador comum dos dois processos e princípios mentais opostos.

Ainda outro elemento liga a Filosofia estética às imagens órfica e narcisista: a visão de uma ordem não repressiva em que o mundo subjetivo e objetivo, o homem e a natureza, se harmonizam. Os símbolos órficos gravitam em torno do deus cantante que vive para derrotar a morte e libertar a natureza, para que a matéria reprimida e repressora libere as formas belas e jubilosas das coisas animadas e inanimadas. Não lutando nem desejando mais "algo a ser ainda atingido",[45] encontram-se livres do medo e de grilhões e são, pois, livres *per se*. A contemplação de Narciso repele todas as outras atividades, na rendição erótica à beleza, unindo inseparavelmente a sua própria existência com a natureza. Do mesmo modo, a Filosofia estética concebe a ordem não repressiva de tal maneira que a natureza, no homem e fora do homem, torna-se livremente suscetível às "leis" – as leis da exibição brilhante e da beleza.

A ordem não repressiva é, essencialmente, uma ordem de *abundância*: a necessária restrição é mais provocada pela "superfluidade" do que pela necessidade. Só uma ordem de abundância é compatível com a liberdade. Nesse ponto, encontram-se as críticas idealista e materialista da cultura. Ambas concordam em que a ordem não repressiva só se torna possível no grau supremo de maturidade da civilização, quando todas as necessidades básicas podem ser satisfeitas com um dispêndio mínimo de energias física e mental, num mínimo de tempo. Rejeitando a noção de liberdade que pertence ao domínio do princípio de desempenho, reservam a liberdade para o novo modo de existência que se manifestaria na base de necessidades existenciais universalmente gratificadas. O reino da liberdade é visionado para *além* do domínio da necessidade: a liberdade não está dentro, mas fora da "luta pela existência". A posse e a obtenção das necessidades da vida são pré-requisitos e não o conteúdo de uma sociedade livre. O reino da necessidade, da labuta e trabalho não

---

[45] "... *um ein endlich noch Erreichtes*" (Rilke).

é o da liberdade, visto que a existência humana, nesse domínio, é determinada por objetivos e funções que não são propriamente seus e que não permitem o livre jogo das faculdades e desejos humanos. Portanto, o nível ótimo, nesse domínio, é definido por padrões de racionalidade e não de liberdade – nomeadamente, para organizar a produção e a distribuição de modo tal que o mínimo tempo seja consumido em tornar todas as necessidades acessíveis a todos os membros da sociedade. O necessário labor ou trabalho esforçado é um sistema de atividades inumanas, mecânicas e rotineiras; em tal sistema, a individualidade não pode constituir um valor e um fim em si. Racionalmente, o sistema de trabalho social seria organizado, pelo contrário, tendo em vista a economia de tempo e espaço para o desenvolvimento do indivíduo *fora* do mundo de trabalho inevitavelmente repressivo. O jogo e a exibição, como princípios de civilização, implicam não só a transformação do trabalho, mas a sua completa subordinação à livre evolução das potencialidades do homem e da natureza. As ideias de jogo e exibição revelam agora sua plena distância dos valores da produtividade e desempenho: o jogo é *improdutivo* e *inútil* precisamente porque anula as características repressivas e exploradoras do trabalho e do lazer; "joga, simplesmente", com a realidade, mas também anula suas características sublimes – os "valores supremos". A dessublimação da razão é justamente um processo tão essencial, na emergência de uma cultura livre, quanto a autossublimação da sensualidade. No sistema estabelecido de dominação, a estrutura repressiva da razão e a organização repressiva das faculdades sensuais suplementam-se e apoiam-se mutuamente. Nos termos de Freud: a moralidade civilizada é a moralidade dos instintos reprimidos; a libertação destes implica um "rebaixamento" daquela. Mas esse rebaixamento dos valores superiores poderá devolvê-los à estrutura orgânica da existência humana, da qual foram separados, e a reunião é suscetível de transformar a própria estrutura. Se os valores superiores perdem seu caráter remoto, seu isolamento e hostilidade em relação às faculdades inferiores, estas poderão tornar-se livremente acessíveis à cultura.

10

A Transformação da Sexualidade em Eros

A visão de uma cultura não repressiva, que desvendamos através de uma tendência evolutiva marginal na Mitologia e Filosofia, tem por objetivo o estabelecimento de uma nova relação entre os instintos e a razão. A moralidade civilizada é invertida pela harmonização da liberdade instintiva e da ordem: libertos da tirania da razão repressiva, os instintos tendem para relações existenciais livres e duradouras, isto é, geram um *novo* princípio de realidade. Na ideia de Schiller de um "estado estético", a visão de uma cultura não repressiva é concretizada no nível de civilização madura. Nesse nível, a organização dos instintos converte-se num problema social (na terminologia de Schiller, *político*), tal como acontece na Psicologia de Freud. Os processos que criam o ego e o superego também modelam e perpetuam instituições e relações sociais específicas. Os conceitos psicanalíticos como sublimação, identificação e introjeção não possuem apenas um conteúdo psíquico, mas também social: terminam em um sistema de instituições, leis, agências, coisas e costumes que enfrentam o indivíduo como entidades objetivas. Dentro desse sistema antagônico, o conflito mental entre o ego e o superego, entre o ego e o id, é simultaneamente um conflito entre o indivíduo e a sua sociedade. Esta última consubstancia a racionalidade do todo; e a luta do indivíduo contra as forças repressivas é uma luta contra a razão objetiva. Portanto, a emergência de um princípio de realidade não repressivo, envolvendo a libertação dos instintos, *regrediria* para além do nível alcançado de racionalidade civilizada. Essa regressão seria psíquica e também social: reativaria estágios anteriores da libido, que tinham sido ultrapassados no desenvolvimento do ego da realidade, e dissolveria as instituições da sociedade em que o ego da realidade existe. Nos termos dessas instituições, a liberação instintiva significa uma recaída no barbarismo. Contudo, ocorrendo no auge da civilização, como uma consequência não de uma derrota, mas de uma vitória na luta pela existência, e apoiada numa sociedade livre, tal liberação poderia ter resultados diferentes. Seria ainda uma inversão do processo de civilização, uma subversão de cultura – mas *depois* de a cultura ter realizado sua obra e criado uma humanidade e um mundo que podiam ser livres. Seria ainda uma "regressão" – mas à luz da consciência madura e guiada por uma nova racionalidade. Nessas condições, a possibilidade de uma civilização não repressiva baseia-se não na suspensão, mas na liberação do progresso – para que o homem possa ordenar sua vida de acordo com seu conhecimento plenamente desenvolvido, para que possa indagar de novo o que é bom e o que é mau. Se a culpa acumulada na dominação civilizada do homem pelo homem pode alguma vez ser redimida pela liberdade, então o "pecado original" deve ser cometido de novo: "Devemos comer de novo da árvore do conhecimento, para retornarmos ao estado de inocência."[1]

A noção de uma ordem instintiva não repressiva deve ser primeiramente testada nos mais "desordenados" de todos os instintos: os da sexualidade. A ordem não repressiva só é possível se os instintos sexuais puderem, em virtude de sua própria dinâmica e sob condições existenciais e sociais mudadas, gerar relações eróticas duradouras entre os indivíduos maduros. Temos de indagar se os instintos sexuais, após a eliminação de toda a mais-repressão, são capazes de desenvolver uma "racionalidade libidinal" que seja não só compatível, mas promova até o progresso para as formas superiores de liberdade civilizada. Essa possibilidade será aqui examinada de acordo com os próprios termos de Freud.

Reiteramos a conclusão de Freud de que qualquer decréscimo autêntico nos controles sociais exercidos sobre os instintos sexuais

---
[1] Heinrich von Kleist, "Über das Marionttentheater", conclusão.

inverteria, mesmo sob condições ótimas, a organização da sexualidade, fazendo-a regressar a estágios pré-civilizados. Tal regressão romperia através das fortificações centrais do princípio de desempenho; anularia a canalização da sexualidade para a reprodução monogâmica e o tabu sobre as perversões. Sob o domínio do princípio de desempenho, a catexe libidinal do corpo do indivíduo e as relações libidinais com os outros estão normalmente limitadas ao período de lazer e dirigidas para a preparação e execução do intercurso genital; só em casos excepcionais, e com um elevado grau de sublimação, às relações libidinais é consentido que penetrem na esfera do trabalho. Essas restrições, impostas pela necessidade de conservar uma vasta proporção de energia e tempo aos labores não gratificantes, perpetuam a dessexualização do corpo, a fim de que o organismo seja o sujeito-objeto de desempenhos socialmente úteis. Inversamente, se o tempo e energia de trabalho forem reduzidos a um mínimo, sem uma correspondente manipulação do tempo livre, as bases de tais restrições seriam abaladas. A libido libertar-se-ia e extravasaria dos limites institucionalizados em que é mantida pelo princípio de realidade.

Freud realçou repetidamente que as duradouras relações interpessoais de que a civilização depende pressupõem que o instinto sexual é inibido em seus fins.[2] O amor, e as relações duradouras e responsáveis que ele exige, baseiam-se numa união de sexualidade com o "afeto", e essa união é o resultado histórico de um longo e cruel processo de domesticação, em que a manifestação legítima do instinto se torna suprema e suas partes componentes são sustadas em seu desenvolvimento.[3] Esse refinamento cultural da sexualidade, essa sublimação do amor, tem lugar numa civilização que estabeleceu relações possessivas particulares separadas e, num aspecto decisivo, conflitantes com as relações sociais de posse. Enquanto, fora do privatismo da família, a existência do homem foi principalmente determinada pelo valor de troca dos seus produtos e desempenhos, sua vida no lar e na cama foi impregnada do espírito da lei divina e moral. Supôs-se que a humanidade era um fim em si e nunca um simples meio; mas essa ideologia era efetiva mais nas funções privadas do que nas sociais dos indivíduos; mais na esfera da satisfação

---

[2] *Collected Papers* (Londres: Hogarth Press, 1950), IV, 203 e segs.; *Group Psychology and the Analysis of the Ego* (Nova York: Liveright Publishing Corp., 1949), p. 72, 78.
[3] *Collected Papers*, IV, p. 215.

libidinal do que na do trabalho. A força plena da moralidade civilizada foi mobilizada contra o uso do corpo como mero objeto, meio, instrumento de prazer; tal coisificação era tabu e manteve-se como infeliz privilégio de prostitutas, degenerados e pervertidos. Precisamente em sua gratificação e, em especial, em sua gratificação sexual, o homem tinha de comportar-se como um ser superior, vinculado a valores superiores; a sexualidade tinha de ser dignificada pelo amor. Com o aparecimento de um princípio de realidade não repressivo, com a abolição da mais-repressão requerida pelo princípio de desempenho, esse processo seria invertido. Nas relações sociais, a coisificação reduzir-se-ia à medida que a divisão do trabalho se reorientasse para a gratificação de necessidades individuais desenvolvendo-se livremente; ao passo que, na esfera das relações libidinais, o tabu sobre a coisificação do corpo seria atenuado. Tendo deixado de ser usado como instrumento de trabalho em tempo integral, o corpo seria ressexualizado. A regressão envolvida nessa propagação da libido manifestar-se-ia, primeiro, numa reativação de todas as zonas erotogênicas e, consequentemente, numa ressurgência da sexualidade polimórfica pré-genital e num declínio da supremacia genital. Todo o corpo se converteria em objeto de catexe, uma coisa a ser desfrutada – um instrumento de prazer. Essa mudança no valor e extensão das relações libidinais levaria a uma desintegração das instituições em que foram organizadas as relações privadas interpessoais, particularmente a família monogâmica e patriarcal.

Essas perspectivas parecem confirmar a expectativa de que a libertação dos instintos só poderá conduzir a uma sociedade de maníacos sexuais – isto é, a sociedade nenhuma. Contudo, o processo que acabamos de esboçar envolve não uma simples descarga, mas uma *transformação* da libido – da sexualidade refreada, sob a supremacia genital, à erotização da personalidade total. É uma propagação e não uma explosão de libido – sua disseminação nas relações privadas e sociais que preencherá a lacuna mantida entre elas por um princípio de realidade repressivo. Essa transformação da libido seria o resultado de uma transformação social que autorizou o livre jogo de necessidades e faculdades individuais. Em virtude dessas condições, o livre desenvolvimento da libido transformada, *para além* das instituições do princípio de prazer, difere essencialmente da liberação da sexualidade reprimida, *dentro* do domínio dessas instituições. Este último processo faz explodir a sexualidade suprimida; a libido continua acusando a marca da supressão e manifesta-se nas abomináveis formas tão bem conhecidas na história da civilização; nas orgias sádicas e masoquistas das massas desesperadas, das "elites da sociedade", dos bandos famintos de mercenários, dos guardas de presídios e campos de concentração. Tal descarga de sexualidade fornece uma saída periodicamente necessária para a frustração insuportável; robustece, mais do que debilita, as raízes da coação instintiva; consequentemente, tem sido usada, repetidas vezes, como um instrumento apropriado para os regimes supressivos. Em contraste, o livre desenvolvimento da libido transformada, dentro das instituições transformadas, embora erotizando zonas, tempo e relações previamente tabus, *reduziria ao mínimo* as manifestações de *mera* sexualidade mediante a sua integração numa ordem muito mais ampla, incluindo a ordem de trabalho. Nesse contexto, a sexualidade tende para a sua própria sublimação: a libido não reativaria, simplesmente, os estágios pré-civilizado e infantil, mas transformaria também o conteúdo pervertido desses estágios.

O termo *perversões* abrange fenômenos sexuais de origem essencialmente diferente. O mesmo tabu impera sobre manifestações instintivas incompatíveis com a civilização e sobre as que são incompatíveis com a civilização repressiva, especialmente a supremacia monogâmica genital. Contudo, dentro da dinâmica histórica do instinto, por exemplo, a coprofilia e a homossexualidade ocupam um lugar diferente e têm uma função diferente.[4] Uma similar diferença prevalece dentro de uma e a mesma perversão: a função do sadismo não é igual numa livre relação libidinal e nas atividades das tropas SS. As formas inumanas, compulsivas, coercivas e destrutivas dessas perversões parecem estar associadas à perversão geral da existência humana em uma cultura repressiva, mas as perversões têm uma substância instintiva distinta dessas formas; e essa substância pode perfeitamente expressar-se em outras formas compatíveis com a normalidade na civilização de elevado grau. Nem todas as partes componentes e estágios do instinto que foram suprimidos sofreram essa mesma sorte, visto que impediram a evolução do homem e da humanidade. A pureza, regularidade, asseio e reprodução requeridos pelo princípio de desempenho não são, naturalmente, os de qualquer civilização madura. E a reativação dos desejos e atitudes

---

[4] Veja o Capítulo 2.

pré-históricos e infantis não significa, necessariamente, regressão; pode muito bem ser o oposto – a proximidade de uma felicidade que sempre foi a promessa reprimida de um futuro melhor. Em uma de suas formulações mais avançadas, Freud definiu certa vez a felicidade como a "consumação subsequente de um desejo pré-histórico. É por isso que a riqueza dá tão pouca felicidade: o dinheiro não era um desejo da infância".[5]

Mas, se a felicidade humana depende da realização dos desejos infantis, a civilização depende, segundo Freud, da supressão do mais forte de todos os desejos da infância: o desejo edípico. A realização da felicidade, numa civilização livre, ainda necessita dessa supressão? Ou a transformação da libido absorveria também a situação de Édipo? No contexto da nossa hipótese, tais especulações são insignificantes; o complexo de Édipo, embora a causa primária e o modelo dos conflitos neuróticos, não é certamente a causa central dos descontentamentos na civilização nem o obstáculo central para a remoção daqueles. O complexo de Édipo "dissipa-se", mesmo sob o domínio de um princípio de realidade repressivo. Freud propõe duas interpretações gerais da "dissipação do complexo de Édipo": "acaba por extinguir-se em virtude da sua falta de êxito"; ou "tem de chegar a um termo porque soou a hora para a sua dissolução, tal como caem os dentes de leite quando a dentição permanente começa a exercer pressão para romper".[6] A dissipação do complexo manifesta-se como um acontecimento "natural", em ambos os casos.

Falamos da *autossublimação da sexualidade*. O termo implica que a sexualidade pode, sob condições específicas, criar relações humanas altamente civilizadas sem estar sujeita à organização repressiva que a civilização estabelecida impôs ao instinto. Tal autossublimação pressupõe o progresso histórico para além das instituições do princípio de desempenho, as quais, por sua vez, permitiriam a regressão instintiva. Para o desenvolvimento do instinto, isso significa regressão da sexualidade a serviço da reprodução para a sexualidade na função de "obter prazer através de zonas do corpo".[7] Com essa restauração da estrutura primária da sexualidade, a primazia da função genital foi quebrada – assim como a dessexualização do corpo que acom-

---

[5] Ernest Jones, *The Life and Work of Sigmund Freud*, Vol. I (Nova York: Basic Books, 1953), p. 330.
[6] *Collected Papers*, II, 269.
[7] *An Outline of Psychoanalysis* (Nova York: W. W. Norton, 1949); p. 26.

panhou essa primazia. O organismo, em sua totalidade, torna-se o *substratum* da sexualidade, enquanto, ao mesmo tempo, o objetivo do instinto deixa de ser absorvido por uma função especializada, ou seja, a de "pôr os órgãos genitais do indivíduo em contato com os de alguém do sexo oposto".[8] Assim ampliados, o campo de ação e o objetivo do instinto convertem-se na vida do próprio organismo. Por sua lógica intrínseca, esse processo sugere, quase naturalmente, a transformação conceptual da sexualidade em Eros.

A introdução do termo Eros nos últimos escritos de Freud foi certamente motivada por motivos diferentes; Eros, como instinto de vida, significa um instinto biológico mais amplo, em lugar de um âmbito mais vasto de sexualidade.[9] Contudo, talvez não seja acidental o fato de Freud não distinguir rigidamente entre Eros e sexualidade, e o seu emprego do termo *Eros* (especialmente, em *The Ego and the Id, Civilization and Its Discontents* e *An Outline of Psychoanalysis*) implica uma ampliação do próprio significado de sexualidade. Mesmo sem a referência explícita de Freud a Platão, a mudança de ênfase é clara: Eros significa uma ampliação quantitativa e qualitativa de sexualidade. E o conceito ampliado parece exigir um conceito correspondentemente modificado de sublimação. As modificações de sexualidade não são idênticas às modificações de Eros. Para Freud, o conceito de sublimação refere-se ao destino da sexualidade sob um princípio de realidade repressivo. Assim, a sublimação significa uma alteração na finalidade e objeto do instinto, "em vista do qual os nossos valores sociais entraram em jogo".[10] O termo aplica-se a um grupo de processos inconscientes, os quais têm em comum que

... como resultado de privação interna ou externa, a finalidade do objeto da libido sofre uma deflexão, modificação ou inibição mais ou menos completa. Na grande maioria dos casos, a nova finalidade é distinta ou remota da satisfação sexual, isto é, constitui uma finalidade assexual ou não sexual.[11]

---

[8] *Ibid.*, p. 25.
[9] Ver os ensaios de Siegfried Bernfeld e Edward Bibring em *Imago*, vols. XXI, XXII (1935, 1936). Veja também a p. 129, acima.
[10] Freud, *New Introductory Lectures on Psychoanalysis* (Nova York, W. W. Norton, 1933), p. 133.
[11] Edward Glover, "Sublimation, Substitution and Social Anxiety", *International Journal of Psychoanalysis*, Vol. XII, N.º 3 (1931), p. 264.

Esse modo de sublimação é ditado, em elevado grau, por requisitos sociais específicos e não pode ser automaticamente estendido a outras e menos repressivas formas de civilização, com diferentes "valores sociais". De acordo com o princípio de desempenho, o desvio de libido para atividades culturais úteis ocorre depois do primeiro período da infância. A sublimação opera, então, sobre uma estrutura instintiva precondicionada, que inclui as restrições funcionais e temporais da sexualidade, sua canalização para a reprodução monogâmica e a dessexualização da maior parte do corpo. A sublimação age com a libido assim precondicionada e sua força possessiva, exploradora e agressiva. A "modificação" repressiva do princípio de prazer precede a sublimação real, e esta transporta os elementos repressivos para as atividades socialmente úteis.

Existem, contudo, outros modos de sublimação. Freud fala-nos de impulsos sexuais de finalidade inibida, os quais não precisam ser descritos como sublimados, embora estejam "estreitamente relacionados" aos impulsos sublimados. "Não abandonaram suas finalidades diretamente sexuais, mas são sustados por resistências internas que os impedem de as atingir; ficam contentes com certas aproximações da satisfação."[12] Freud chama-lhes "instintos sociais" e menciona como exemplos "as relações afetivas entre pais e filhos, os sentimentos de amizade e os vínculos emocionais no casamento, que tiveram sua origem na atração sexual". Além disso, em *Group Psychology and the Analysis of the Ego*, Freud salientou até que ponto as relações sociais ("comunidade" em civilização) fundam-se em vínculos libidinais tanto insublimados como sublimados; "o amor sexual pelas mulheres", assim como o "amor dessexualizado, sublimado, homossexual pelos outros homens", manifestam-se aqui como as origens instintivas de uma duradoura cultura em expansão.[13] Essa concepção sugere, na própria obra de Freud, uma ideia de civilização muito diferente da que deriva da sublimação repressiva, nomeadamente aquela civilização desenvolvida a partir de livres relações libidinais e sustentada por essas livres relações libidinais. Géza Róheim usou a noção de Ferenczi de uma "libido genitófuga"[14] para corroborar a

---

[12] Artigo da Enciclopédia, "The Libido Theory", transcrito em *Collected Papers*, V, 134.
[13] Na p. 57 da citada obra.
[14] *Versuch einer Genitaltheorie* (Leipzig: Intern. Psychoanal. Verlag, 1924), p. 51-52. Este livro foi publicado em inglês como *Thalassa*, trad. H. A. Bunker (Albany: Psychoanalytic Quarterly, Inc., 1938).

A Transformação da Sexualidade em Eros | 159

sua teoria das origens libidinais da cultura. Com o alívio da tensão extrema, a libido reflui do objeto para o corpo, e essa "recarga de todo o organismo com libido, mediante a catexe, resulta num sentimento de felicidade em que os órgãos encontram sua recompensa por trabalharem e estímulo para novas atividades".[15] O conceito pressupõe uma tendência "libidinal genitófuga para o desenvolvimento da cultura" – por outras palavras, uma tendência inerente à própria libido no sentido de expressão "cultural", *sem* modificação repressiva externa. E essa propensão "cultural" na libido parece ser *genitófuga*, quer dizer, *afasta-se* da supremacia genital, no sentido da erotização de todo o organismo.

Esses conceitos aproximam-se do reconhecimento da possibilidade de sublimação não repressiva. O resto é deixado à especulação. E, de fato, sob o princípio de realidade estabelecido, a sublimação não repressiva só pode aparecer em aspectos marginais e incompletos; sua forma totalmente desenvolvida seria a sublimação sem dessexualização. O instinto não é "desviado" de sua finalidade; é gratificado em atividades e relações que não são sexuais no sentido de sexualidade genital "organizada", mas que, não obstante, são libidinais e eróticas. Sempre que a sublimação repressiva prevalece e determina a cultura, a sublimação não repressiva deve-se manifestar em contradição com toda a esfera de utilidade social; vista a partir dessa esfera, é a negação de toda a produtividade e desempenho aceitos. As imagens órfica e narcisista são relembradas: Platão censura Orfeu por sua "brandura" (era apenas um tocador de cítara), que foi devidamente castigada pelos deuses[16] – tal como foi a recusa de Narciso em "participar". Ante a realidade, tal como esta é, ambos se apresentam condenados; rejeitaram a sublimação requerida. Contudo,

... La sublimation n'est pas toujours le négation d'un désir; elle ne se présente pas toujours comme une sublimation *contre* des

---

[15] Róheim, *The Origin and Function of Culture* (Nova York: Nervous and Mental Disease Monograph N.º 69, 1943), p. 74. No seu artigo "Sublimation", em *Yearbook of Psychoanalysis*, Vol. I (1945), Róheim acentua que, na sublimação, "os esforços do id reconquistam o terreno, sob uma forma disfarçada". Assim, "em contraste com o ponto de vista predominante... na sublimação não temos terreno arrancado ao id pelo superego, mas justamente o contrário; o que temos é território do superego inundado pelo id" (p. 117). Também aqui a ênfase é dada à ascendência da libido em sublimação.
[16] *Banquete*, 179 D.

instincts. Elle peut être une sublimation *pour* un idéal. Alors Narcisse ne dit plus: "Je m'aime tel que je suis", il dit: "Je suis tel que je m'aime".[17]

O Eros órfico e narcisista absorve a realidade nas relações libidinais que transformam o indivíduo e seu meio; mas essa transformação é o cometimento isolado de indivíduos ímpares e, como tal, gera morte. Mesmo que a sublimação não proceda *contra* os instintos, mas como sua afirmação, deve ser um processo supraindividual num terreno comum. Como um fenômeno isolado e individual, a reativação da libido narcisista não é geradora de cultura, mas neurótica:

> A diferença entre uma neurose e uma sublimação é, evidentemente, o aspecto social do fenômeno. Uma neurose isola; uma sublimação une. Numa sublimação algo novo é criado – uma casa, ou uma comunidade, ou uma ferramenta – e é criado num grupo ou para uso de um grupo.[18]

A libido só pode tomar a estrada da autossublimação como um fenômeno *social*: como uma força irreprimida, só pode promover a formação de cultura sob condições que relacionam mutuamente os indivíduos associados na cultivação do meio para fazerem frente a suas crescentes necessidades e empregarem suas crescentes faculdades. A reativação da sexualidade polimórfica e narcisista deixa de ser uma ameaça à cultura e pode levar, ela própria, à criação cultural, se o organismo existir não como um instrumento de trabalho alienado, mas como um sujeito de autorrealização – por outras palavras, se o trabalho socialmente útil for, ao mesmo tempo, a transparente satisfação de uma necessidade individual. Na sociedade primitiva, essa organização do trabalho deve ser imediata e "natural"; na civilização madura só pode ser encarada como o resultado de libertação. Sob tais condições, o impulso para "obter prazer das zonas do corpo" poderá ampliar-se para buscar seu objetivo em duradouras relações libidinais, cada vez mais numerosas, visto que essa expansão aumenta

---
[17] "A sublimação não é sempre a negação de um desejo; não se apresenta sempre como uma sublimação *contra* os instintos. Pode ser uma sublimação *para* um ideal. Então Narciso não dirá: "Amo-me tal como sou"; ele diz: "Sou tal qual me amo." Gaston Bachelard, *L'Eau et les Rêves* (Paris: José Corti, 1942), p. 34-35.
[18] Róheim, *The Origin and Function of Culture*, p. 74.

e intensifica a gratificação do instinto. Além disso, nada existe na natureza de Eros que justifique a noção de que a "extensão" do impulso esteja confinada à esfera corporal. Se a separação antagônica da parte física da espiritual do organismo é, em si mesma, o resultado histórico da repressão, a superação desse antagonismo franquearia a esfera espiritual ao impulso. A ideia estética de uma razão sensual sugere tal tendência. É essencialmente diferente da sublimação, na medida em que a esfera espiritual se torna o objeto "direto" de Eros e continua a ser um objeto libidinal: não se verifica nenhuma mudança na energia ou na finalidade.

A noção de que Eros e Ágape podem, no fim das contas, ser uma e a mesma coisa – não que Eros é Ágape, mas Ágape é Eros – talvez pareça estranha, depois de quase dois mil anos de teologia. Tampouco parece justificável referirmo-nos a Platão como um defensor dessa identificação – Platão, que foi quem introduziu a definição repressiva de Eros no patrimônio da cultura ocidental. Entretanto, o *Symposium* (*Banquete*) contém a mais nítida celebração da origem e substância sexual das relações espirituais. Segundo Diotima, Eros impele o desejo de um belo corpo para outro e, finalmente, para todos os belos corpos, visto que "a beleza existente num determinado corpo é irmã da beleza que existe em outro" e "seria grande mostra de insensatez não considerar como uma única e mesma coisa a beleza que se encontra em todos os corpos".[19] Dessa sexualidade verdadeiramente polimórfica nasce o desejo pela posse daquilo que anima o corpo desejado: a psique e suas várias manifestações. Há uma ascensão contínua de satisfação erótica do amor corporal narcisista para o amor corporal a outros, para o amor das belas ocupações (ἐπιυηδεύματα), e, finalmente, para o amor dos belos conhecimentos (καλὰ μαυήματα). O acesso ao "grau superior de cultura" faz-se através do genuíno amor aos jovens (ὀρυῶς παιδεραστειν).[20] A "procriação" espiritual é, tanto quanto na procriação corporal, a obra de Eros; e a legítima e verdadeira ordem da *Polis* é tão erótica quanto a legítima e verdadeira ordem de amor. O poder criador de cultura de Eros *é* sublimação não repressiva: a sexualidade não é desviada nem impedida de atingir seu objetivo; pelo contrário, ao atingir o seu objetivo, transcende-o em favor de outros, buscando uma gratificação mais plena.

---

[19] *Banquete*, 210 B.
[20] *Ibid.*, 211 B.

À luz da ideia de sublimação não repressiva, a definição freudiana de Eros como a luta "para formar a substância viva em unidades cada vez maiores, para que a vida possa ser prolongada e levada a um desenvolvimento superior",[21] adquire ainda maior significado. O impulso biológico converte-se num impulso cultural. O princípio de prazer revela a sua própria dialética. A finalidade erótica de sustentar todo o corpo como sujeito-objeto de prazer requer o contínuo refinamento do organismo, a intensificação de sua receptividade, o crescimento de sua sensualidade. A finalidade gera seus próprios projetos de realização: a abolição do esforço (labuta), o aperfeiçoamento do meio, a conquista da doença e da decrepitude, a criação do luxo. Todas essas atividades fluem diretamente do princípio de prazer e, ao mesmo tempo, constituem um *trabalho* que associa os indivíduos às "maiores unidades"; não mais confinados ao domínio mutilador do princípio de desempenho, eles modificam o impulso sem o desviarem de sua finalidade. Há sublimação e, consequentemente, cultura; mas essa sublimação decorre num sistema de relações libidinais duradouras e em constante expansão, as quais, em si mesmas, são relações de trabalho.

A ideia de uma tendência erótica para o trabalho não é estranha à Psicanálise. O próprio Freud comentou que o trabalho fornece uma oportunidade para "uma descarga muito considerável de impulsos libidinais componentes, narcisistas, agressivos e até eróticos".[22] Pusemos em dúvida essa afirmação[23] pelo fato de não distinguir entre o labor alienado e o não alienado (entre labuta e trabalho): o primeiro, por sua própria natureza, é repressivo das potencialidades humanas e, portanto, é também repressivo dos "impulsos libidinais componentes" que podem participar no trabalho, mas a afirmação assume um diferente significado se for vista no contexto da Psicologia Social que Freud propõe em *Group Psychology and the Analysis of the Ego*. Sugere que "a libido se apoia na satisfação das grandes necessidades vitais e escolhe como seus primeiros objetos as pessoas que têm uma participação nesse processo".[24] Essa proposição, se a desenvolvermos em suas implicações, equivale quase à viciação do pressuposto básico de Freud de que a "luta pela existência" (isto é,

---

[21] Freud, *Collected Papers*, V, 135.
[22] *Civilization and Its Discontents* (Londres: Hogarth Press, 1949), p. 34, nota.
[23] Veja o Capítulo 4.
[24] P. 57.

para a "satisfação das grandes necessidades vitais") é, *per se*, antilibidinal – na medida em que necessita a regulamentação do instinto mediante um princípio coercivo de realidade. Deve-se notar que Freud liga a libido não só à *satisfação* das grandes necessidades vitais, mas também aos esforços humanos conjuntos para *obter* satisfação, isto é, o processo de trabalho:

> ... a experiência mostrou que, em casos de colaboração, formam-se regularmente vínculos libidinais entre os colaboradores que prolongam e consolidam as relações entre eles a um ponto tal que excede o que é meramente lucrativo.[25]

Se isso for verdade, então *Ananke* não é uma causa suficiente para as restrições instintivas da civilização – e não uma razão suficiente para negar a possibilidade de uma cultura libidinal não repressiva. As sugestões de Freud em *Group Psychology and the Analysis of the Ego* fazem mais do que reformular a sua tese de Eros como construtor de cultura; aqui, pelo contrário, a cultura aparece-nos como construtora de Eros – quer dizer, como a realização plena e "natural" das mais íntimas tendências de Eros. A psicologia de civilização de Freud baseou-se no inexorável conflito entre *Ananke* e o livre desenvolvimento dos instintos. Mas, se o próprio *Ananke* se converte no campo primordial de desenvolvimento libidinal, a contradição evapora-se. Não só a luta pela existência não cancelaria, necessariamente, a possibilidade de liberdade instintiva (como sugerimos no Capítulo 6); mas constituiria até um "instrumento" para a gratificação instintiva. As relações de trabalho, que formam a base da civilização e, assim, a própria civilização, seriam "apetrechadas" pela energia instintiva não dessexualizada. Está em jogo o conceito de sublimação, em sua totalidade.

O problema do trabalho, da atividade socialmente útil, sem sublimação (repressiva), pode agora ser reformulado. Surge-nos como o problema de uma mudança no caráter do trabalho, em virtude da qual este seria assimilado ao livre jogo das faculdades humanas. Quais são as precondições instintivas para tal transformação? A mais importante tentativa para responder a essa questão foi realizada por Barbara Lantos em seu artigo "Work and the Instincts".[26] A autora

---

[25] *Ibid.*
[26] Em *International Journal of Psychoanalysis*, Vol. XXIV (1943), Partes 3 e 4, p. 114 e segs.

define jogo e trabalho em conformidade com os estágios instintivos envolvidos nessas atividades. O jogo está inteiramente sujeito ao princípio de prazer; o prazer está no próprio movimento, na medida em que este ativa as zonas erotogênicas. "A característica fundamental do jogo é ser gratificador em si mesmo, sem servir a nenhum outro propósito senão o da gratificação dos instintos." Os impulsos que determinam a atividade lúcida são pré-genitais: o jogo exprime um autoerotismo sem objeto e gratifica aqueles instintos componentes que já estão dirigidos para o mundo objetivo. O trabalho, por outra parte, serve a fins estranhos a si próprio – nomeadamente os fins de autopreservação. "Trabalhar é o esforço ativo do ego... para obter do mundo externo tudo o que seja preciso para a autopreservação." Este contraste estabelece um paralelismo entre a organização dos instintos e a da atividade humana:

> O jogo é uma finalidade em si, o trabalho é o agente da autopreservação. Os instintos componentes e as atividades autoeróticas buscam o prazer sem consequências ulteriores; a atividade genital é o agente da procriação. A organização genital dos instintos sexuais tem um paralelo na organização de trabalho dos instintos do ego.[27]

Assim, é o propósito e não o conteúdo que marca uma atividade como jogo ou trabalho.[28] Uma transformação na estrutura instintiva (como a do estágio pré-genital para o genital) acarretaria uma mudança no valor instintivo da atividade humana, *independentemente de seu conteúdo*. Por exemplo, se o trabalho for acompanhado por uma reativação do erotismo polimórfico pré-genital, tenderá a tornar-se gratificador em si mesmo, sem perder o seu conteúdo de *trabalho*. Ora, é precisamente tal reativação do erotismo polimórfico que se manifesta como a consequência da conquista da escassez e alienação. As condições sociais alteradas criariam, portanto, uma base instintiva para a transformação do trabalho em atividade lúdica. Nos termos de Freud, quanto menos os esforços para obter satisfação forem impedidos e dirigidos pelo interesse na dominação, tanto mais livremente a libido poderá equipar-se para propiciar a satisfação das grandes necessidades vitais. Sublimação e dominação permanecem

---
[27] *Ibid.*, p. 117.
[28] *Ibid.*, p. 118.

unidas. E a dissolução da primeira, com a transformação da estrutura instintiva, transformaria também a atitude básica em relação ao homem e à natureza, que tem sido característica da civilização ocidental.

Na literatura psicanalítica, o desenvolvimento das relações libidinais de trabalho é usualmente atribuído a uma "geral atitude materna como tendência dominante de uma cultura".[29] Por consequência, é considerado mais uma característica das sociedades primitivas do que uma possibilidade da civilização madura. A interpretação da cultura arapexe por Margaret Mead está inteiramente focalizada nessa atitude:

> Para os arapexes, o mundo é um jardim que deve ser cultivado, não para nós próprios, não por orgulho e vanglória, não por mesquinhez e usura, mas para que os inhames, e os cães, e os porcos, e sobretudo as crianças possam medrar. Dessa atitude geral promanam muitas das outras características arapexes, a ausência de conflito entre velhos e moços, a ausência de qualquer expectativa de ciúme ou inveja, a ênfase na cooperação.[30]

Primacial, nesta descrição, parece ser a fundamentalmente diferente experiência do mundo: a natureza é considerada, não um objeto de dominação e exploração, mas um "jardim" que pode crescer enquanto faz que os seres humanos se desenvolvam. É a atitude que experimenta ou sente o homem e a natureza conjugados numa ordem não repressiva, mas, não obstante, em funcionamento. Vimos como as em tudo o mais sumamente divergentes tradições de pensamento convergiram a respeito desta ideia: a oposição filosófica contra o princípio de desempenho; os arquétipos órficos e narcisistas; a concepção estética. Mas, enquanto os conceitos psicanalíticos e antropológicos de tal ordem foram orientados segundo um *passado* pré-histórico e pré-civilizado, o nosso exame do conceito está orientado segundo o *futuro*, segundo as condições de uma civilização plenamente amadurecida. A transformação da sexualidade em Eros e sua ampliação para duradouras relações libidinais de trabalho pressupõem aqui a reorganização racional de uma gigantesca en-

---

[29] Róheim, *The Origin and Function of Culture*, p. 75.
[30] *Sex and Temperament in Three Primitive Societies* (Nova York: New American Library, 1952), p. 100.

grenagem industrial, de uma divisão social do trabalho altamente especializada, o uso de energias fantasticamente destrutivas e a cooperação de vastas massas. A ideia de relações libidinais de trabalho numa sociedade industrial desenvolvida encontra pouco apoio na tradição de pensamento, e quando esse apoio se materializa parece de uma natureza algo perigosa. A transformação de trabalho em prazer é a ideia central na gigantesca utopia socialista de Fourier. Se

... l'industrie est la destination qui nous est assignée par le créateur, comment penser qu'il veuille nous y amener par la violence, et qu'il n'ait pas su mettre en jeu quelque ressort plus noble, quelqu'amorce capable de transformer les travaux en plaisirs.[31]

Fourier insiste em que essa transformação requer uma completa mudança nas instituições sociais: distribuição do produto social de acordo com a necessidade, atribuição de funções de acordo com as faculdades e inclinações individuais, constante mutação de funções, períodos curtos de trabalho etc. Mas a possibilidade de "trabalho atraente" (*travail attrayant*) deriva, sobretudo, de uma libertação de forças libidinais. Fourier supõe a existência de uma *attraction industrielle* que facilita a cooperação aprazível. Baseia-se na *attraction passionnée* inerente à natureza do homem, a qual persiste apesar da oposição da razão, dever e preconceito. Essa *attraction passionnée* tende para três objetivos principais: a criação de "luxo, ou o prazer dos cinco sentidos"; a formação de grupos libidinais (de amizade e amor); e o estabelecimento de uma ordem harmoniosa, organizando esses grupos para o trabalho de acordo com o desenvolvimento das "paixões" individuais ("jogo" interno e externo de faculdades).[32] Fourier aproximou-se mais do que qualquer outro utopista socialista de uma elucidação da dependência da liberdade da sublimação não repressiva. Contudo, em seu pormenorizado esquema para a realização dessa ideia, entrega-a a uma organização e administração gigantesca

---

[31] Se "a indústria é o destino que nos foi atribuído pelo Criador, como pensar que ele queira aí levar-nos pela violência, que ele não tenha sabido colocar em ação algum recurso mais nobre, algum atrativo capaz de transformar os trabalhos em prazeres". F. Armand e R. Maublanc, *Fourier: Textes Choisies* (Paris: Editions Sociales Internationales, 1937), III, 154.
[32] *Ibid.*, II, 240 e segs.

e, dessa maneira, retém os elementos repressivos. As comunidades trabalhadoras do *falanstério* preveem mais uma "força pela alegria" do que a liberdade; o embelezamento da cultura da massa, mais do que a sua abolição. O trabalho como livre jogo não pode estar sujeito a administração; somente o trabalho alienado pode ser organizado e administrado por meio de uma rotina racional. É para além dessa esfera, mas na sua base, que a sublimação não repressiva cria a sua própria ordem cultural.

Uma vez mais, sublinhamos que a sublimação não repressiva é profundamente incompatível com as instituições do princípio de desempenho e implica mesmo a negação desse princípio. Essa contradição é tanto mais importante quanto é certo que a teoria psicanalítica pós-freudiana mostra uma tendência marcada para obliterá-la e para glorificar a produtividade repressiva como autorrealização humana. Um impressionante exemplo é fornecido por Ives Hendrick em seu artigo "Work and the Pleasure Principle".[33] O autor sugere que a "energia e a necessidade de exercício dos órgãos fisiológicos disponíveis para trabalho" não são fornecidas pela libido, mas, antes, por um instinto especial, o "instinto de proficiente mestria". Sua finalidade é "controlar, ou alterar uma peça do meio circundante... pelo uso hábil das técnicas perceptuais, intelectuais e motoras". Esse impulso para a "integração e desempenho proficiente" é "mental e emocionalmente sentido como a necessidade de desempenhar eficientemente o trabalho".[34] Assim, uma vez que se supõe ser o trabalho, por si mesmo, a gratificação de um instinto, o trabalho "gera prazer" no desempenho eficiente. O prazer do trabalho resulta da satisfação do instinto de proficiente mestria, mas o "prazer do trabalho" e o prazer libidinal coincidem usualmente, uma vez que as organizações do ego que funcionam como trabalho são "geralmente, e talvez sempre, utilizadas concorrentemente para a descarga do excesso de tensão libidinal".[35]

Como de costume, a revisão da teoria freudiana significa um retrocesso. A suposição de qualquer instinto especial incorre em petição de princípio, mas a hipótese de um "instinto de mestria" especial faz ainda mais do que isso – destrói toda a estrutura e dinâmica

---

[33] *Psychoanalytic Quarterly*, Vol. XII, N.º 3 (1943).
[34] *Ibid.*, p. 314.
[35] *Ibid.*, p. 317.

do "aparelho mental" que Freud construiu. Além disso, oblitera as características mais repressivas do princípio de desempenho, interpretando-as como gratificação de uma necessidade instintiva. O trabalho puro e simples é a principal manifestação social do princípio de realidade. Na medida em que o trabalho está condicionado pela demora e diversificação da gratificação instintiva (e, segundo Freud, está), contradiz o princípio de prazer. Se o prazer do trabalho e o prazer libidinal "usualmente coincidem", então o próprio conceito do princípio de realidade torna-se supérfluo e vazio de significado; e as vicissitudes dos instintos, tais como descritas por Freud, seriam – na melhor das hipóteses – um desenvolvimento anormal. Tampouco o princípio de realidade poderá salvar-se estipulando (como faz Hendrick) um princípio de trabalho diferente do princípio de realidade; pois se este último não governar o trabalho, não terá praticamente coisa alguma a governar, na realidade.

Certo, existe trabalho que gera prazer no desempenho habilidoso dos órgãos corporais "acessíveis para o trabalho". Mas que espécie de trabalho e que espécie de prazer? Se o prazer está, de fato, no ato de trabalhar e não lhe é extrínseco, tal prazer deve derivar dos órgãos atuantes do próprio corpo, ativando as zonas erotogênicas ou erotizando o corpo como um todo; por outras palavras, deve ser prazer libidinal. Numa realidade governada pelo princípio de desempenho, tal trabalho "libidinal" é uma rara exceção e só pode ocorrer fora ou à margem do mundo de trabalho – como *hobby*, passatempo, divertimento, brinquedo ou numa situação diretamente erótica. A espécie normal de trabalho (atividade ocupacional socialmente útil), na divisão laboral predominante, é tal que o indivíduo, ao trabalhar, *não* satisfaz *seus* próprios impulsos, necessidades e faculdades, mas desempenha uma função preestabelecida. Contudo, Hendrick despreza o fato de o trabalho *alienado* ser o modo predominante de trabalho, sob o princípio de realidade vigente. Certamente pode haver também "prazer" no trabalho alienado. A datilógrafa que entrega um texto bem copiado, o alfaiate que apresenta um terno bem cortado, o cabeleireiro que monta um penteado impecável, o trabalhador que preenche sua quota – todos poderão sentir prazer num "trabalho benfeito". Contudo, ou esse prazer é extrínseco (previsão de uma recompensa), ou é a satisfação (em si mesma um indício de repressão) de estar bem ocupado, no lugar certo, de contribuir com sua parcela para o funcionamento da engrenagem. Num caso ou outro, tal prazer nada tem a ver com a gratificação instintiva primordial. Associar o desempenho em linhas de montagem, em escritórios e lojas, com as necessidades instintivas, é glorificar a desumanização como prazer. Não admira que Hendrick considere como o "sublime teste da vontade do homem de desempenhar eficazmente seu trabalho" o funcionamento eficiente de um exército que já perdeu quaisquer "fantasias de vitória e de um futuro aprazível", mas que continua lutando pela única razão de que a tarefa que incumbe ao soldado é combater e "realizar sua tarefa era a única motivação ainda significativa".[36] Dizer que a tarefa tem de ser desempenhada porque é uma "tarefa" constitui, verdadeiramente, o cúmulo da alienação, a perda total de liberdade instintiva e intelectual – uma repressão que se converteu não em segunda, mas em primeira natureza do homem.

Em contraste com tais aberrações, o verdadeiro espírito da teoria psicanalítica vive nos esforços intransigentes para revelar as forças anti-humanistas subentendidas na filosofia da produtividade:

> Sobretudo, o trabalho árduo converteu-se numa virtude, em vez da maldição que sempre foi proclamada pelos nossos remotos ancestrais... Os nossos filhos deviam ser preparados para criar os filhos deles de modo que não tivessem de trabalhar como uma necessidade neurótica. A necessidade de trabalhar é um sintoma neurótico. É uma muleta. É uma tentativa para que nos sintamos valiosos, embora não exista uma necessidade particular de trabalharmos.[37]

---

[36] *Ibid.*, p. 234.
[37] C. B. Chisholm, sua contribuição para o debate sobre "The Psychiatry of Enduring Peace and Social Progress", em *Psychiatry*, Vol. IX, N.º 1 (1946), p. 31.

11

Eros e Thanatos

Sob condições não repressivas, a sexualidade tende a "tornar-se" Eros – quer dizer, à autossublimação em relações duradouras e expansivas (incluindo relações de trabalho) que servem para intensificar e ampliar a gratificação instintiva. Eros luta por "eternizar-se" numa *ordem* permanente. Essa luta encontra a sua primeira resistência no domínio da necessidade. Certo, a escassez e a pobreza predominantes no mundo poderiam ser suficientemente dominadas de modo a permitir a ascendência da liberdade universal, mas esse domínio parece ser autopropulsor – trabalho perpétuo. Todo o progresso tecnológico, a conquista da natureza, a racionalização do homem e da sociedade não eliminaram e não podem eliminar a necessidade de trabalho alienado, a necessidade de trabalhar mecanicamente, desagradavelmente, de um modo que não representa a autorrealização individual.

Contudo, a própria alienação progressiva aumenta o potencial de liberdade: quanto mais externo se tornar ao indivíduo o trabalho necessário, tanto menos este o envolve no domínio da necessidade. Aliviada dos requisitos de dominação, a redução quantitativa de tempo e energia laborais leva a uma mudança qualitativa na existência humana: é o tempo livre, e não o tempo de trabalho, que determina o conteúdo daquela. O cada vez mais amplo domínio da liberdade passa a ser, verdadeiramente, um domínio lúdico – do livre jogo das faculdades individuais. Assim liberadas, essas gerarão novas formas de realização e descobrimento do mundo, o que, por sua vez, remodelará o domínio da necessidade, a luta pela existência. A relação alterada entre os dois domínios da realidade humana altera a relação entre o que é desejável e o que é razoável, entre o instinto e a razão. Com a transformação da sexualidade em Eros, os instintos de vida desenvolvem sua ordem sensual, ao passo que a razão se torna sensual na medida em que abrange e organiza a necessidade em termos de proteção e enriquecimento dos instintos de vida. As raízes da experiência estética reemergem – não apenas numa cultura artística, mas na própria luta pela existência. Ela assume uma nova racionalidade. O caráter repressivo da razão, que distingue o domínio do princípio de desempenho, não pertence ao domínio da necessidade *per se*. Sob o princípio de desempenho, a gratificação do instinto sexual depende em grande parte da "suspensão" da razão e até da consciência: no breve (legítimo ou furtivo) esquecimento da infelicidade privada e universal; na interrupção da rotina razoável da vida, do dever e dignidade de posição e cargo. A felicidade é quase por definição irrazoável, se for irreprimida e incontrolada. Em contraste, para além do princípio de desempenho, a gratificação do instinto requer um esforço tanto mais consciente de livre racionalidade, quanto menos se tratar de um subproduto da racional idade de opressão sobreposta. Quanto mais livremente o instinto se desenvolve, tanto mais livremente se afirmará a sua "natureza conservadora". A luta pela gratificação *duradoura* facilita não só uma ordem mais ampla de relações libidinais ("comunidade"), mas também a perpetuação dessa ordem numa escala superior. O princípio de prazer estende-se até a consciência. Eros redefine a razão em seus próprios termos. O que é razoável é o que sustenta a ordem de gratificação.

No grau em que a luta pela existência se torna cooperação para o livre desenvolvimento e satisfação das necessidades individuais, a razão repressiva dá margem a uma nova *racionalidade da gratificação*, em que a razão e a felicidade convergem. Cria a sua própria divisão de trabalho, suas próprias prioridades, sua própria hierarquia. A herança histórica do princípio de desempenho é a administração não de homens, mas de coisas: a civilização madura depende, para seu funcionamento, de uma multidão de arranjos coordenados. Esses arranjos, por seu turno, devem comportar uma autoridade reconhecida e reconhecível. As relações hierárquicas não são "não livres" *per se*; a civilização confia, em grande medida, na autoridade racional, baseada no conhecimento e na necessidade, e almejando à proteção e conservação da vida. É essa a autoridade do motorista, do guarda de trânsito, do piloto do avião em voo. Mais uma vez, devemos aqui recordar a distinção entre repressão e mais-repressão. Se uma criança sente a "necessidade" de atravessar a rua em qualquer momento que lhe apeteça, a repressão dessa "necessidade" não é repressiva das potencialidades humanas. Pode ser o oposto. A necessidade de "relaxamento" nos entretenimentos fornecidos pela indústria da cultura é em si mesma repressiva, e a sua repressão significa um passo para a liberdade. Sempre que a repressão se tornou tão efetiva que, para o reprimido, assume a forma (ilusória) de liberdade, a abolição de tal liberdade prontamente se manifesta como um ato totalitário. Nesse ponto, surge de novo o antigo conflito: a liberdade humana não é apenas uma questão particular – mas não é coisa alguma se não for *também* uma questão particular. Uma vez que a vida privada não pode continuar a manter-se separada e contra a existência pública, a liberdade do indivíduo e a do todo talvez possam reconciliar-se mediante uma "vontade geral" configurada nas instituições que se dirigem no sentido das necessidades individuais. As renúncias e atrasos exigidos pela vontade geral não devem ser opacos e desumanos; nem sua razão deve ser autoritária. Contudo, a questão permanece: como pode a civilização gerar livremente a liberdade, quando a não liberdade se tornou parte integrante da engrenagem mental? E, se assim não for, quem está autorizado a estabelecer e impor os padrões objetivos?

De Platão a Rousseau, a única resposta honesta é a ideia de uma ditadura educacional, exercida por aqueles que se supõe terem adquirido o conhecimento do verdadeiro Bem. Depois, essa resposta tornou-se obsoleta: o conhecimento dos meios disponíveis para criar uma existência humana para todos deixou de estar confinado a uma elite privilegiada. Os fatos são todos francamente acessíveis, e a consciência individual alcançá-los-ia com inteira segurança, caso não fosse metodicamente sustada e desviada. A distinção entre autoridade racional e irracional, entre repressão e mais-repressão, pode ser efetuada e verificada pelos próprios indivíduos. O fato de eles não poderem fazer essa distinção não significa que não podem aprender a fazê-la, uma vez que lhes seja concedida a oportunidade de o fazer. Então, o curso de tentativa e erro converte-se num curso racional em liberdade. As utopias são suscetíveis de esquematizações irrealistas; as condições para uma livre sociedade não o são. Trata-se de uma questão de razão.

Não é o conflito entre instinto e razão que fornece o mais forte argumento contra a ideia de uma civilização livre, mas, antes, o conflito que o instinto gera em si próprio. Mesmo que as formas destrutivas de sua perversidade e licença polimórficas sejam devidas à mais-repressão e tornem-se suscetíveis de ordem libidinal assim que a mais-repressão for removida, o instinto, propriamente dito, está situado para além do Bem e do Mal, e nenhuma civilização poderá prescindir dessa distinção. O mero fato de que, na escolha de seus objetos, o instinto sexual não é guiado pela reciprocidade, constitui uma fonte de inevitável conflito entre os indivíduos – e um forte argumento contra a possibilidade de sua autossublimação. Mas existirá, porventura, no próprio instinto uma barreira íntima que "contém" o seu poder impulsor? Existirá, talvez, uma autorrestrição "natural" em Eros, de modo que sua gratificação genuína reclame um desvio, um retardamento e interrupção? Nesse caso, inexistiriam obstruções e limitações impostas não do exterior, por um princípio de realidade repressivo, mas fixadas e aceitas pelo próprio instinto, visto que possuem um valor libidinal inerente. Com efeito, Freud sugeriu essa noção. Pensou ele que "a liberdade sexual irrestrita, desde o princípio", resulta em falta de plena satisfação:

> É fácil mostrar que o valor que a mente atribui às necessidades eróticas se afunda instantaneamente logo que a satisfação se torna facilmente obtenível. Algum obstáculo é necessário para impelir a maré da libido ao seu máximo.[1]

Além disso, ele considerou a "estranha" possibilidade de que "alguma coisa na natureza do instinto sexual seja desfavorável à consecução da absoluta gratificação".[2] A ideia é ambígua e presta-se facilmente a justificações ideológicas: as consequências desfavoráveis da satisfação facilmente acessível foram, provavelmente, um dos mais poderosos instrumentos para a moralidade repressiva. Entretanto,

---

[1] "The Most Prevalent Form of Degradation in Erotic Life", em *Collected Papers* (Londres: Hogarth Press, 1950), IV, 213.
[2] *Ibid.*, p. 214.

no contexto da teoria de Freud, deduzir-se-ia que os "obstáculos naturais" no instinto, longe de negarem prazer, podem funcionar como um prêmio ao prazer, se estiverem divorciados dos tabus arcaicos e das coações exógenas. O prazer contém um elemento de autodeterminação, que é o indício concreto do triunfo humano sobre a necessidade cega:

> A natureza não conhece o verdadeiro prazer, mas apenas a satisfação de carências. Todo o prazer é social – tanto nos impulsos não sublimados como nos sublimados. O prazer tem sua origem na alienação.[3]

O que distingue o prazer da cega satisfação de carências e necessidades é a recusa do instinto em esgotar-se na satisfação imediata, é a sua capacidade para construir e usar barreiras para a intensificação do ato de plena realização. Embora essa recusa instintiva tenha feito o trabalho de dominação, também pode servir à função oposta: erotizar as relações não libidinais, transformar a tensão e alívio biológicos em livre felicidade. Deixando de ser empregadas como instrumentos para reter os homens em desempenhos alienados, as barreiras contra a gratificação absoluta converter-se-iam em elementos de liberdade humana; protegeriam aqueloutra alienação em que o prazer se origina – a alienação do homem, não de si mesmo, mas da natureza: sua livre autorrealização. Os homens existiriam como indivíduos, realmente, cada um deles moldando sua própria vida; defrontar-se-iam mutuamente com necessidades e modos de satisfação verdadeiramente diferentes – com suas próprias recusas e suas próprias seleções. A ascendência do princípio de prazer engendraria assim antagonismos, dores e frustrações – conflitos individuais na luta pela gratificação. Mas esses conflitos teriam, em si próprios, um valor libidinal: estariam impregnados da racionalidade de gratificação. Essa racionalidade *sensual* contém suas próprias leis morais.

A ideia de uma moralidade libidinal é sugerida não só pela noção freudiana de barreiras instintivas à gratificação absoluta, mas também pelas interpretações psicanalíticas do superego. Foi acentuado que o superego, como representante mental da moralidade, é,

---

[3] Max Horkheimer e Theodor W. Adorno, *Dialektik der Aufklärung* (Amesterdã: Querido Verlag, 1947), p. 127.

de um modo não isento de ambiguidade, o representante do princípio de realidade, especialmente do pai proibitivo e punitivo. Em muitos casos, o superego parece estar em secreta aliança com o id, defendendo as reivindicações do id contra o ego e o mundo externo. Portanto, Charles Odier propôs que uma parte do superego é, "em última análise, a representante de uma fase primitiva, durante a qual a moralidade ainda não se emancipara do princípio de prazer",[4] Aquele autor fala de uma "pseudomoralidade" pré-genital, pré-histórica e pré-edípica, anterior à aceitação do princípio de realidade, e denomina o representante mental dessa "pseudomoralidade" o *superid*. O fenômeno psíquico que, no indivíduo, sugere a existência de tal moralidade pré-genital é uma identificação com a mãe, expressando-se num desejo de castração, em vez de um medo de castração. Poderia ser a sobrevivência de uma tendência regressiva: a recordação do Direito Materno primordial e, ao mesmo tempo, um "meio simbólico contra a perda dos então prevalecentes privilégios da mulher". De acordo com Odier, a moralidade pré-genital e pré-histórica do superid é incompatível com o princípio de realidade e, portanto, é um fator neurótico.

Mais um passo na interpretação, e os estranhos vestígios do "superid" aparecem-nos como traços de uma realidade diferente e perdida, ou a relação perdida entre ego e realidade. A noção de realidade que é predominante em Freud e que está condensada no princípio de realidade "está vinculada ao pai". Confronta o id e o ego como uma força hostil e externa e, nessa conformidade, o pai é principalmente uma figura hostil, cujo poder está simbolizado no medo de castração, "dirigido contra a gratificação dos impulsos libidinais em relação à mãe". O ego em desenvolvimento atinge a maturidade ao submeter-se a essa força hostil: a "submissão à ameaça de castração" é o "passo decisivo no estabelecimento do ego, baseado no princípio de realidade".[5] Contudo, essa realidade que o ego enfrenta como um poder externo antagônico não é a única realidade nem a primária. O desenvolvimento do ego é um desenvolvimento "afastado do narcisismo primário"; nesse estágio inicial, a realidade "não é externa, mas, pelo contrário, está contida no pré-ego do narcisismo primário". Não é hostil nem alheia ao ego, mas

---
[4] "Vom Über-Ich", em *Internationale Zeitschrift für Psychoanalyse*, XII (1926), 280-281.
[5] Hans W. Loewald, "Ego and Reality", em *International Journal of Psychoanalysis*, Vol. XXXII (1951), Parte I, p. 12.

"está-lhe intimamente associada e, originalmente, nem se distingue do mesmo".[6] Essa realidade é experimentada primeiro (e por último?) na relação libidinal da criança com a mãe – uma relação que, no começo, se situa dentro do "pré-ego" e só subsequentemente se divorciou dele. E, com essa divisão da unidade original, desenvolve-se um "ímpeto para o restabelecimento da unidade original": um "fluxo libidinal entre o bebê e a mãe".[7] Nesse estágio primário da relação entre "pré-ego" e realidade, os Eros narcisista e maternal parecem ser um único, e a experiência primária de realidade é a de uma união libidinal. A fase narcisista da pré-genitalidade individual "recorda" a fase maternal da história da raça humana. Ambas constituem uma realidade a que o ego responde com uma atitude não de defesa e submissão, mas de integral identificação com o "meio". Mas, à luz do princípio de realidade paternal, o "conceito maternal" de realidade que emerge aqui se converte imediatamente em algo negativo e terrível. O impulso para restabelecer a perdida unidade narcisista-maternal é interpretado como uma "ameaça", nomeadamente uma ameaça de "absorção maternal" pelo ventre irresistível.[8] O pai hostil é exonerado e reaparece como o salvador que, ao punir o desejo de incesto, protege o ego de seu aniquilamento na mãe. Não se levanta a questão de saber se a atitude narcisista-maternal, em relação à realidade, não pode "retomar" em formas menos primordiais e devoradoras, sob o poder do ego maduro e numa civilização madura. Pelo contrário, a necessidade de suprimir essa atitude de uma vez para sempre é aceita como fato axiomático. O princípio de realidade patriarcal mantém ascendência sobre a interpretação psicanalítica. Somente para além desse princípio de realidade é que as imagens "maternais" do superego transmitem promessas, em vez de vestígios de memória – imagens de um futuro livre, em lugar de um passado obscuro.

Contudo, mesmo que uma moralidade libidal-maternal seja identificável na estrutura instintiva, e ainda que uma racionalidade sensual pudesse tornar Eros livremente suscetível de ordem, um obstáculo profundamente íntimo parece, no entanto, desafiar todo e qualquer projeto de um desenvolvimento não repressivo – nomeadamente, um vínculo que liga Eros ao instinto de morte. O fato

---

[6] *Ibid.*
[7] *Ibid.*, p. 11.
[8] *Ibid.*, p. 15.

brutal da morte nega redondamente a realidade de uma existência não repressiva. Pois a morte é a negatividade final do tempo, mas "a alegria quer eternidade". A intemporalidade é o ideal do prazer. O tempo não tem poder sobre o id, que é o domínio original do princípio de prazer. Mas o ego, por cujo intermédio, exclusivamente, o prazer se torna real, está em sua inteireza sujeito ao tempo. A mera previsão do fim inevitável, presente a todo instante, introduz um elemento repressivo em todas as relações libidinais e torna o próprio prazer doloroso. Essa frustração primária na estrutura instintiva do homem torna-se a fonte inexaurível de todas as outras frustrações – e de sua efetividade social. O homem aprende que "não pode durar, de qualquer modo", que todo o prazer é curto, que para todas as coisas finitas a hora de seu nascimento é a hora de sua morte – que não poderia ser de outro modo. Está resignado, antes de a sociedade o forçar à prática metódica da resignação. O fluxo de tempo é o maior aliado natural da sociedade na manutenção da lei e da ordem, da conformidade das instituições que relegam a liberdade para os domínios de uma perpétua utopia; o fluxo de tempo ajuda os homens a esquecerem o que foi e o que pode ser: fá-los esquecer o melhor passado e o melhor futuro.

Essa capacidade para esquecer – que em si mesma já é o resultado de uma longa e terrível educação pela experiência – é um requisito indispensável da higiene mental e física, sem o que a vida civilizada seria insuportável; mas é também a faculdade mental que sustenta a capacidade de submissão e renúncia. Esquecer é também perdoar o que não seria perdoado se a justiça e a liberdade prevalecerem. Esse perdão reproduz as condições que reproduzem injustiça e escravidão: esquecer o sofrimento passado é perdoar as forças que o causaram – sem derrotar essas forças. As feridas que saram com o tempo são também as feridas que contêm o veneno. Contra essa rendição ao tempo, o reinvestimento da recordação em seus direitos, como um veículo de libertação, é uma das mais nobres tarefas do pensamento. Nessa função, o relembrar (*Erinnerung*) aparece-nos na conclusão da *Fenomenologia do Espírito*, de Hegel; nessa função, aparece-nos na teoria de Freud.[9] Tal como a capacidade para esquecer, a capacidade para relembrar é um produto da civilização – talvez a sua mais vetusta e fundamental realização psicológica. Nietzsche viu no treino da memória o princípio da moralidade civilizada – especialmente, a

---

[9] Veja o Capítulo 1.

memória de obrigações, contratos, compromissos.¹⁰ Esse contexto revela a unilateralidade do treino da memória na civilização: a faculdade foi principalmente dirigida para a recordação de deveres, em lugar de prazeres; a memória foi associada à má consciência, à culpa e ao pecado. A infelicidade e a ameaça de punição, não a felicidade e a promessa de liberdade, subsistem na memória.

Sem libertação do conteúdo reprimido da memória, sem descarga do seu poder libertador, é inimaginável a sublimação não repressiva. Desde o mito de Orfeu até a novelística de Proust, felicidade e liberdade têm estado associadas à ideia de reconquista do tempo: o *temps retrouvé*. A recordação recupera o *temps perdu*, que foi o tempo de gratificação e plena realização. Eros, penetrando na consciência, é movido pela recordação; assim, protesta contra a ordem de renúncia; usa a memória em seu esforço para derrotar o tempo num mundo dominado pelo tempo. Mas, na medida em que o tempo retém o seu poder sobre Eros, a felicidade é essencialmente uma coisa do *passado*. A terrível sentença que afirma que somente os paraísos perdidos são os verdadeiros julga e ao mesmo tempo resgata o *temps perdu*. Os paraísos perdidos são os únicos verdadeiros não porque, em retrospecto, a alegria passada pareça mais bela do que realmente era, mas porque só a recordação fornece a alegria sem a ansiedade sobre a sua extinção e, dessa maneira, propicia uma duração que de outro modo seria impossível. O tempo perde o seu poder quando a recordação redime o passado.

Entretanto, essa derrota do tempo é artística e espúria; o relembrar não constitui uma arma verdadeira, a menos que seja traduzido em ação histórica. Então, a luta contra o tempo passa a ser um momento decisivo na luta contra a dominação:

> O desejo consciente de quebrar a continuidade da história pertence às classes revolucionárias, no momento de ação. Essa consciência afirmou-se durante a Revolução de Julho. Na tarde do primeiro dia da luta, simultânea mas independentemente, em muitos lugares, foram disparados tiros contra os relógios das torres de Paris.¹¹

---

[10] *Genealogia da Moral*, Parte II, 1-3.
[11] Walter Benjamin, "Über den Begriff der Geschichte", em *Die Neue Rundschau* (1950), p. 568.

É a aliança entre o tempo e a ordem de repressão que motiva os esforços para sustar o fluxo de tempo, e é essa aliança que torna o tempo inimigo mortal de Eros. Certo, a ameaça do tempo, a passagem do momento de plenitude, a angústia sobre a aproximação do fim, podem tornar-se erotogênicas – obstáculos que "dilatam a maré da libido". Contudo, o desejo de Fausto, que conjura o princípio de prazer, exige não o momento de Beleza, mas a eternidade. Com a sua luta pela eternidade, Eros transgride o tabu decisivo que somente sanciona o prazer libidinal como uma condição temporal e controlada, não como um permanente manancial da existência humana. Com efeito, se a aliança entre tempo e ordem estabelecida se dissolvesse, a "natural" infelicidade privada deixaria de servir de apoio à infelicidade social organizada. O relegar da plena realização humana para a esfera da utopia deixaria de encontrar uma resposta adequada nos instintos do homem, e o impulso para a libertação assumiria aquela força terrível que, na realidade, nunca tivera. Todas as razões sólidas estão do lado da lei e da ordem, quando insistem em que a eternidade da alegria está reservada para a "vida futura", assim como em seu esforço para subordinar a luta contra a morte e a doença aos requisitos intermináveis da segurança nacional e internacional.

A luta pela preservação do tempo no tempo, para a paralisação do tempo, para a conquista da morte, parece irracional a todos os títulos e francamente impossível sob a hipótese do instinto de morte que aceitamos. Ou será que essa mesma hipótese a torna mais razoável? O instinto de morte opera segundo o princípio do Nirvana: tende para aquele estado de "gratificação constante" em que não se sente tensão alguma – um estado sem carências. Essa tendência do instinto implica que as suas manifestações *destrutivas* seriam reduzidas ao mínimo, à medida que se aproximassem de tal estado. Se o objetivo básico do instinto não é a terminação da vida, mas da dor – a ausência de tensão – então, paradoxalmente, em termos do instinto, o conflito entre vida e morte é tanto mais reduzido quanto mais a vida se aproximar do estado de gratificação. O princípio de prazer e o princípio do Nirvana convergem então. Ao mesmo tempo, Eros, livre da mais-repressão, seria reforçado; e o Eros reforçado como que absorveria o objetivo do instinto de morte. O valor instintivo de morte alterar-se-ia: se os instintos buscaram e atingiram sua realização numa ordem não repressiva, a compulsão repressiva perderá muito de sua racionalidade biológica. Quando o sofrimento e a carência retrocedem, o princípio do Nirvana poderá reconciliar-se com o princípio de realidade. A atração inconsciente que impele os instintos de volta a um "estado anterior" seria eficazmente neutralizada pela desejabilidade do estado de vida atingido. A "natureza conservadora" dos instintos acabaria repousando num presente realizado em sua plenitude. A morte deixaria de ser uma finalidade dos instintos. Continua sendo um fato, talvez mesmo uma necessidade suprema – mas uma necessidade contra a qual a energia irreprimida da humanidade protestará, contra a qual deflagrará a sua maior batalha.

Nessa luta, razão e instinto podem unir-se. Nas condições de uma existência verdadeiramente humana, a diferença entre sucumbir à doença aos dez, trinta, cinquenta ou setenta anos de idade e morrer de uma morte "natural" depois de uma vida plenamente realizada poderá muito bem ser uma diferença digna de que nos batamos por ela com toda a nossa energia instintiva. Não os que morrem, mas os que morrem antes de querer e dever morrer, os que morrem em agonia e dor, são a grande acusação lavrada contra a civilização. Também servem de testemunho para a culpa irredimível da humanidade. A morte deles suscita a dolorosa consciência de que foi desnecessária, de que poderia ter sido de outra maneira. São precisos todos os valores e instituições de uma ordem repressiva para pacificar a má consciência dessa culpa. Uma vez mais, a profunda ligação entre o instinto de morte e o sentimento de culpa torna-se evidente. O silencioso "acordo profissional" com o fato da morte e da doença é, talvez, uma das mais profusamente divulgadas expressões do instinto de morte – ou, melhor, de sua utilidade social. Numa civilização repressiva, a própria morte torna-se um instrumento de repressão. Quer a morte seja temida como uma constante ameaça ou glorificada como supremo sacrifício ou, ainda, aceita como uma fatalidade, a educação para o consentimento da morte introduz um elemento de abdicação na vida, desde o princípio – abdicação e submissão. Sufoca os esforços "utópicos". Os poderes vigentes revestem-se de uma profunda afinidade com a morte; a morte é um símbolo de escravidão, de derrota. A Teologia e a Filosofia concorrem hoje entre si na celebração da morte como uma categoria existencial: pervertendo um fato biológico para torná-lo uma essência ontológica, concedem suas bênçãos transcendentais à culpa da humanidade que ambas ajudam a perpetuar; assim atraiçoam a promessa de utopia. Em contraste, uma Filosofia que não trabalha como a dama de companhia da repressão reage ao fato da morte com a Grande Recusa – a recusa de Orfeu, o libertador. A morte pode tornar-se um símbolo de liberdade. A necessidade de morte não refuta a possibilidade de libertação final. Tal como as outras necessidades – pode-se tornar também racional, indolor. Os homens podem morrer sem angústia se souberem que o que eles amam está protegido contra a miséria e o esquecimento. Após uma vida bem cumprida, podem chamar a si a incumbência da morte – num momento de sua própria escolha. Mas até o advento supremo da liberdade não pode redimir aqueles que morrem em dor. É a recordação deles e a culpa acumulada da humanidade contra as suas vítimas que obscurecem as perspectivas de uma civilização sem repressão.

EPÍLOGO

Crítica do Revisionismo Neofreudiano

A Psicanálise alterou a sua função na cultura do nosso tempo, de acordo com mudanças sociais fundamentais que ocorreram durante a primeira metade do século. O colapso da era liberal e de suas promessas, a tendência expansionista do totalitarismo e os esforços para neutralizar essa tendência estão refletidos na posição da Psicanálise. Durante os vinte anos de seu desenvolvimento, antes da Primeira Guerra Mundial, a Psicanálise elaborou os conceitos para a crítica psicológica da mais altamente louvada realização da era moderna: o indivíduo. Freud demonstrou que a coerção, a repressão e a renúncia eram os materiais de que se fabrica a "livre personalidade"; ele reconheceu a "infelicidade geral" da sociedade como o limite intransponível de cura e normalidade. A Psicanálise era uma teoria radicalmente crítica. Mais tarde, quando as Europas Central e Oriental se encontravam em convulsão revolucionária, tornou-se claro até que ponto a Psicanálise ainda estava vinculada à sociedade cujos segredos revelou. A concepção psicanalítica do homem, com sua crença na imutabilidade básica da natureza humana, impôs-se como "reacionária"; a teoria freudiana parecia implicar que os ideais humanitários do socialismo eram humanamente inatingíveis. Então, as revisões da Psicanálise começaram a ganhar impulso.

Seria tentador falarmos de uma cisão numa ala esquerda e numa ala direita. A mais séria tentativa realizada para desenvolver a teoria crítica social implícita em Freud foi a de Wilhelm Reich, em seus primeiros escritos. Em sua obra *Einbruch der Sexualmoral* (1931), Reich orientou a Psicanálise no sentido da relação entre as estruturas social e instintiva. Salientou o grau em que a repressão sexual é imposta pelos interesses de dominação e exploração, e na medida em que esses interesses são, por seu turno, reforçados e reproduzidos pela repressão sexual. Contudo, a noção de Reich de repressão sexual mantém-se indiferenciada; ele negligencia a dinâmica histórica dos instintos sexuais e sua fusão com os impulsos destrutivos. (Reich rejeita a hipótese de Freud do instinto de morte e toda a dimensão de profundidade revelada na ulterior metapsicologia freudiana.) Por consequência, a libertação sexual *per se* converte-se, para Reich, numa panaceia para as enfermidades individuais e sociais. O problema da sublimação é minimizado, não se efetua qualquer distinção essencial entre sublimação repressiva e não repressiva, e o progresso em liberdade parece constituir uma simples liberação de sexualidade. Os vislumbres crítico-sociológicos contidos nos primeiros escritos de Reich foram, assim, sustados; um primitivismo arrasador torna-se predominante, prenunciando os fantásticos e arrebatados devaneios dos últimos anos de Reich.

Na "ala direita" da Psicanálise, a Psicologia de Carl Jung cedo se tornou uma obscurantista pseudomitologia.[1] O "centro" do revisionismo ganhou forma nas escolas culturais e interpessoais, que constituem hoje a mais popular tendência da Psicanálise. Tentaremos mostrar que, nessas escolas, a teoria psicanalítica converte-se numa ideologia: a "personalidade" e suas potencialidades criadoras ressurgem em face de uma realidade que por pouco eliminara as condições para a personalidade e sua plena realização. Freud reconheceu a obra da repressão nos mais altos valores da civilização ocidental – que pressupõem e perpetuam a falta de liberdade e o sofrimento. As escolas neofreudianas promovem esses mesmos valores como cura contra a escravidão e o sofrimento – como o triunfo sobre a repressão. Esse feito intelectual é realizado mediante o expurgo da dinâmica instintiva e redução de sua parte na vida mental. Assim purificada, a psique pode novamente ser redimida pela

---

[1] Veja Edward Glover, *Freud or Jung?* (Nova York: W. W. Norton, 1950).

ética idealista e pela religião; e a teoria psicanalítica do aparelho mental pode ser reescrita como uma filosofia da alma. Ao fazê-lo, os revisionistas rejeitaram aqueles instrumentos psicológicos de Freud que são incompatíveis com a revivescência anacrônica do idealismo filosófico – aqueles mesmos instrumentos com que Freud revelou as explosivas raízes instintivas *e* sociais da personalidade. Além disso, fatores e relações secundários (da pessoa adulta e seu meio cultural) receberam a dignidade de processos primários – uma mudança de orientação destinada a enfatizar a influência da realidade social sobre a formação da personalidade. Contudo, acreditamos ser exatamente o oposto que acontece – que o impacto da sociedade sobre a psique é enfraquecido. Enquanto Freud, focalizando as vicissitudes dos instintos primários, descobriu a sociedade na mais recôndita camada do gênero e do homem individual, os revisionistas, visando mais à forma coisificada e comum do que à origem das instituições e relações sociais, não foram capazes de compreender o que essas instituições e relações fizeram à personalidade que elas, ao que se supunha, tinham de satisfazer. Confrontada com as escolas revisionistas, a teoria de Freud assume agora um novo significado: revela mais do que nunca a profundidade de sua crítica e – talvez pela primeira vez – aqueles de seus elementos que transcendem a ordem predominante e ligam a teoria da repressão com a de sua abolição.

O fortalecimento desse elo foi o impulso inicial subentendido no revisionismo da escola cultural. Os primeiros artigos de Erich Fromm tentaram libertar a teoria de Freud de sua identificação com a sociedade hodierna; apurar as noções psicanalíticas que revelam a ligação entre a estrutura instintiva e econômica; e, ao mesmo tempo, indicar a possibilidade de progresso para além da cultura "patricentrista e aquisitiva". Fromm salienta a substância sociológica da teoria de Freud: a Psicanálise compreende os fenômenos sociopsicológicos como

> ... processos de ajustamentos ativo e passivo do aparelho instintivo à situação socioeconômica. O próprio aparelho instintivo é – em certos de seus alicerces – um dado biológico, mas modificável, em elevado grau; as condições econômicas são os fatores primários de modificação.[2]

---

[2] "Über Methode und Aufgabe einer analytischen Sozialpsychologie", em *Zeitschrift für Sozialforschung*, I (1932), 39-40.

Subentendidas na organização social da existência humana estão as carências e necessidades libidinais básicas; superlativamente plásticas e maleáveis, são modeladas e utilizadas para "cimentar" a sociedade em questão. Assim, no que Fromm chama a "sociedade patricêntrico-aquisitiva" (a qual, neste estudo, é definida em termos de domínio do princípio de desempenho), os impulsos libidinais e sua satisfação (e deflexão) são coordenados com os interesses de dominação e, por conseguinte, convertem-se numa força estabilizadora que liga a maioria à minoria dominante. Ansiedade, amor, confiança, mesmo a vontade de liberdade e solidariedade com o grupo a que se pertence[3] – tudo acabou por servir às relações economicamente estruturadas de dominação e subordinação. Contudo, pelo mesmo princípio, mudanças fundamentais na estrutura social acarretarão mudanças correspondentes na estrutura instintiva. Com a obsolescência histórica de uma sociedade estabelecida, com o crescimento de seus antagonismos internos, os tradicionais vínculos mentais afrouxam:

> As forças libidinais ficam livres para novas formas de utilização e, assim, mudam sua função social. Agora já não contribuem para a preservação da sociedade, mas levam à edificação de novas formações sociais; é como se deixassem de ser o cimento e, em seu lugar, se convertessem em dinamite.[4]

Fromm desenvolveu essa concepção no seu artigo sobre "The Socio-Psychological Significance of the Theory of Matriarchy".[5] Os vislumbres do próprio Freud sobre o caráter histórico das modificações dos impulsos viciaram a sua equação do princípio de realidade com as normas da cultura patricêntrico-aquisitiva. Fromm salienta que a ideia de uma cultura matricentrista – independentemente de seu mérito antropológico – visiona um princípio de realidade engrenado não no interesse da dominação, mas no interesse de relações libidinais gratificadas entre os homens. A estrutura instintiva exige mais do que impede o surto de uma civilização livre, na base das

---
[3] *Ibid.*, p. 47, 51.
[4] *Ibid.*, p. 53.
[5] Em *Zeitschrif für Sozialforschung*, Vol. III (1934).

realizações da cultura patricentrista, mas através da transformação de suas instituições:

> A sexualidade oferece uma das mais elementares e mais fortes possibilidades de gratificação e felicidade. Se essas possibilidades fossem permitidas dentro dos limites fixados pela necessidade de desenvolvimento produtivo da personalidade, em vez da necessidade de dominação das massas, a realização dessa possibilidade fundamental de felicidade conduziria, necessariamente, a um aumento na reivindicação de felicidade e gratificação em outras esferas da existência humana. A realização dessa reivindicação requer a acessibilidade de meios materiais para sua satisfação e deve, portanto, acarretar a explosão da ordem social vigente.[6]

O conteúdo social da teoria freudiana torna-se manifesto: o apuramento dos conceitos psicanalíticos significa o apuramento de sua função crítica, sua oposição à forma vigente de sociedade. E essa função crítico-sociológica da Psicanálise deriva do papel fundamental da sexualidade como uma "força produtiva"; as reclamações libidinais impelem o progresso no sentido da liberdade e da gratificação universal das necessidades humanas, para além do estágio patricêntrico-aquisitivo. Inversamente, o enfraquecimento da concepção psicanalítica e, especialmente, da teoria da sexualidade, tem de conduzir a um enfraquecimento da crítica sociológica e a uma redução da substância social da Psicanálise. Contrariamente às aparências, foi isso o que aconteceu nas escolas culturais. Paradoxalmente (mas só na aparência paradoxalmente) tal desenvolvimento foi a consequência dos aperfeiçoamentos na terapêutica. Fromm dedicou um admirável estudo às "Social Conditions of Psychoanalytic Therapy", em que ele nos mostra que a situação psicanalítica (entre analista e paciente) é uma expressão específica de tolerância liberalista e, como tal, dependente da existência de tal tolerância na sociedade. Mas por trás da atitude tolerante do analista "neutro" oculta-se o "respeito pelos tabus sociais da burguesia".[7] Fromm localiza a efetividade desses tabus no próprio âmago da teoria freudiana, na posição de Freud em face da moralidade sexual. Com essa atitude, Fromm estabelece o contraste com outra concepção de terapia, formulada

---

[6] *Ibid.*, p. 215.
[7] *Zeitschrift für Sozialforschung*, IV (1935), 374-375.

em primeiro lugar, talvez, por Ferenczi, segundo a qual o analista rejeita os tabus patricêntricos e autoritários e ingressa numa relação mais positiva do que neutra com o paciente. A nova concepção caracteriza-se principalmente por uma "incondicional afirmação da reivindicação do paciente à felicidade" e a "libertação da moralidade, despojando-a de suas características tabus".[8]

Contudo, com essas exigências, a Psicanálise enfrenta um dilema fatal. A "reivindicação de felicidade", se sinceramente afirmada, agrava o conflito com uma sociedade que só permite uma felicidade controlada, e a exposição dos tabus morais amplia esse conflito, sujeitando a um ataque as camadas vitais de proteção da sociedade. Isso poderá ser ainda praticável num meio social em que a tolerância é um elemento constitutivo das relações pessoais, econômicas e políticas; mas deve pôr em perigo a própria ideia de "cura" e até a existência da Psicanálise, quando a sociedade não pode continuar permitindo-se tal tolerância. A atitude afirmativa em relação à reivindicação de felicidade só se torna praticável, portanto, se a felicidade e o "desenvolvimento produtivo da personalidade" forem redefinidos de modo que se tornem compatíveis com os valores prevalecentes, quer dizer, se forem internalizados e idealizados. E essa redefinição deve acarretar, por seu turno, um enfraquecimento do conteúdo explosivo da teoria psicanalítica, assim como de sua explosiva crítica social. Se foi esse (como penso) o curso que o revisionismo deveras tomou, então teve por causa a dinâmica social objetiva do período: numa sociedade repressiva, a felicidade individual e o desenvolvimento produtivo estão em contradição com a sociedade; se forem definidos como valores a realizar dentro dessa sociedade, tornam-se repressivos.

A discussão subsequente diz unicamente respeito aos últimos estágios da Psicologia neofreudiana, em que as características regressivas do movimento parecem predominantes. A discussão não tem outro propósito senão pôr em relevo, por contraste, as implicações críticas da teoria psicanalítica enfatizadas no presente estudo; os méritos *terapêuticos* das escolas revisionistas estão inteiramente fora do âmbito desta discussão. Esta limitação é imposta não só pela minha própria falta de competência, mas também por uma discrepância entre teoria e terapia, inerente à própria Psicanálise. Freud tinha plena

---

[8] *Ibid.*, p. 395.

consciência dessa discrepância, que pode ser formulada (se bem que em termos muito simplificados) da seguinte maneira: enquanto a teoria psicanalítica reconhece que a doença do indivíduo é fundamentalmente causada e mantida pela doença de sua civilização, a terapia psicanalítica almeja a cura do indivíduo, de modo que este possa continuar funcionando como parte de uma civilização enferma, sem que se lhe entregue inteiramente. A aceitação do princípio de realidade, com que a terapia psicanalítica termina, significa a aceitação individual da arregimentação civilizada de suas necessidades instintivas, especialmente a sexualidade. Na teoria de Freud, a civilização surge-nos estabelecida em contradição com os instintos primários e o princípio de prazer. Mas este último sobrevive no id, e o ego civilizado deve permanentemente combater o seu próprio passado sem tempo e o futuro proibido. Teoricamente, a diferença entre saúde mental e neurose reside apenas no grau e eficácia da resignação: a saúde mental é uma resignação eficiente, vitoriosa – normalmente tão eficiente que se manifesta como uma satisfação moderadamente feliz. A normalidade é uma condição precária. "A neurose e a psicose são ambas uma expressão da rebelião do id contra o mundo exterior, de sua 'dor', relutância em adaptar-se à necessidade – à *ananke* ou, se preferirmos, da sua incapacidade para fazê-lo."[9] Essa rebelião, embora originando-se na "natureza" instintiva do homem, é uma doença que tem de ser curada – não só porque é uma luta contra um poder irremediavelmente superior, mas porque é uma luta contra a "necessidade". Repressão e infelicidade *têm de ser*, se quisermos que a civilização prevaleça. A "meta" do princípio de prazer – ou seja, ser feliz – "não é atingível",[10] embora o esforço para atingi-la não seja nem possa ser abandonado. A longo prazo, a questão resume-se em saber até que ponto o indivíduo pode suportar a resignação sem se desintegrar. Neste sentido, a terapia é um curso de resignação: muito se ganhará se conseguirmos "transformar a vossa miséria histérica em infelicidade cotidiana", que é o fardo usual da humanidade.[11] Essa finalidade certamente não implica (nem deve implicar) que o

---

[9] "The Loss of Reality in Neurosis and Psychosis", em *Collected Papers* (Londres: Hogarth Press, 1950), II, 279.
[10] *Civilization and Its Discontents* (Londres: Hogarth Press, 1949), p. 39.
[11] Breuer e Freud, *Studies in Hysteria* (Nova York: Nervous and Mental Disease Monogragh N.º 61, 1936), p. 232. Veja também *A General Introduction to Psychoanalysis* (Nova York: Garden City Publishing Co., 1943), p. 397-398.

paciente se torna capaz de se ajustar completamente a um meio circundante repressivo de suas aspirações e capacidades maduras. Entretanto, o analista, como um médico, deve aceitar a estrutura social de fatos em que o paciente tem de viver e que ele não pode alterar.[12] Esse núcleo irredutível de conformidade é ainda reforçado pela convicção de Freud de que a base repressiva da civilização não pode ser alterada, de modo nenhum – nem mesmo na escala supraindividual, ou social. Por consequência, os vislumbres críticos da Psicanálise só ganham sua plena força no terreno da teoria e em particular, talvez, onde a teoria se encontra mais remotamente afastada da terapia: na "metapsicologia" de Freud.

As escolas revisionistas obliteraram essa discrepância entre teoria e terapia assimilando a primeira à segunda. Essa assimilação teve lugar de duas maneiras. Primeiro, os conceitos mais especulativos e "metafísicos" não sujeitos a nenhuma verificação clínica (tais como o instinto de morte, a hipótese da horda primordial, a morte do pai primordial e suas consequências) foram minimizados ou francamente rejeitados. Além disso, nesse processo alguns dos mais decisivos conceitos de Freud (a relação entre id e ego, a função do inconsciente, o âmbito e significado de sexualidade) foram redefinidos de modo tal que suas conotações explosivas foram quase eliminadas por completo. A dimensão de profundidade do conflito entre o indivíduo e a sua sociedade, entre a estrutura instintiva e o domínio da consciência, foi nivelada. A Psicanálise foi reorientada de acordo com a tradicional psicologia do consciente, de textura pré-freudiana. O direito a tal reorientação, no interesse de uma terapia e prática bem-sucedidas, não é aqui posto em questão; mas os revisionistas converteram o enfraquecimento da teoria freudiana em uma nova teoria, e somente o significado dessa teoria será agora examinado. A discussão seguinte negligenciará as diferenças entre os vários grupos revisionistas e concentrar-se-á na atitude teórica comum a todos eles. Essa atitude é destilada das obras representativas de Erich Fromm, Karen Horney e Harry Stack Sullivan. Clara Thompson[13] é tida em conta de historiadora representativa dos revisionistas.

---
[12] Ver *New Introductory Lectures* (Nova York: W. W. Norton, 1933), p. 206.
[13] *Psychoanalysis: Evolution and Development* (Nova York: Hermitage House, 1951). [Esta obra foi por nós traduzida para Zahar Editores sob o título de *Evolução da Psicanálise*. Col. Psyche, 1965. (N.T.)]

As principais objeções dos revisionistas a Freud podem-se resumir da seguinte maneira: Freud subestimou flagrantemente a extensão em que o indivíduo e sua neurose são determinados por conflitos com o respectivo meio. A "orientação biológica" de Freud levou-o a concentrar-se no *passado* filogenético e ontogenético do indivíduo: ele considerou o caráter como essencialmente fixado entre o quinto e o sexto ano de vida (se não antes), e interpretou o destino do indivíduo em termos de instintos primários e suas vicissitudes, especialmente a sexualidade. Em contraste, os revisionistas transferiram a ênfase "do passado para o presente",[14] do nível biológico para o cultural, da "constituição" do indivíduo para o seu meio.[15] "Poderemos compreender melhor a evolução biológica se pusermos completamente de lado o conceito de libido" e, em seu lugar, interpretarmos "as diversas fases em termos de crescimento e de relações humanas".[16] Então, o tema da Psicanálise passa a ser a "personalidade total" em sua "relacionação com o mundo"; e os "aspectos construtivos do indivíduo", suas "potencialidades produtivas e positivas", recebem a atenção que merecem. Freud era frio, austero, destrutivo e pessimista. Não viu que doença, tratamento e cura são uma questão de "relações interpessoais" em que as personalidades totais estão empenhadas de ambos os lados. A concepção de Freud era predominantemente relativista: ele partiu do princípio de que a Psicologia pode "ajudar-nos a compreender a motivação dos juízos de valor, mas não pode ajudar a estabelecer a validade dos próprios juízos de valor".[17] Por consequência, a sua Psicologia não contém uma ética ou apenas a sua ética pessoal. Além disso, Freud viu a sociedade como algo "estático" e pensou que a sociedade se desenvolvia como um "mecanismo para controlar os instintos do homem", ao passo que os revisionistas sabem "pelo estudo comparativo de culturas" que o "homem não está biologicamente dotado de perigosos impulsos animais fixos e que a função única da sociedade é exercer o controle dos mesmos". Insistem em que a sociedade

---

[14] Thompson, *Evolução da Psicanálise*, p. 21, 184.
[15] *Ibid.*, p. 20 e segs., 38-40, 157 e segs.
[16] *Ibid.*, p. 45. [Todas as páginas citadas nestas notas são as da edição brasileira da obra citada. (N.T.)]
[17] Erich Fromm, *Man for Himself* (Nova York e Toronto: Rinehart, 1947), p. 34. [Traduzido para o português e publicado, sob o título *Análise do Homem*, por Zahar Editores, 6.ª edição, 1968. (N.T.)]

"não é um conjunto estático de leis instituídas no passado, no tempo do assassínio do pai primordial, mas, sim, uma rede cada vez mais vasta, em constante mutação e desenvolvimento, de experiências e comportamentos interpessoais". A isto se acrescentam as seguintes concepções:

> Não é possível tornarmo-nos seres humanos, salvo por intermédio da experiência cultural. A sociedade cria novas necessidades nas pessoas que a compõem. Algumas das novas necessidades conduzem-nos em direções construtivas e estimulam novos progressos. Dessa natureza são as ideias de justiça, igualdade e cooperação. Algumas das novas necessidades levam-nos numa senda destrutiva e não são boas para o homem. Concorrência total e exploração inexorável dos desamparados são exemplos de produtos destruidores da cultura. Quando os elementos destrutivos predominam, temos uma situação que gera a guerra.[18]

Este trecho poderá servir de ponto de partida para mostrar o declínio da teoria nas escolas revisionistas. Temos, primeiro, a laboração do óbvio, da sabedoria cotidiana. Depois, temos a adução de aspectos sociológicos. Em Freud, estão incluídos nos próprios conceitos básicos e são por estes desenvolvidos; agora aparecem-nos como fatores externos e não abrangidos naqueles conceitos. Além disso, temos ainda a distinção entre bem e mal, construtivo e destrutivo (de acordo com Fromm: produtivo e improdutivo, positivo e negativo), o que não deriva de nenhum princípio teórico, mas é, simplesmente. tomado da ideologia predominante. Por essa razão, a distinção é meramente eclética, estranha à teoria e equivalente ao *slogan* conformista: "Acentuar o positivo." Freud tinha razão; a vida é má, repressiva, destrutiva – mas não é *assim tão* má, repressiva, destrutiva. Há também os aspectos construtivos, produtivos. A sociedade não é só isto, mas também aquilo; o homem não é somente contra si mesmo, mas também por si mesmo.

Essas distinções são desprovidas de significado – como tentaremos demonstrar – e até errôneas, a menos que se realize a tarefa que Freud chamou a si: demonstrar como, sob o impacto da civilização, os dois "aspectos" estão inter-relacionados na própria dinâmica

---

[18] Thompson, *Evolução da Psicanálise*, p. 131.

instintiva e como, em virtude dessa dinâmica, um deles se converte inevitavelmente no outro. Na falta de semelhante demonstração, o "aperfeiçoamento" revisionista da "unilateralidade" de Freud constitui uma clara rejeição de sua fundamental concepção teórica. Contudo, o termo *ecletismo* não expressa adequadamente a substância da Filosofia revisionista. Suas consequências para a teoria psicanalítica são muito mais graves: a "suplementação" revisionista da teoria freudiana, especialmente a adução de fatores culturais e ambientais, consagra uma falsa imagem da civilização e, em particular, da sociedade atual. Ao minimizarem a extensão e a profundidade do conflito, os revisionistas proclamam uma solução falsa, mas fácil. Apenas daremos aqui uma breve ilustração.

Uma das mais queridas exigências dos revisionistas é que a "personalidade total" do indivíduo – em vez de sua infância, ou sua estrutura biológica, ou sua condição psicossomática – deverá ser o sujeito da Psicanálise:

> A diversidade infinita de personalidades é, em si mesma, característica da existência humana.
> Por personalidade compreendo a totalidade de qualidades psíquicas herdadas e adquiridas que caracterizam um indivíduo e o tornam original.[19]

Penso estar claro que a concepção freudiana da contratransferência deve distinguir-se da concepção atual da análise como processo interpessoal. Na situação interpessoal, o analista é encarado como pessoa relacionada com o paciente, não só com seus afetos deformados, mas também com sua personalidade saudável. Isto é, a situação analítica é, essencialmente, uma situação humana de relacionação, na qual uma das pessoas, embora mais imediatamente desprendida do que a outra e com menos em jogo, constitui, não obstante, um participante ativo.[20]

A concepção prévia para a qual estou caminhando é esta: a personalidade tende para o estado que designamos como saúde mental ou êxito interpessoal de ajustamento, não obstante desvantagens por intermédio da aculturação. A direção básica do organismo é para a frente.[21]

---

[19] *Análise do Homem*, de Erich Fromm, p. 53 da ed. brasileira.
[20] *Evolução da Psicanálise*, de Clara Thompson, p. 102 da ed. brasileira.
[21] Harry Stack Sullivan, *Conceptions of Modern Psychiatry* (Washington: William Alanson White Psychiatric Foundation, 1947), p. 48.

Uma vez mais, o óbvio ("diversidade de personalidades"; a análise como um "processo interpessoal"), porque não é compreendido, mas simplesmente enunciado e usado, converte-se numa meia-verdade que é falsa, uma vez que a outra metade em falta muda o conteúdo do fato óbvio.

Os trechos citados depõem sobre a confusão entre ideologia e realidade que campeia nas escolas revisionistas. É verdade que o homem aparece como um indivíduo que "integra" uma diversidade de qualidades herdadas e adquiridas numa personalidade total, e que esta se desenvolve ao relacionar-se com o mundo (coisas e pessoas) sob condições múltiplas e variáveis. Mas essa personalidade e o seu desenvolvimento estão pré-formados até as mais profundas camadas da estrutura instintiva e essa pré-formação, a obra da civilização acumulada, significa que as diversidades e a autonomia de "crescimento" individual são fenômenos secundários. Qual a soma de realidade existente e subentendida na individualidade depende do âmbito, forma e efetividade dos controles repressivos que predominem num determinado estágio da civilização. A personalidade autônoma, no sentido de "unicidade" criadora e plenitude existencial, sempre foi o privilégio de poucos. No presente estágio, a personalidade tende para um modelo padronizado de reação, estabelecido pela hierarquia do poder e das funções, e por seus mecanismos técnico, intelectual e cultural.

O analista e seu paciente compartilham dessa alienação, e como esta não se manifesta, usualmente, em nenhum sintoma neurótico, mas, pelo contrário, como timbre de "saúde mental", não aparece na consciência revisionista. Quando se examina o processo de alienação, é usualmente tratado não como o todo que realmente é, mas como um aspecto negativo desse todo.[22] Certo, a personalidade não desapareceu; continua florescendo e é mesmo fomentada e educada – mas de modo tal que as expressões da personalidade se ajustem e apoiem perfeitamente o padrão socialmente desejado de comportamento e pensamento. Tendem, pois, a anular a individualidade. Esse processo, que foi completado na "cultura da massa" dos mais recentes estágios da civilização industrial, vicia o conceito de relações interpessoais se pretender significar mais do que o fato inegável de que todas as relações em que o ser humano se encontra

---

[22] Comparar com o exame de Erich Fromm da "orientação mercantil", em *Análise do Homem*, p. 67 e segs. da ed. brasileira.

são relações com outras pessoas ou abstrações delas. Se, para além desse truísmo, o conceito implica mais – nomeadamente, que "duas ou mais pessoas acabam definindo uma situação integrada" que é composta de "indivíduos"[23] – então a implicação é falaciosa. Pois as situações individuais são os derivativos e aparências do destino *geral* e, como Freud demonstrou, é o último que contém a chave para o destino do indivíduo. A repressividade geral modela o indivíduo e universaliza até as suas mais pessoais características ou traços. Nessa conformidade, a teoria de Freud está coerentemente orientada a partir da infância, o período formativo do destino universal no indivíduo. As subsequentes relações adultas "recriam" as formativas. As relações decisivas são, pois, aquelas que são as *menos* interpessoais de todas. Num mundo alienado, os espécimes do gênero confrontam-se mutuamente: pai e filho, macho e fêmea, depois, amo e servo, patrão e empregado; estão inter-relacionados, primeiramente, em modos específicos da alienação universal. Se e quando deixam de o estar, evoluindo para relações verdadeiramente pessoais, retêm ainda a repressividade universal que superam à medida que dominam e abrangem o negativo. Então, já não requerem tratamento.

A Psicanálise elucida o universal na experiência individual. Nessa medida – e apenas nessa medida – a Psicanálise pode romper a coisificação em que as relações humanas se petrificaram. Os revisionistas não foram capazes de reconhecer (ou de extrair as consequências de) o estado atual de alienação que converte a pessoa numa função intermutável e a personalidade numa ideologia. Em contraste, os conceitos "biologísticos" básicos de Freud ultrapassam a ideologia e seus reflexos: sua recusa em tratar uma sociedade coisificada como uma "rede em desenvolvimento de experiências e comportamento interpessoais" e um indivíduo alienado como uma "personalidade total" corresponde à realidade e contém a sua verdadeira noção. Se ele evita encarar a existência inumana como um aspecto negativo transitório da humanidade que progride, que caminha para a frente, é mais humano do que os críticos complacentes, tolerantes, que estigmatizam a "inumana" frieza de Freud. Este não crê facilmente em que a "direção básica do organismo seja para a frente". Mesmo sem a hipótese do instinto de morte e da natureza conservadora

---

[23] Ernest Beaglehole, "Interpersonal Theory and Social Psychology", em *A Study in Interpersonal Relations*, de Patrick Mullahy (Nova York: Hermitage Press, 1950), p. 54.

dos instintos, a proposição de Sullivan é superficial e discutível. A direção "básica" do organismo manifesta-se de um modo bastante diferente nos impulsos persistentes para o alívio de tensão, para a consumação, o repouso, a passividade – a luta contra o avanço do tempo não é apenas intrínseca ao Eros narcisista. As tendências sadomasoquistas dificilmente podem associar-se a uma direção para a frente na saúde mental, salvo se "para a frente" e "saúde mental" forem redefinidos para significar quase o oposto daquilo que são em nossa ordem social – uma "ordem social que é, em certos aspectos, grosseiramente inadequada para o desenvolvimento de seres humanos saudáveis e felizes".[24] Sullivan evita tal redefinição; faz que os seus conceitos se ajustem à conformidade:

> A pessoa que acredita que se desprendeu *voluntariamente* de suas anteriores amarras e aceitou, *por sua escolha*, novos dogmas, em que diligentemente se doutrinou, é com toda a certeza uma pessoa que sofreu uma grande insegurança. É frequentemente uma pessoa cuja auto-organização é derrogatória e abominável. O novo movimento deu-lhe apoio grupal para a expressão de antigas hostilidades pessoais que se dirigem agora contra o grupo donde [essa pessoa] proveio. A nova ideologia racionaliza a atividade destrutiva para tal efeito, de um modo que parece quase, se não inteiramente, construtivo. A nova ideologia é especialmente paliativa do conflito em sua promessa de um mundo melhor que se erguerá dos destroços a que a ordem atual deve ser, primeiro, reduzida. Nesta Utopia, a pessoa e seus amigos serão bons e gentis – para eles não haverá mais injustiça etc. Se o seu grupo for um dos mais radicais, a atividade de mais remota memória na síntese de decisões e escolha poderá ser quase completamente suprimida, e a atividade dos prováveis devaneios canalizada, rigidamente, para o padrão dogmático. Nesse caso, excetuando seu trato com seus colegas radicais, o homem poderá atuar como se tivesse adquirido o tipo psicopático de personalidade discutido na terceira lição. Não mostra uma apreensão duradoura de sua própria realidade ou da dos outros, e suas ações são controladas pelo oportunismo mais imediato, sem consideração pelo futuro provável.[25]

---

[24] Patrick Mullahy, Introdução a *A Study of Interpersonal Relations*, p. xvii.
[25] Sullivan, *Conceptions of Modern Psychiatry*, p. 96. Ver Helen Merrel Lynd, sua crítica em *The Nation*, 15 de janeiro de 1949.

O trecho anterior transcrito ilumina até que ponto a teoria interpessoal é moldada pelos valores do *status quo*. Se uma pessoa se "desprendeu de suas anteriores amarras" e "aceitou novos dogmas", o pressuposto é que ela "sofreu grande insegurança", que sua "auto-organização é derrogatória e abominável", que o seu novo credo "racionaliza a atividade destrutiva" – em resumo, que é do tipo psicopático. Não há nenhuma sugestão de que a sua insegurança seja racional e razoável, que não seja a sua auto-organização, mas a de outros, que é derrogatória e abominável, que a destrutividade envolvida no novo dogma poderá ser efetivamente construtiva, na medida em que vise a um estágio superior de realização. Essa Psicologia não possui outros padrões objetivos de valor senão os predominantes: saúde, maturidade, realização, são aceitas tais como definidas por uma dada sociedade – apesar da consciência de Sullivan de que, em nossa cultura, a maturidade "não reflete, frequentemente, mais do que a posição socioeconômica de um indivíduo e coisas parecidas".[26] A profunda conformidade mantém seu predomínio nessa Psicologia, que a todos os que "se desprendem de suas antigas amarras" e se tornam "radicais" considera suspeitos de neurose (a descrição ajusta-se a todos eles, de Jesus a Lênin, de Sócrates a Giordano Bruno) e que, quase automaticamente, identifica a promessa de um "mundo melhor" com "Utopia", sua substância com "devaneio" e o sagrado sonho de justiça para todos da humanidade com o ressentimento pessoal (não mais injustiça "para eles") dos tipos desajustados. Essa identificação "operacional" de saúde mental com "êxito de ajustamento" e progresso elimina todas as reservas com que Freud cercou o objetivo terapêutico de ajustamento a uma sociedade inumana[27] e, assim, vincula a Psicanálise a essa sociedade muitíssimo mais do que Freud alguma vez o praticou.

Para além de todas as diferenças entre as formas históricas de sociedade, Freud viu a inumanidade básica e comum a todas elas, assim como os controles repressivos que perpetuam, na própria estrutura dos instintos, a dominação do homem pelo homem. Em virtude dessa sua profunda intuição, o "conceito estático de sociedade", de Freud, está muito mais próximo da verdade do que os conceitos dinâmicos sociológicos dos revisionistas. A noção de que a "civilização e seus descontentes" tinham suas raízes na constituição biológica do

---

[26] *The Interpersonal Theory of Psychiatry* (Nova York: W. W. Norton, 1953), p. 208.
[27] Veja a declaração de Freud em *A General Introduction to Psychoanalysis*, p. 332-333.

homem influenciou profundamente o seu conceito de função e finalidade da terapia. A personalidade que o indivíduo vai desenvolver, as potencialidades que ele vai concretizar, a felicidade que ele vai atingir – estão arregimentadas desde o começo e o seu conteúdo só pode ser definido segundo os termos ditados por essa arregimentação. Freud destrói as ilusões da ética idealista: a "personalidade" nada mais é senão um "indivíduo fracionado" que internalizou e utilizou com êxito a repressão e a agressão. Considerando o que a civilização fez do homem, a diferença no desenvolvimento de personalidades é, principalmente, a que existe entre uma participação desproporcional e uma proporcional naquela "infelicidade cotidiana" que constitui o fardo comum da humanidade. Uma participação proporcional é tudo o que a terapia pode conseguir.

Acima e contra esse "programa mínimo", Fromm e os outros revisionistas proclamam uma finalidade superior da terapia: o "desenvolvimento ótimo das potencialidades de uma pessoa e a realização de sua individualidade". Ora, é precisamente essa finalidade que é essencialmente inatingível – não por causa das limitações nas técnicas psicanalíticas, mas porque a própria civilização estabelecida a nega, em sua estrutura. Ou se define "personalidade" e "individualidade" em termos de suas possibilidades *dentro* da forma estabelecida de civilização, em cujo caso a sua realização é sinônimo, para a grande maioria, de um ajustamento bem-sucedido; ou se define nos termos de seu conteúdo transcendente, incluindo suas potencialidades socialmente negadas, para além (e subentendidas) de sua existência concreta; neste caso, sua realização implicaria transgressão, além da forma estabelecida de civilização, para modos radicalmente novos de "personalidade" e "individualidade" incompatíveis com os prevalecentes. Hoje, isso significaria "curar" o paciente para converter-se num rebelde ou (o que quer dizer a mesma coisa) num mártir. O conceito revisionista vacila entre as duas definições. Fromm revive todos os valores consagrados da ética idealista, como se ninguém tivesse jamais demonstrado suas características conformistas e repressivas. Ele fala-nos da realização produtiva da personalidade, do cuidado, responsabilidade e respeito pelo próximo, do amor e felicidade produtivos – como se o homem pudesse realmente praticar tudo isso e continuar são e cheio de "bem-estar" numa sociedade que o próprio Fromm descreve como uma de total alienação, dominada pelas relações de utilidade do "mercado". Em tal sociedade, a autorrealização da "personalidade" só pode progredir na base de uma dupla repressão: primeiro, a "purificação" do princípio de prazer e a internalização da liberdade e felicidade; segundo, sua razoável restrição até tornarem-se compatíveis com a falta de liberdade e a infelicidade vigentes. Em resultado disso, a produtividade, o amor, a responsabilidade, só se convertem em "valores" na medida em que contenham uma resignação manejável e sejam praticados dentro de um quadro de atividades socialmente úteis (por outras palavras, após a sublimação repressiva); e, então, envolvem a negação efetiva da produtividade e responsabilidade livres – a renúncia à felicidade.

Por exemplo, a produtividade, proclamada como a meta do indivíduo saudável sob o princípio de desempenho, deve normalmente (isto é, à margem das exceções criadoras, "neuróticas" e "excêntricas") manifestar-se em bons negócios, administração, serviços, com a razoável expectativa de sucesso reconhecido. O amor deve ser semissublimado e até a libido inibida, mantendo-se em linha com as condições sancionadas que são impostas à sexualidade. É este o significado aceito, "realista", de produtividade e amor. Mas os mesmos termos também denotam a *livre* realização do homem ou a ideia de tal realização. O emprego revisionista desses termos joga com essa ambiguidade, que designa simultaneamente as faculdades livres e não livres, integrais e mutiladas, do homem, assim investindo o princípio de realidade estabelecido com a magnificência de promessas que só podem ser redimidas *para além* desse princípio de realidade. Essa ambiguidade faz a Filosofia revisionista parecer crítica, quando é conformista; política, quando é moralista. Muitas vezes, só o *estilo* denuncia a atitude. Seria revelador efetuar uma análise comparativa dos estilos freudiano e neofreudiano. Este último, nos escritos mais filosóficos, aproxima-se frequentemente do estilo do sermão, ou do trabalhador social; é elevado, mas claro, impregnado de boa vontade e tolerância e, entretanto, movido por um *esprit de sérieux* que converte os valores transcendentes em fatos da vida cotidiana. O que se tornou uma tapeação é aceito como real. Em contraste, há um forte acento de ironia no emprego por Freud de termos como "liberdade", "felicidade", "personalidade"; ou esses termos parecem ter "aspas" invisíveis ou o seu conteúdo negativo é explicitamente declarado. Freud evita designar a repressão por qualquer outro nome senão esse; os neofreudianos, por vezes, sublimam-na em seu oposto.

Mas a combinação revisionista da Psicanálise com a Ética idealista não é simplesmente uma glorificação do ajustamento. A orientação sociológica ou cultural neofreudiana fornece o outro lado do quadro – o "não só, mas também". A terapia de ajustamento é rejeitada nos mais veementes termos;[28] a "deificação" do sucesso é denunciada.[29] A sociedade e cultura hodiernas são acusadas de impedirem grandemente a realização da pessoa saudável e madura; o princípio de "concorrência e a hostilidade potencial que a acompanha impregna todas as relações humanas".[30] Os revisionistas pretendem que sua Psicanálise é já em si mesma uma *crítica* da sociedade:

> A finalidade da "escola cultural" excede a mera habilitação do homem a submeter-se às restrições da sua sociedade; na medida em que é possível, procura libertá-la de suas exigências irracionais e torná-lo mais capacitado para desenvolver suas potencialidades, assim como para assumir a liderança na edificação de uma sociedade mais construtiva.[31]

A tensão entre saúde e conhecimento, normalidade e liberdade, que animou toda a obra de Freud, desaparece aqui; um condicional "na medida do possível" é o único vestígio que resta da explosiva contradição na finalidade. A "liderança na edificação de uma sociedade mais construtiva" terá de combinar-se com o funcionamento normal na sociedade estabelecida.

Essa Filosofia é realizada dirigindo-se a crítica contra os fenômenos superficiais, ao mesmo tempo que se aceitam as premissas básicas da sociedade criticada. Fromm dedica uma grande parte de sua obra escrita à crítica da "economia de mercado" e sua ideologia, que coloca poderosas barreiras no caminho do desenvolvimento produtivo.[32] Mas o assunto fica por aí. Os vislumbres críticos não conduzem a uma transavaliação dos valores de produtividade e do "eu superior" – que são exatamente os valores da cultura criticada. O

---

[28] Fromm, *Psychoanalysis and Religion* (New Haven; Yale University Press, 1950), p. 73 e segs.
[29] *Ibid.*, p. 119.
[30] Karen Horney, *The Neurotic Personality of Our Time* (Nova York: W. W. Norton, 1937), p. 284.
[31] Clara Thompson, *Evolução da Psicanálise*, p. 150.
[32] Fromm, *Análise do Homem*, especialmente, p. 67 e segs., 79 e segs.

caráter da Filosofia revisionista manifesta-se na assimilação do positivo e do negativo, da promessa e de sua traição. A afirmação absorve a crítica. O leitor poderá ficar com a convicção de que os "valores superiores" podem e devem ser praticados dentro das próprias condições que os traíram; e podem ser praticados porque o filósofo revisionista os aceita em sua forma ajustada e idealizada – nos termos do princípio de realidade estabelecido. Fromm, que demonstrou as características repressivas da internalização de um modo que raros analistas fizeram, revive a ideologia da internalização. A pessoa "ajustada" é censurada porque traiu o "eu superior", os "valores humanos"; portanto, é acossada pelo "vazio e insegurança internos", apesar de seu triunfo na "batalha pelo sucesso". Muito mais bem situada está a pessoa que atingiu uma "robustez e integridade interiores"; embora possa ser menos bem-sucedida do que o seu "vizinho inescrupuloso",

> ... terá segurança, discernimento e objetividade que a tornarão menos vulnerável às variações de fortuna e opiniões de outros e, em muitas áreas, fomentará sua capacidade para o trabalho construtivo.[33]

O estilo sugere o Poder do Pensamento Positivo a que a crítica revisionista sucumbe. Espúrios não são os valores, mas o contexto em que eles estão definidos e proclamados: "força interior" tem a conotação daquela liberdade incondicional que pode ser praticada, mesmo sob grilhões e que o próprio Fromm certa vez denunciou na sua análise da Reforma.[34]

Se os valores da "robustez e integridade interiores" são, supostamente, algo mais do que traços caracterológicos que a sociedade alienada espera de todo bom cidadão em seu negócio (caso em que meramente servem para sustentar a alienação), então devem pertencer a uma consciência que irrompeu através da alienação e dos seus valores. Mas para tal consciência esses valores tornam-se intoleráveis, dado que ela os reconhece como acessórios à escravização do homem. O "eu superior" reina sobre os impulsos e aspirações domesticados do indivíduo, que sacrificou e renunciou ao seu "eu inferior"

---

[33] Fromm, *Psychoanalysis and Religion*, p. 75.
[34] Fromm, *O Medo à Liberdade*, Zahar Editores, 5.ª ed., 1967.

não só na medida em que é incompatível com a civilização, mas em que é incompatível com a civilização repressiva. Tal renúncia poderá, de fato, ser um passo indispensável no caminho do progresso humano. Contudo, a questão de Freud – se os valores superiores da cultura não terão sido realizados a um excessivo custo para o indivíduo – deveria ser encarada seriamente, o bastante para impor ao filósofo psicanalítico que pregue esses valores sem revelar seu conteúdo proibido, sem mostrar o que eles *negaram* ao indivíduo. O que essa omissão acarreta para a teoria psicanalítica pode ser ilustrado pondo-se em contraste a ideia de amor, de Fromm, com a de Freud. Escreveu Fromm:

> O amor autêntico tem suas raízes na produtividade e pode chamar-se, apropriadamente, "amor produtivo". Sua essência é a mesma, quer se trate de amor materno pelo filho, quer do nosso amor pelos semelhantes, quer do amor erótico entre dois indivíduos... Embora os objetos de amor difiram e, consequentemente, a intensidade e a qualidade do próprio amor, certos elementos básicos podem ser considerados característicos de todas as formas de amor produtivo. São eles desvelo, responsabilidade, respeito e conhecimento.[35]

Compare-se com esta formulação ideológica a análise freudiana do terreno e dos alicerces instintivos do amor, do longo e penoso processo em que a sexualidade, com toda a sua polimórfica perversidade, é domada e inibida, até tornar-se, finalmente, suscetível de fusão com a ternura e a afeição – uma fusão que se conserva precária e nunca supera por completo seus elementos destrutivos. Compare-se com o sermão de Fromm sobre o amor os comentários quase incidentais de Freud em "The Most Prevalent Form of Degradation in Erotic Life":

> ... não estamos aptos a negar que o comportamento no amor dos homens da civilização atual manifesta, em geral, o caráter do tipo psiquicamente impotente. Só em muito poucas pessoas de cultura as duas correntes de ternura e sensualidade se encontram devidamente fundidas numa só: o homem sente quase sempre a

---

[35] *Análise do Homem*, p. 93 da ed. brasileira.

sua atividade sexual dificultada pelo seu respeito pela mulher e só desenvolve sua plena potência sexual quando se encontra na presença de um tipo inferior de objeto sexual...[36]

Segundo Freud, o amor, em nossa cultura, pode e deve ser praticado como uma "sexualidade de finalidade inibida", com todos os tabus e coerções impendendo nela em virtude de uma sociedade monogâmico e patriarcal. Para além de suas manifestações legítimas, o amor é destrutivo e de maneira alguma conduz à produtividade e trabalho construtivo. O amor, seriamente encarado, é proscrito: "Já não existe lugar na atual vida civilizada para um amor simples e natural entre dois seres humanos."[37] Mas, para os revisionistas, produtividade, amor, felicidade e saúde fundem-se em grande harmonia; a civilização não causou nenhuns conflitos entre eles que a pessoa madura não pudesse resolver sem graves danos.

Uma vez internalizadas e sublimadas para o "eu superior" as aspirações humanas e sua realização, as questões sociais tornam-se, primordialmente, questões espirituais, e sua solução converte-se numa tarefa *moral*. O concretismo sociológico dos revisionistas revela-se como superfície; as lutas decisivas são travadas na "alma" do homem. O autoritarismo atual e o "endeusamento da máquina e do êxito" ameaçam as mais "preciosas posses espirituais" do homem.[38] A minimização revisionista da esfera biológica e, especialmente, do papel da sexualidade transfere a ênfase não só do inconsciente para a consciência, do id para o ego, mas também das expressões pré-sublimadas para as sublimadas da existência humana. Quando a repressão da gratificação instintiva retrocede para segundo plano e perde sua importância decisiva para a compreensão do homem, a profundidade da repressão social fica reduzida. Por consequência, a ênfase revisionista sobre a influência das "condições sociais" no desenvolvimento da personalidade neurótica é sociológica e psicologicamente muitíssimo mais inconsequente do que a "negligência" de Freud, no tocante a essas condições. A mutilação revisionista da teoria do instinto leva à desvalorização tradicional da esfera de necessidades materiais, em favor de necessidades espirituais. O papel da sociedade na arregimentação do homem é assim desvalorizado; e, apesar da

---
[36] *Collected Papers*, IV, 210.
[37] *Civilization and Its Discontents*, p. 77, nota.
[38] Fromm, *Psychoanalysis and Religion*, p. 119.

crítica aberta a algumas instituições sociais, a Sociologia revisionista aceita os fundamentos em que essas instituições assentam.

Também a neurose aparece-nos como um problema essencialmente *moral*, e o indivíduo é tido por responsável pelo fracasso de sua autorrealização. A sociedade, sem dúvida, recebe uma parte da censura, mas, a longo prazo, o faltoso é o próprio homem:

> Observando a sua criação, ele pode dizer, sinceramente, que é boa. Mas, olhando para si próprio, que poderá ele dizer?... Ao passo que criamos coisas maravilhosas, não conseguimos fazer, de nós próprios, seres para quem esse tremendo esforço parecesse valer a pena. A nossa vida não é a de fraternidade, felicidade, contentamento, mas de caos espiritual e perplexidade.[39]

A desarmonia entre a sociedade e o indivíduo é enunciada e entregue a si mesma. Seja o que for que a sociedade possa fazer ao indivíduo, não o impede, nem ao analista, de se concentrar na "personalidade total" e seu desenvolvimento produtivo. De acordo com Horney, a sociedade cria certas dificuldades típicas que, "acumuladas, podem levar à formação de neuroses".[40] Segundo Fromm, o impacto negativo da sociedade sobre o indivíduo é mais sério, mas trata-se apenas de um desafio para que se pratiquem o amor e o pensamento produtivos. A decisão repousa "na capacidade [do homem] para levar a sério a si mesmo, a sua vida e felicidade; em sua disposição para enfrentar o problema moral, seu e de sua sociedade. Está em sua coragem para ser ele mesmo e por si mesmo".[41] Num período de totalitarismo, quando o indivíduo se tornou tão completamente o sujeito-objeto de manipulação que, para a pessoa "saudável e normal", até a ideia de uma distinção entre ser "por si mesmo" e "pelos outros" passou a não ter sentido algum, num período em que o aparelho onipotente pune o real não conformismo com o ridículo e a derrota – em tal situação, o filósofo não freudiano diz ao indivíduo que seja ele mesmo e por si mesmo. Para o revisionista, o fato brutal da repressão social transformou-se num "problema moral" – como aconteceu na Filosofia conformista de todas as épocas. E como o fato clínico da neurose converte-se, "em última análise, num

---

[39] Fromm, *Psychoanalysis and Religion*, p. 1.
[40] *A Personalidade Neurótica do Nosso Tempo*.
[41] *Análise do Homem*, p. 221.

sintoma de fracasso moral",[42] a "cura psicanalítica da alma" passa a ser educação no sentido de se alcançar uma atitude "religiosa".[43] A evasão da Psicanálise para a Ética internalizada e a Religião é a consequência dessa revisão da teoria psicanalítica. Se a "ferida" na existência humana não é operativa na constituição biológica do homem, e se não é causada e amparada pela própria estrutura da civilização, então a dimensão de profundidade é removida da Psicanálise, e o conflito (ontogenético e filogenético) entre as forças pré-individuais e supraindividuais manifesta-se como um problema do comportamento racional ou irracional, moral ou imoral, de indivíduos conscientes. A substância da teoria psicanalítica reside não apenas na descoberta do papel do inconsciente, mas na descrição de sua específica dinâmica instintiva, das vicissitudes dos dois instintos básicos. Somente a história dessas vicissitudes revela toda a profundidade da opressão que a civilização impõe ao homem. Se a sexualidade não desempenha o papel constitucional que Freud lhe atribuiu, então não existe conflito fundamental entre o princípio de prazer e o princípio de realidade; a natureza instintiva do homem é "purificada" e condicionada para atingir, sem mutilações, uma felicidade socialmente útil e reconhecida. Foi precisamente porque ele viu na sexualidade a representação do princípio de prazer integral que Freud foi capaz de descobrir as raízes comuns tanto da infelicidade "geral" como da neurótica, numa profundidade muito abaixo de toda a experiência individual, assim como de reconhecer uma repressão "constitucional" primária, subjacente a toda a repressão conscientemente experimentada e administrada. Freud tomou sua descoberta muito seriamente – seriamente demais para identificar a felicidade com a sua sublimação eficiente no amor produtivo e outras atividades produtivas. Portanto, ele considerou uma civilização orientada para a realização da felicidade como uma catástrofe, como o fim de toda a civilização. Para Freud, um enorme abismo separava a liberdade e a felicidade reais da pseudoliberdade e pseudofelicidade que eram praticadas e apregoadas numa civilização reprimida. Os revisionistas não veem essa dificuldade. Como espiritualizaram a liberdade e a felicidade, podem afirmar que "o problema da produção foi virtualmente resolvido":[44]

---

[42] *Ibid.*, p. 10.
[43] *Psychoanalysis and Religion*, p. 76.
[44] Fromm, *Análise do Homem*, p. 136.

Jamais o homem esteve tão próximo da realização de suas mais queridas esperanças quanto hoje. As nossas descobertas científicas e realizações técnicas habilitam-nos a visualizar o dia em que a mesa será posta para todos os que querem comer...[45]

Estas afirmações são verdadeiras – mas somente à luz de sua contradição: precisamente porque o homem nunca esteve tão próximo da realização de suas esperanças, jamais fora tão severamente restringido em sua plena materialização; precisamente porque podemos visualizar a satisfação universal das necessidades individuais, os mais poderosos obstáculos são colocados no caminho de tal satisfação. Só se a análise sociológica elucidar essa conexão, ela poderá ultrapassar Freud; caso contrário, trata-se de um mero adorno inconsequente, adquirido à custa da mutilação da teoria freudiana dos instintos.

Freud estabelecera um elo substantivo entre liberdade e felicidade humana, por uma parte, e sexualidade, por outra; esta última provia a fonte primária para aquelas e, ao mesmo tempo, fornecia a base para a sua necessária restrição em civilização. A solução revisionista do conflito, através da espiritualização da liberdade e felicidade, exigiu o enfraquecimento desse elo. As conclusões terapêuticas poderão ter motivado a redução teórica no papel da sexualidade; mas tal redução era indispensável, em todo caso, para a Filosofia revisionista.

Os problemas sexuais, embora possam por vezes predominar no quadro sintomático, já não são considerados como situados no centro dinâmico das neuroses. As dificuldades sexuais são mais o efeito do que a causa da estrutura neurótica do caráter. Por outra parte, os problemas morais ganham em importância.[46]

Essa concepção faz muito mais do que minimizar o papel da libido; inverte a direção interior da teoria freudiana. Em parte alguma isso se torna mais claro do que na reinterpretação do complexo de Édipo, por Fromm, que tenta "transladá-lo da esfera do sexo para a esfera das relações interpessoais".[47] O ponto essencial dessa "transla-

---
[45] Fromm, *Psychoanalysis and Religion*, p. 1.
[46] Horney, *New Ways in Psychoanalysis* (Nova York: W. W. Norton, 1939), p. 10.
[47] *Psychoanalysis and Religion*, p. 79 e segs. Veja também a interpretação mais sofisticada de Fromm em *The Forgotten Language* (Nova York: Rinehart, 1951). [Traduzida para o português e publicada, sob o título *A Linguagem Esquecida*, 3.ª edição, 1965, Zahar Editores. (N.T.)]

ção" é que a essência do desejo de incesto não é um "anseio sexual", mas o desejo de conservar-se protegido, seguro – uma criança. "O feto vive da mãe e com a mãe, e o ato de nascer é unicamente um passo na direção da liberdade e da independência". Certo – mas a liberdade e independência a serem ganhas são (se o forem) afetadas pela carência, resignação e dor; e o ato de nascer é o primeiro e mais terrível passo no *afastamento* da satisfação e segurança. A interpretação ideológica do complexo de Édipo, por Fromm, implica a aceitação da infelicidade da liberdade, de sua separação da satisfação; a teoria de Freud implica que o desejo de Édipo é o eterno *protesto* infantil contra essa separação – protesto não contra a liberdade, mas contra a liberdade dolorosa e repressiva. Inversamente, o desejo de Édipo é o eterno desejo infantil pelo arquétipo de liberdade: a liberdade de carência. E como o instinto sexual (irreprimido) é o veículo biológico desse arquétipo de liberdade, o desejo de Édipo é, essencialmente, um "anseio sexual". O seu objeto natural não é simplesmente a mãe *qua* mãe, mas a mãe *qua* mulher – o princípio feminino de gratificação. Aqui, o Eros da receptividade, repouso, satisfação sem dor e integral está mais próximo do instinto de morte (retorno ao ventre materno), o princípio de prazer mais perto do princípio do Nirvana. Eros, aqui, trava a sua primeira batalha contra tudo aquilo que o princípio de realidade simboliza: contra o pai, contra a dominação, a sublimação e a resignação. Gradualmente, pois, a liberdade e a plena realização vão ficando associadas a esses princípios paternais; a liberdade de carência é sacrificada à independência moral e espiritual. É primeiro a "ânsia sexual" pela mãe-mulher que ameaça a base psíquica da civilização; é a "ânsia sexual" que torna o conflito de Édipo o protótipo dos conflitos instintivos entre o indivíduo e a sua sociedade. Se o desejo de Édipo nada mais fosse, em sua essência, senão um desejo de proteção e segurança ("o medo à liberdade"), se a criança desejasse apenas segurança impermissível e não um prazer impermissível, então o complexo de Édipo representaria essencialmente, de fato, um problema educacional. Como tal, pode ser tratado sem expor as zonas de perigo instintivo da sociedade.

O mesmo resultado benéfico é obtido pela rejeição do instinto de morte. A hipótese de Freud do instinto de morte e seu papel na agressão civilizada elucida um dos enigmas negligenciados da civilização; revelou o oculto elo inconsciente que vincula os oprimidos aos seus opressores, os soldados aos seus generais, os indivíduos aos seus senhores. A destruição maciça que assinala o progresso da civilização, dentro de uma estrutura de dominação, foi perpetuada, em face de sua possível abolição, pelo acordo instintivo com seus executores, por parte dos instrumentos e vítimas humanos. Escreveu Freud, durante a Primeira Guerra Mundial:

> Pense-se na colossal brutalidade, crueldade e embuste que se permite agora que se propague sobre todo o mundo civilizado. Acreditais realmente que um punhado de oportunistas sem escrúpulos e de corruptores de homens teriam tido êxito em deflagrar este mal latente, se os milhões de seus adeptos não fossem também culpados?[48]

Mas os impulsos pressupostos nessa hipótese são incompatíveis com a Filosofia moralista do progresso, esposada pelos revisionistas. Karen Horney declara sucintamente a posição revisionista:

> A suposição de Freud (do Instinto de Morte) implica que a motivação básica para a hostilidade ou destrutividade reside no impulso para destruir. Assim, ele converte em seu oposto a nossa convicção de que destruímos para viver: vivemos para destruir.[49]

Essa interpretação da concepção de Freud é incorreta. Ele não supôs que vivemos a fim de destruir; o instinto de destruição opera contra os instintos de vida ou a favor dos mesmos; além disso, o objetivo do instinto de morte não é a destruição *per se*, mas a eliminação da necessidade de destruição. De acordo com Horney, desejamos destruir porque "estamos ou sentimo-nos em perigo, humilhados, violados", porque queremos defender a "nossa segurança ou a nossa felicidade, ou o que como tal nos parece". Nenhuma teoria psicanalítica era necessária para chegarmos a tais conclusões, com as quais a agressão individual e nacional tem sido justificada desde tempos imemoriais. Ou a nossa segurança está realmente ameaçada, caso esse em que o nosso desejo de destruir é uma reação razoável e racional; ou apenas "sentimos" que está ameaçada, caso em que as razões individuais e supraindividuais para esse sentimento têm de ser exploradas.

---

[48] *A General Introduction to Psychoanalysis*, p. 130-131.
[49] *New Ways in Psychoanalysis*, p. 130-131.

A rejeição revisionista do instinto de morte é acompanhada de um argumento que parece, com efeito, assinalar as implicações "reacionárias" da teoria freudiana, em contraste com a orientação sociológica progressiva dos revisionistas. A suposição de Freud de um instinto de morte

... paralisa qualquer esforço para investigar nas condições culturais específicas as razões que propiciam a destrutividade. Deve também paralisar os esforços para alterar seja o que for nessas condições. Se o homem é inerentemente destrutivo e, consequentemente, infeliz, por que lutar então por um futuro melhor?[50]

O argumento revisionista minimiza o grau em que, na teoria freudiana, os impulsos são modificáveis, sujeitos às "vicissitudes" da história. O instinto de morte e seus derivativos não constituem exceção. Sugerimos que a energia do instinto de morte não "paralisa" necessariamente os esforços para conseguir "futuro melhor"; pelo contrário, tais esforços são paralisados pelas coações sistemáticas que a civilização impõe aos instintos vitais e por sua consequente incapacidade para "sujeitar" efetivamente a agressão. A realização de um "futuro melhor" envolve muito mais do que a eliminação das más características do "mercado", da concorrência "implacável" etc.; envolve uma mudança fundamental tanto na estrutura instintiva como na cultura. A luta por um futuro melhor não é "paralisada" pela consciência freudiana dessas implicações, mas pela "espiritualização" revisionista das mesmas, a qual esconde a brecha que separa o presente do futuro. Freud não acreditou em eventuais mudanças sociais que alterassem suficientemente a natureza humana a ponto de libertarem o homem da opressão externa e interna; contudo, o seu fatalismo não era sem restrições.

A mutilação da teoria do instinto completa a reversão da teoria freudiana. A direção interior da última era (em evidente contraste com o "programa terapêutico" do id para o ego) da consciência para o inconsciente, da personalidade para a infância, do indivíduo para os processos genéricos. A teoria movia-se da superfície para a profundidade, da pessoa "acabada" e condicionada para as suas origens e recursos. Esse movimento era essencial para a crítica freudiana da

---

[50] *New Ways in Psychoanalysis*, p. 132.

civilização: só por meio da "regressão", para além das formas mistificadoras do indivíduo maduro e de sua existência privada e pública, ele descobre sua básica negatividade nos alicerces sobre que assenta. Além disso, somente fazendo retroceder a sua regressão crítica até a mais profunda camada biológica, pôde Freud elucidar o conteúdo explosivo das formas mistificadoras e, ao mesmo tempo, todo o âmbito da repressão civilizada. Identificar a energia dos instintos de vida como libido significou definir a sua gratificação em contradição com o transcendentalismo espiritual: a noção freudiana de felicidade e liberdade é eminentemente crítica, na medida em que é materialista – protestando contra a espiritualização da carência.

Os neofreudianos invertem essa direção íntima da teoria de Freud, transferindo a ênfase do organismo para a personalidade, dos alicerces materiais para os valores ideais. Suas várias revisões são logicamente coerentes: uma acarreta a seguinte. O conjunto pode-se resumir da seguinte maneira: A "orientação cultural" encontra as instituições e relações sociais como produtos acabados, na forma de entidades objetivas – fatos que são mais dados do que feitos. A sua aceitação, nessa forma, exige a transferência da ênfase psicológica da infância para a maturidade, pois que só no nível da consciência desenvolvida o meio cultural se torna definível como determinante do caráter e da personalidade, acima e além do nível biológico. Inversamente, só com a subalternização dos fatores biológicos, a mutilação da teoria dos instintos, a personalidade é definível em termos de valores culturais objetivos, divorciados da base repressiva que nega a realização dos mesmos. A fim de se apresentarem esses valores como liberdade e plena realização, têm de ser expurgados do material de que são feitos, e a luta para a sua realização tem de converter-se numa luta espiritual e moral. Os revisionistas não insistem, como Freud fez, no duradouro valor de verdade das necessidades instintivas, as quais devem ser "dissolvidas" para que o ser humano possa funcionar em relações interpessoais. Ao abandonarem essa insistência da qual a teoria psicanalítica extraiu todas as suas concepções críticas, os revisionistas renderam-se às características negativas do próprio princípio de realidade que eles tão eloquentemente criticavam.